DATZ - Aquarienbücher

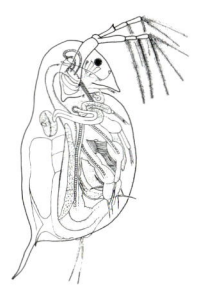

Heinz Bremer

Aquarienfische gesund ernähren

51 Zeichnungen
70 Fotos

E.U.

VERLAG
EUGEN
ULMER

Prof. Dr. sc. Heinz Bremer: Aquarienfische gesund ernähren

Titelfoto: *Tubifex* sind als Futter auch für Diskusfische geeignet, wenn sie aus unbelasteten Gewässern stammen (Foto: A. van den Nieuwenhuizen).

Die Deutsche Bibliothek – CIP-Einheitsaufnahme

Bremer, Heinz:
Aquarienfische gesund ernähren / H. Bremer. – Stuttgart : Ulmer, 1997
ISBN 3-8001-7366-2

© 1997 Verlag Eugen Ulmer GmbH & Co.
Wollgrasweg 41, 70599 Stuttgart (Hohenheim)
Printed in Germany
Lektorat: Michael Kokoscha
DTP & Herstellung: Steffen Meier
Druck: Gulde, Tübingen
Bindung: Riethmüller, Stuttgart

2

Vorwort

Mit Roßmäßlers Veröffentlichungen »Der See im Glase« (1856) und »Das Süßwasser-Aquarium« (1857) schlug die Geburtsstunde der Aquaristik. Das ist so, obwohl Zierfische (Goldfische, Zierkarpfen) in Krügen und Teichen bereits seit Jahrhunderten gepflegt und gezüchtet worden sind. Zierfische sind Tiere, die – durch Züchtung genetisch verändert – ornamentale Bedürfnisse des Betrachters befriedigen. Das Aquarium strebt dagegen die Nachbildung eines aquatischen Lebensraumes an, in dem die Fische eine bedeutende Rolle spielen. Das Aquarium wird dadurch im Sinne Roßmäßlers zu einer »steten Quelle der Freude und Belehrung«.

Das vorliegende Buch ist bestrebt, diesen Gedanken zu fördern, Aufklärung über das »Was« und »Wie« anzubieten und, wo es möglich ist, auch Fragen nach dem »Warum« zu beantworten. Erkenntnisse biologischer Zusammenhänge sollen gefördert werden, denn nur wer viel weiß, sieht auch viel. Die Versuche der organisierten Aquaristik, Sachkunde von denen zu fordern, die in Beruf und Organisation aquaristisch Einfluß nehmen, sind deshalb nicht hoch genug zu bewerten. Wenn diese Bemühungen auch auf Personen ausstrahlen, die sich von Amts wegen mit Tierhaltung und Tierschutz zu befassen haben, ist der Erfolg noch größer. Wenn das Buch dabei helfen kann, hat es schon einen Zweck erfüllt.

Die wissenschaftliche Bearbeitung der Nutzfischzucht, die Ökologie der Gewässer und andere Zweige der Forschung haben vielfach Fragen untersucht, die auch der Aquaristik unter den Nägeln brennen, doch nur wenige Aquarianer verwerten einschlägige Veröffentlichungen. Stil und Preis der Zeitschriften bedingen das. Andererseits verfügen die Aquarianer über einen großen Fundus an Beobachtungen und Erfahrungen, weil sie in den Gegenstand ihrer Liebhaberei Zeit investieren, die der abrechnungspflichtigen Wissenschaft fehlt. Wissenschaftler und Aquarianer zusammenzuführen, Wissenschaftler aquaristisch anzuregen und bei Aquarianern wissenschaftliche Neugier aufkeimen zu lassen, ist heute und morgen ein großes Ziel. Wer dabei mitmachen kann, sollte das tun. Auch das Buch möchte dabei sein. Es möchte naturwissenschaftliche Einsichten fördern und aquaristische Erfolge planbar machen.

Futter und Fütterung sind bedeutende Einflußgrößen auf den Ernährungszustand der Fische, auf die Wasserqualität und die Beschaffenheit des Bodengrundes und somit auf die Bilanz des kleinen Ökosystems. Farbe, natürliches Verhalten,

3

Fortpflanzungsfreudigkeit, Wachstum und Widerstandsfähigkeit der Fische hängen wesentlich vom Ernährungszustand ab. Dabei ist naturnahe Qualität bei eingeschränkter Quantität das Maß der Dinge. Qualität und Quantität des Futters beeinflussen Chemie und Mikrobiologie des Wassers und des Bodengrundes. Dadurch wird das Wohlbefinden der Fische und das Pflanzenwachstum gefördert oder gehemmt. Auch die nachhaltige Regulierung der Algenbildung ist nur so möglich.

Aquarianer, die sich nicht auf Kunst-, Trocken- oder Frostfutter beschränken, sondern Wasserflöhe, Hüpferlinge und Mückenlarven fangen, fördern durch ihr Tun in Wald und Feld an frischer Luft ihre eigene Gesundheit und die ihrer Aquarien. Beobachtungen und Erkenntnisse werden am Tümpel gratis geliefert. Wer Futtertiere züchtet, muß sich mit ihrer Lebensweise und ihren Lebenszyklen, mit der Qualität ihres Substrats und mit der Pflege der Kulturen befassen. Auch das fördert Kenntnisse und Einsichten. Wenn alles im Aquarium gut funktioniert, stellt sich auch der ästhetische Eindruck des Ganzen ein und die »Quelle der Freude« ist der Lohn für manche Kümmernisse und Mühen. Diesem Eindruck des Ganzen fühlt sich der Autor verpflichtet. Deshalb haben Fragen nach Ursachen, Wechselwirkungen und Folgeerscheinungen der Fütterung Aufnahme gefunden.

Dem Verlag möchte ich für Mühen und gestaltende Ideen danken. So ist ein Buch entstanden, das zum Lesen und Nachschlagen geeignet erscheint.

Das Buch wendet sich vor allem an die Aquarienvereine und bietet Hilfe für die Vortragsabende an. Das Ziel ist aber weiter gesteckt. Schüler, Lehrer und Studenten, Schauaquarien, Zoohändler, Züchter, Importeure und alle, die sich mit der Aquaristik befassen, mögen aus dem Gebrauch des Buches Nutzen ziehen, damit »Freude und Belehrung« sich ungetrübt entfalten können.

Hanshagen im Juli 1997
Prof. Dr. sc. Heinz Bremer

Inhaltsverzeichnis

Einleitung

Leitgedanken

Das Aquarium ist ein vom Menschen geschaffenes aquatisches Ökosystem mit zahlreichen Mikrohabitaten.
Die naturnahe Steuerung und Erhaltung dieses System ist die Voraussetzung einer artgerechten Pflege der Pflanzen und Tiere.
Qualität und Quantität der Fütterung der Aquarienfische sind unter diesem Aspekt bedeutungsvolle Einflußgrößen.
Die Fütterung hat eine Doppelfunktion:
- Ernährung der Fische
- Chemische und mikrobielle Strukturierung des Wassers, des Bodengrundes und der Aufwuchsgesellschaften.

Beide Funktionen sind gleichermaßen entscheidend für den aquaristischen Erfolg und Gegenstand dieses Buches.

Alles fließt!

Die Richtung der Bewegung ist allenthalben zu beobachten. Der Bach fließt talwärts, von oben nach unten, nie umgekehrt. Werden unterschiedliche Konzentrationen einer Lösung ohne Grenzen benachbart, so ergibt sich ein Ausgleich, und die Molekülwanderung endet erst bei einer einheitlichen Konzentration im System.

Gießt man in ein Glas hochkonzentrierten, intensiv gefärbten Fruchtsirup und überschichtet ihn vorsichtig mit Wasser, so sind beide Flüssigkeiten aufgrund unterschiedlicher Dichte zunächst scharf getrennt. Das ist ein hoher Ordnungszustand. Nach einer gewissen Zeit wandern die Zucker- und Farbstoffmoleküle in das Wasser ein (Diffusion), bis eine einheitliche Konzentration der ganzen Flüssigkeit vorliegt. Aus Ordnung wurde Unordnung. Das Maß der Unordnung bezeichnet die Physik als Entropie, und der zweite Hauptsatz der Thermodynamik lehrt uns, in welche Richtung sich die Ordnungszustände in geschlossenen Systemen ändern. Die Entropie, also die Unordnung, nimmt zu. Unordnung ist immer wahrscheinlicher als Ordnung.

Dieser allgemeinen Erfahrung widersprechen scheinbar die Lebewesen, da bei ihnen die Ordnung zunimmt. Aus Kleinem

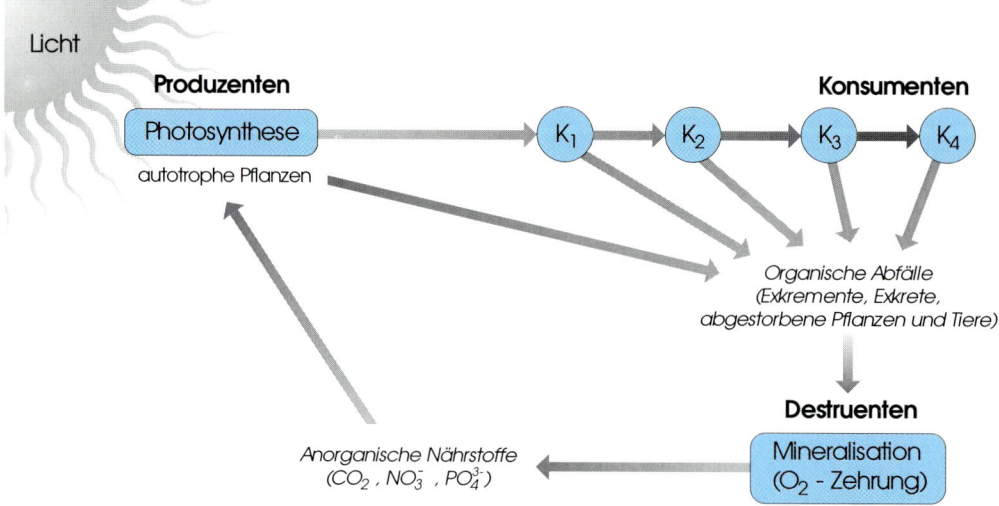

Licht

Produzenten

Photosynthese

autotrophe Pflanzen

Konsumenten

K_1 K_2 K_3 K_4

Organische Abfälle
(Exkremente, Exkrete,
abgestorbene Pflanzen und Tiere)

Destruenten

Mineralisation
(O_2 - Zehrung)

Anorganische Nährstoffe
(CO_2 , NO_3^- , PO_4^{3-})

Nahrungskette und Stoffkreislauf in aquatischen Ökosystemen. Die Gruppen K1 bis K4 stellen die Hierarchie der Konsumenten dar, wobei es sich bei K1 um Pflanzenfresser, bei K2 um sich von Pflanzenfressern ernährende Räuber und bei K3 und K4 um Raubtiere handelt, deren Beute kleinere Raubtiere sind.

wird Großes (Wachstum), aus Unvollkommenem wird Vollkommenes (Entwicklung). Nur scheinbar ist das ein Widerspruch. Die Ordnung in Lebewesen kann nur zunehmen, indem sie in ihrer Umwelt Unordnung schaffen. Sie nehmen Nahrung, das heißt geordnete Materie, auf, scheiden weniger geordnete aus und gewinnen so an Ordnung. Die Differenz zwischen der energetisch hochwertigen Nahrung und der energetisch minderwertigen Ausscheidung ist der Gewinn, der das Leben ermöglicht.

Fragen nach dem Fressen und Gefressenwerden zielen folglich auf das Zentrum biologischer Vorgänge. Fressen erfüllt nur seine erhaltende Funktion, wenn die Nahrung (Beute) mehr Energie enthält als zu ihrer Gewinnung, Bewältigung und Verdau-

ung eingesetzt werden muß: Das Fressen muß sich lohnen.

Man weiß seit einiger Zeit, daß Fische die Futtersuche einstellen, wenn die Nahrungshäufigkeit im Lebensraum eine bestimmte Dichte unterschreitet und die Gewinnung des Futters nicht mehr rentabel ist. Hier liegt auch die energetische Begründung für die Notwendigkeit hoher Futterkonzentrationen bei mancher Jungfischaufzucht.

Woher hat die Nahrung die Energie, die sich der Fressende aneignet? Natürlich hat sie auch gefressen. Wir suchen aber nach dem Anfang der Nahrungskette. In einem europäischen See leben Barsche. Ihr Magen ist prall gefüllt mit Maränen, deren Mägen wiederum voller Kleinkrebse (Wasserflöhe, Hüpferlinge) sind. In den

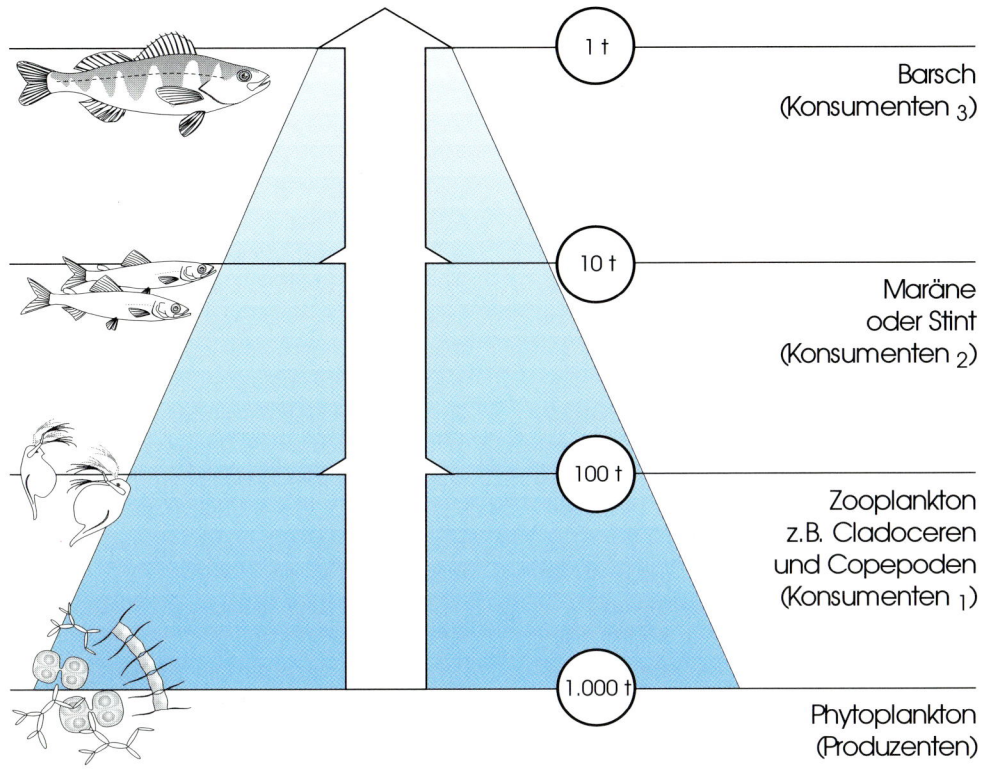

1 t — Barsch
(Konsumenten ₃)

10 t — Maräne
oder Stint
(Konsumenten ₂)

100 t — Zooplankton
z.B. Cladoceren
und Copepoden
(Konsumenten ₁)

1.000 t — Phytoplankton
(Produzenten)

Die Glieder der Nahrungspyramide (hier ein Beispiel aus norddeutschen Seen) bezeichnet man als trophische Stufen. Von Stufe zu Stufe verringert sich die Biomasse auf etwa ein Zehntel.

Därmen der Krebse findet man unverdaute Reste von Algen.

Die Algen haben nichts gefressen. Sie sind autotroph, ernähren sich selbst, unabhängig von anderen Organismen. Sie betreiben Photosynthese und können so aus Kohlendioxid und Wasser Traubenzucker bereiten. Die Energie dazu liefert die Sonne. Durch Umwandlung photosynthetischer Primärprodukte unter Einbeziehung weiterer Stoffe, besonders des Stickstoffs und des Phosphors, entsteht dann alles weitere, was die Grundlage der Ernährung der Tiere bildet (siehe Abbildung links). Der einmalige Prozeß der Photosynthese gelingt durch den Katalysator Chlorophyll unter Beteiligung weiterer Pflanzenfarbstoffe. Weltweit entstehen dabei jährlich etwa 100 Milliarden Tonnen Primärprodukte.

Die Glieder der Nahrungskette bezeichnet man als trophische Stufen; von Stufe

9

zu Stufe reduziert sich die Biomasse auf etwa ein Zehntel. Mit der graphischen Darstellung dieser Verhältnisse kommt man zur Nahrungspyramide. So wird verständlich, weshalb die Zahl der Pflanzenfresser immer größer als die der Raubtiere ist (siehe Abbildung Seite 9).

Produzenten und Konsumenten sterben. Ihre Leichen, ihre Exkrete und Exkremente sind energiereiche organische Abfälle, die von Koprophagen (Kotfressern), Saprophagen (Faulstoffverwertern) sowie von Bakterien und Pilzen (Destruenten) schließlich in die energiearmen Ausgangsstoffe des großen Kreislaufs zurückgeführt werden. Dieser Prozeß wird als Mineralisation bezeichnet.

Nahrungskette und Nahrungspyramide stellen das Gesetz vom Fressen und Gefressenwerden sehr grob schematisch dar. Tatsächlich sind die Beziehungen komplizierter. Die Ursache dafür ist, daß nur wenige Tiere nur von einer Nahrungsart abhängig sind. Der Aal (Anguilla anguilla) ist gleichzeitig Konsument erster, zweiter und dritter Ordnung. In seinem Verdauungstrakt findet man Fadenalgen, Asseln, Chironomidenlarven und Fische. Große Bleie (Abramis brama) enthalten in ihrem Darm unter anderem Chironomidenlarven und Fischreste.

Erstaunlich ist die Anpassungsfähigkeit bei Verknappung der Hauptnahrung. Die dann aufgenommene Notnahrung bleibt oft nicht ohne Konsequenzen für die Fruchtbarkeit ihrer Konsumenten und hat so wiederum eine regulierende Wirkung auf die Populationsdichte. Solche Überlegungen sind für die Ernährung von Aquarienfischen sehr bedeutungsvoll. Darmin-

haltsanalysen frisch gefangener Fische könnten hier weiterhelfen. Einzelbefunde nützen wenig; die Ergebnisse müssen statistisch verwertbar sein.

Die Bevorzugung bestimmter Futterarten ist nur aus dem Verhältnis zum Angebot abzuleiten; ferner muß das Entwicklungsstadium der Fische berücksichtigt werden. Jungfische vieler Arten haben ein anderes Nahrungsspektrum, manche sogar eine andere »Technologie« der Nahrungsaufnahme als die erwachsenen Tiere. Filtrierende Fische sind als Larven oft Partikelfresser. Nahrungsspezialistentum ist phylogenetisch (stammesgeschichtlich) oft sekundär und bildet sich dann auch ontogenetisch, das heißt individuell, später aus (BREMER 1980).

Die zur Verfügung stehende Nahrung reguliert sowohl das Populationswachstum der Jäger als auch das der Beute. Die Populationsdichte resultiert aus Natalität (Geburtenrate) und Mortalität (Sterberate). Überwiegt die Natalität, wächst die Population. Halten sich Natalität und Mortalität die Waage, so stagniert die Individuendichte. Bei höherer Mortalität vermindert sich die Abundanz (Dichte im Raum).

Die Beziehungen werden im Räuber-Beute-Verhältnis deutlich (siehe Abbildung rechts). Vermehrt sich die Beute, steigt die Abundanz ihrer Räuber. Aufgrund des guten Nahrungsangebots erhöht sich ihre Natalität bei sinkender Mortalität. Ist jedoch die Abundanz der Räuber zu hoch, übersteigt die Freßrate die Vermehrungskraft der Beutetiere. Weniger Beute steht zur Verfügung, so daß als Folge die Zahl der Räuber ebenfalls

*Populationsdynamik. Die
Populationsdichten von
Räubern und Beute stehen
in einem Abhängigkeitsver-
hältnis voneinander.*

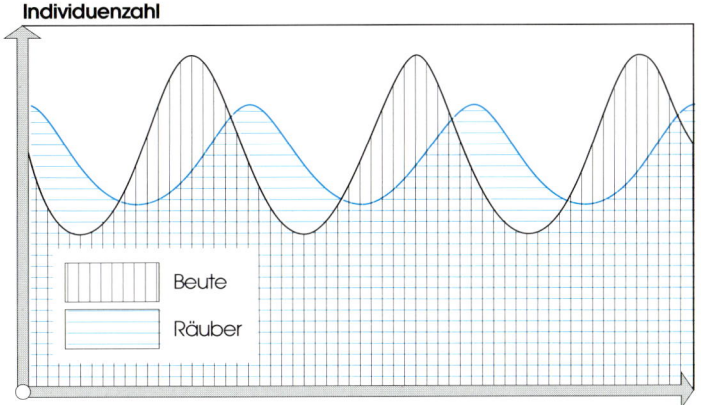

zurückgeht. Ähnliche Beziehungen bestehen auch zwischen Parasiten und ihren
Wirtstieren.

Nahrung dient nur zum Teil der Energiegewinnung (Betriebsstoffwechsel). Ein
anderer Teil liefert die Baustoffe für
Wachstum, Regeneration und Fortpflanzung. Mineralstoffe, Vitamine, Bestandteile
der Hormone, Farbstoffe und vieles mehr
wird über den Nahrungsweg bedarfsge-
recht oder auch mangelhaft zugeführt.
Schließlich ist das Fressen artgerechter
Nahrung ein Teil der Bedürfnisbefriedi-
gung. Dabei ist der leichte Hunger der
ökologische und physiologische Normalzustand. Oft wechseln harte Hungerperi-
oden mit Zeiten von Nahrungsüberfluß.
Dadurch entsteht vitale Spannung; die
Fortpflanzung wird angeregt. Gleichmäßig-
keiten führen schnell zur Gewöhnung, die
leicht zum Rückgang der Vitalität führen
kann.

Die Dosis macht das Gift, sagt PARACEL-
SUS. Auch die so unentbehrliche Nahrung
kann töten, wenn ständige Zufuhr den
Gesamtbedarf wesentlich übersteigt. Was

nicht benötigt wird, füllt die Speicher und
bei vielen Tieren die Fettdepots. Schließlich verdrängt das Fettgewebe lebensnot-
wendiges Leistungsgewebe. Die Fische
werden blaß, bewegungsarm, unfruchtbar
und sterben. Aquarianer müssen daher
über die bedarfsgerechte Versorgung der
Fische hinaus noch ganz andere Folgen
der Fütterung bedenken.

Futter, Futterreste und Ausscheidungen
der Fische gehen zum Teil in Lösung,
beeinträchtigen die chemische Qualität
des Wassers und dienen den Bakterien als
Nahrung. Die Keimzahl des Wassers ist
eine sehr bedeutende ökologische Kenn-
ziffer. Für das Wohlbefinden mancher
Fische ist keimarmes Wasser unerläßlich.
Für andere Arten ist dieser Aspekt der
Umwelt bedeutungslos. Das hängt mit der
Anpassung an den natürlichen Lebensraum
zusammen und erfordert Berücksichtigung
durch den Aquarianer. Im Rio Negro
enthält ein Milliliter Wasser lediglich 10
bis 100 Keime; in norddeutschen Seen
befinden sich darin dagegen Millionen von
Bakterien.

I I

Grundlagen der Tierernährung

Nahrung, gleichgültig ob Natur- oder Kunstprodukt, ist in der aufgenommenen Form für das Tier wertlos. Erst die Verdauung, die chemische Aufspaltung der Nahrung durch Enzyme, schafft die Voraussetzung für eine Verwertung. Die Spaltprodukte müssen wasserlöslich und ihre Moleküle klein genug sein, so daß sie durch die Darmwandung dringen können.

Der Darm der Wirbeltiere gliedert sich in Vorder-, Mittel- und Enddarm (siehe Abbildung unten). Zum **Vorderdarm** gehören die Mundhöhle, die Speiseröhre und der Magen. Die Speiseröhre (Oesophagus) kann verschiedentlich ausgestaltet sein. Kropfbildungen bei Vögeln und Vormägen der Wiederkäuer sind Beispiele dafür.

Mechanische Zerkleinerung der Nahrung, mikrobielle und enzymatische Vorverdauung sind die Aufgaben des Vorderdarms.

Der **Mitteldarm** beginnt mit der GEGENBAURschen Marke. Das sind die Einmündungen der Leber, das heißt des Gallenganges, und des Pankreas (Bauchspeicheldrüse). Der Mitteldarm ist der

Die Nahrung wird für den Fisch erst in den verschiedenen Darmabschnitten aufgespalten und somit verwertbar.

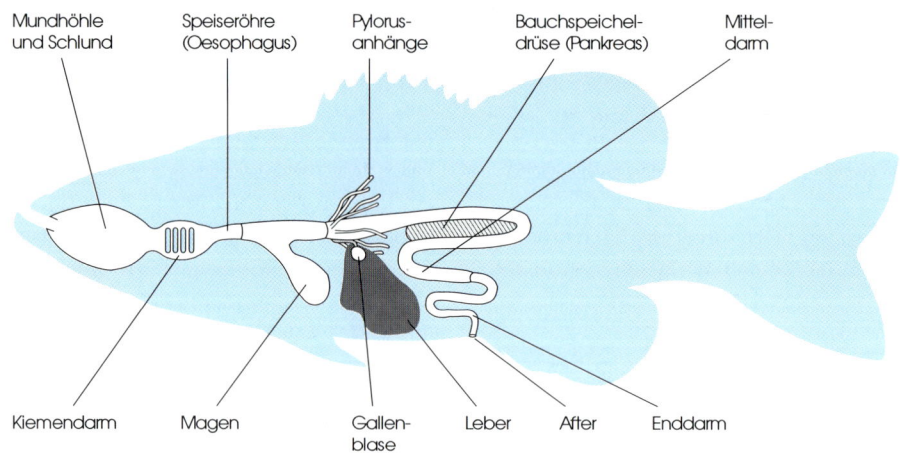

Mundhöhle und Schlund — Speiseröhre (Oesophagus) — Pylorusanhänge — Bauchspeicheldrüse (Pankreas) — Mitteldarm

Kiemendarm — Magen — Gallenblase — Leber — After — Enddarm

12

hauptsächliche Ort der Verdauung. Hier entstehen die resorbierbaren Spaltprodukte der Nährstoffe, und hier ist auch der Ort hauptsächlicher Resorption, das heißt des Übertritts der Nahrungsbruchstücke ins Blut oder in die Lymphe. Der **Enddarm** besteht aus Dickdarm, Blinddarm und Mastdarm. Wasserresorption und mikrobielle Verdauung schwer spaltbarer Nährstoffe finden hier statt, bis sich die unverdaulichen Reste der Nahrung formen und über den After ausgeschieden werden (Defäkation).

Das Pankreas liefert den Hauptteil der Verdauungsenzyme. Die Galle, ein Produkt der Leber, unterstützt vor allem die Fettverdauung. Für den mikroskopierenden Aquarianer ist es interessant und aufschlußreich, Kotschnüre zu zerrupfen und im Mikroskop zu betrachten. Unverdauliches wird so leicht erkannt.

Es ist keineswegs so, daß man allgemeingültig festlegen kann, was für Fische verdaulich ist. Die Ursache dafür sind Aktivitätsunterschiede der Enzyme, die die chemische Spaltung der Nahrung vornehmen. Die Bereitstellung solcher Enzyme und deren Aktivatoren wird durch Nerven und Hormone gesteuert. Daß solche Prozesse von außen beeinflußbar sind, ist verständlich. Unwohlsein, Beunruhigung, chemische Unzuträglichkeit des Aquarienwassers, fehlende oder unpassende Mikrobenflora können die Verdauung negativ beeinflussen. Gesunde Tiere in einer intakten Umgebung verdauen am besten. Mäßige Fütterung fördert die Verdauung, Nahrungsüberfluß führt zur Hemmung. Wenn auch die Enzyme überwiegend vom Verdauungstrakt bereitgestellt werden, wirken

Mikroorganismen und die Enzyme der Futtertierdärme bei der Verdauung mit.

Einige Inhaltsstoffe der Nahrung, wie Wasser, Mineralstoff und Vitamine, können unverändert resorbiert werden. Was unverdaulich ist, wird als Ballaststoff bezeichnet. Die Hauptkomponenten der Nahrung sind Kohlenhydrate, Fette und Eiweiße. Soweit sie verdaulich sind, spricht man von Nährstoffen.

Nährstoffe

Kohlenhydrate

Kohlenhydrate liegen in erster Linie als Zucker vor. Der **Traubenzucker** (Glucose) ist der für die Tierernährung wichtigste Einfachzucker (Monosaccharid). Mit der Nahrung aufgenommene Monosaccharide brauchen nicht verdaut zu werden. Ihre geringe Molekülgröße ermöglicht den Transport durch das Darmepithel ins Blut. Traubenzucker ist in tierischer Nahrung kaum enthalten und hat auch in der Pflanze, wo er entsteht, nicht lange Bestand. Er ist leicht löslich und läßt sich im Organismus nicht deponieren.

Sehr schnell nach ihrer Entstehung bilden die Traubenzuckermoleküle Ketten; sie kondensieren zu **Stärke**. Stärke ist die Depotform des Traubenzuckers. Stärkekörner aus Pflanzen sind geschichtet aufgebaut. Sie enthalten zwei Stärkeformen, die sich in der Art ihrer Bindungen und im Grad ihrer Kondensation (Polymerisation unter Wasseraustritt) unterscheiden. Amylose setzt sich aus 300 bis 1000 Traubenzuckermolekülen zusammen. Das Amylopektin-Molekül enthält 500 bis 15 000 Traubenzuckermoleküle. Solche aus

13

α-Glucose (Traubenzucker)

Einfachzucker (Monosaccharide) wie die Glucose weisen eine typische Ringstruktur auf. Vielfachzucker (Polysaccharide) bestehen aus einer Kette von Einfachzuckern.

vielen Monosacchariden zusammengesetzten Zucker heißen **Polysaccharide** (Vielfachzucker, Abbildung oben). Tierische Stärke (Glykogen) wird auch Leberstärke genannt, weil sie dort gebildet und gespeichert wird. Ihr chemischer Aufbau ist dem der Pflanzenstärke ähnlich.

Stärkemoleküle können wegen ihrer Größe nicht durch das Darmepithel dringen; sie müssen bis zur Monosaccharidstufe (Traubenzucker) abgebaut werden. Dieser Vorgang heißt Hydrolyse und geschieht im Verdauungskanal mit Hilfe von Enzymen (Amylasen). Hydrolysen sind die chemischen Prozesse der Verdauung. Enzyme, die die hochpolymeren Kohlenhydrate in die monomeren Bestandteile auflösen, heißen allgemein Carbohydrasen. Sie sind die hauptsächlichen Bestandteile des Pankreatins, das als Enzymgemisch von der Bauchspeicheldrüse in den Mitteldarm abgegeben wird.

Stärkespaltende Enzyme sind in vielen Fischdärmen recht unwirksam. Dennoch findet man zuweilen unbehandelte Kartoffelstärke in technisch bereiteten Futtermitteln. Man kann die Verdaulichkeit der Futterstärke fördern, indem man durch technische Vorbehandlung (Säurehydrolyse) die Aufspaltung einleitet. Auf diese Weise entstandene Kohlenhydratanteile in Futtermitteln werden als Stärkehydrolysat bezeichnet.

Kohlenhydrate haben im Stoffwechsel die Rolle des Energielieferanten. Die energetische Ausbeute wird weiter unten dargestellt.

Fette

Fette im Verdauungsprozeß sind überwiegend Triglyceride. Der Molekülaufbau geht aus der rechten Abbildung hervor. Glycerin (Glycerol, Propantriol) ist ein dreiwertiger Alkohol: das Molekül enthält drei Hydroxylgruppen (−OH). Jede Hydroxylgruppe ist mit einem Fettsäuremolekül unter Wasseraustritt verbunden (verestert). Die Fettsäuremoleküle entscheiden über die Konsistenz (den Schmelzpunkt) des Fettes. Die Rolle der ungesättigten Fettsäuren (mit Doppelbindungen zwischen den Kohlenstoffatomen (−C=C−) bespreche ich später gesondert. Fette mit langkettigen Fettsäuren sind bei natürlicher Umgebungstemperatur fest. Kurzkettige Fettsäuren, insbesondere mit Doppelbindungen, führen zu dünnflüssigen Fetten. Die Fettspaltung in Glycerin und Fettsäuren erfolgt durch Lipasen, zum Teil im Magen, überwiegend jedoch im Mitteldarm durch die Pankreaslipase.

Fette sind besonders energiereich und dienen dem Stoffwechsel als »Brennstoff«. Kohlenhydrate und Fette können sich er-

14

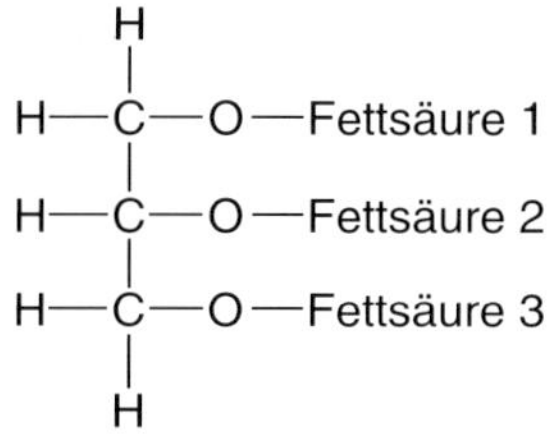

Neutralfett (Triglycerid)

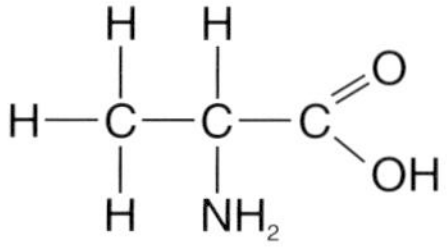

Alanin
(Beispiel für
eine einfache
Aminosäure)

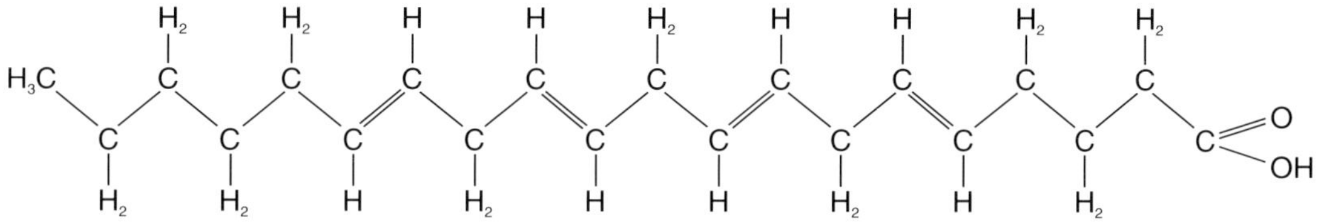

Ein Glycerinmolekül verbindet sich mit drei Fettsäuremolekülen zu einem Neutralfett (Triglycerid). Für ungesättigte Fettsäuren wie die Arachidonsäure sind die Doppelbindungen zwischen den Kohlenstoffatomen charakteristisch.

nährungsphysiologisch vertreten. Wird zuviel von ihnen zugeführt, entsteht Speicherfett, das zunächst in den Mesenterien (Darmfett), später auch in der Unterhaut, in der Leber und an anderen Stellen deponiert wird. Verfettete Tiere sind leistungsschwach und anfällig.

Eiweiße

Eiweiße haben Baustoff-Funktion, können aber auch in Ermangelung von Kohlenhydraten und Fetten zur Energiegewinnung eingesetzt werden. Eiweiße sind Riesenmoleküle, die sich aus Tausenden von **Aminosäuren** zusammensetzen. Ein Molekül kann einen Durchmesser von bis zu 0,1 µm haben. Eiweiße bestehen aus 20

verschiedenen Aminosäuren, die in verschiedenen Kombinationen die Grundlage der Vielfalt der Pflanzen- und Tierarten bilden. Aminosäuren sind, wie die Fettsäuren, organische Säuren und durch die Carboxylgruppe (–COOH) gekennzeichnet. Darüber hinaus enthalten sie eine Aminogruppe (–NH$_2$). Die Aminogruppe einer Aminosäure verbindet sich mit der Carboxylgruppe einer zweiten unter Wasseraustritt (Peptidbindung), wie es in obiger Abbildung dargestellt worden ist.

Eiweiße sind lange, oft mehrfach verzweigte Aminosäureketten, deren Peptidbindungen im Verdauungsprozeß hydrolytisch gelöst werden müssen, um ihre resorbierbaren Bausteine zu erhalten. Das

$$R$$
$$H-C-N \begin{smallmatrix} H \\ H \end{smallmatrix}$$

Unter Abgabe von Wasser verbinden sich viele Aminosäuren zu einem Eiweißmolekül (Protein).

Wasser-austritt

geschieht im Magen und im Mitteldarm der Wirbeltiere. Ein Teil der Proteasen wird von der Bauchspeicheldrüse gebildet.

Die Hälfte der 20 Aminosäuren ist **essentiell**; sie können nicht vom Körper gebildet und müssen mit der Nahrung aufgenommen werden. Die übrigen können im Organismus synthetisiert werden, unabhängig von der Zusammensetzung der Nahrung. Damit ist der Anteil der essentiellen Aminosäuren Maßstab für die biologische Wertigkeit eines Eiweißes. Ihre Zahl (0 bis 100) gibt an, wieviel körpereigenes Eiweiß (in Gramm) aus 100 Gramm des jeweiligen Nahrungseiweißes aufgebaut werden kann. Pflanzliches Eiweiß hat, bezogen auf die Physiologie des Menschen, eine Wertigkeit von etwa 40, tierisches Eiweiß zwischen 80 und 100 (siehe auch Kapitel »Baustoffwechsel«).

Vitamine und Mineralstoffe

Während die Rolle der Nährstoffe bei Wirbeltierarten weitgehend überein-

stimmt, ist der Vitaminbedarf von Art zu Art recht unterschiedlich und bei den Fischen nur bei wenigen Nutzfischen (Karpfen, Salmoniden, Welse) gründlich untersucht.

Vitamin C (Ascorbinsäure) können die meisten Säugetiere selbst synthetisieren. Menschen, Affen und Meerschweinchen sind jedoch auf Zufuhr mit der Nahrung angewiesen.

Vitamine bestehen aus sehr kleinen Molekülen und bedürfen deshalb nicht der Verdauung. Sie sind überwiegend am Enzymaufbau und an enzymatischen Prozessen beteiligt, womit die Bedeutung für den gesamten Lebensprozeß deutlich wird. Einige Vitamine werden in Form ihrer Vorstufen mit der Nahrung aufgenommen. Bei allen Wirbeltieren ist β-Carotin die Vorstufe (Provitamin) für das **Vitamin A**, das durch seine Aufspaltung entsteht (siehe Abbildung Seite 18). Die Umwandlung des Provitamins in die wirksame Form kann beispielsweise durch Lichteinfluß erfolgen. Die wirksamen **D-Vitamine** entstehen aus ihren Vorstufen durch UV-Strahlung.

Andere Vitamine (wie **Vitamin K**) werden im Darm der Tiere durch dort lebende Bakterien synthetisiert. Die Bedeutung einer gesunden Darmflora ist in diesem Zusammenhang besonders beachtenswert. Kunstfuttermittel müssen mit Vitaminzusätzen angereichert werden, um Vollwertigkeit anzustreben. Jungtiere haben einen erhöhten Vitaminbedarf.

In einigen Fällen können Vitamine auch im Tierkörper gespeichert werden (Vitamin A in der Leber). Die Vitamine werden nach ihrer Löslichkeit in Wasser (Vitamine B und C) oder in Fetten (Vita-

Zusammensetzung einiger Futtermittel in Prozent der Frischsubstanz (eigene Befunde gerundet)

Futter	Wasser	Protein	Fett	Literatur
Regenwürmer (*Lumbricus terrestris*)	79	11	2,5	orig.
Enchyträen	75	15	6–10	orig.
Cyclops	83	9	2–3	orig.
	90	4,2	3,3	ALBRECHT & BREITSPRECHER [1](1969)
Daphnien	95	2,5	0,5–1	orig.
Asseln (*Idotea baltica*)	78	10	1	orig.
Flohkrebse (*Gammarus*)	86	7	1	orig.
Schwebegarnelen (*Praunus flexuosus*)	80	13	1	orig.
Eintagsfliegenlarven	86	8	2	orig.
	80,5	11,8	3,1	ALBRECHT & BREITSPRECHER (1969)
Schwarze Mückenlarven und Puppen	82	10	4	orig.
Rote Mückenlarven	88	6	2	MANN 1935
	85,8	7,4	1,1	ALBRECHT & BREITSPRECHER (1969)
Tubifex	86	8	2	MANN 1935
	83	8,8	3	ALBRECHT & BREITSPRECHER (1969)
Gemischte Insektenlarven	82	12	3	HALVER 1971
Rinderherz (Muskulatur)	74	20	3–4	orig.
Weißfische	78	16	1,5	GENG 1925
Dorsch	80	16	1	STÄHLIN 1957

[1] zitiert nach STEFFENS (1979).

mine A, D, E und K) zu zwei Gruppen geordnet. Als Träger wichtiger Vitamine spielt das Nahrungsfett eine Rolle, die weit über seine energetische Bedeutung hinausgeht.

Mineralstoffzusätze zum Futter sind bei an Land lebenden Haustieren sehr wichtig. Fische nehmen dagegen einen Großteil ihres Bedarfs aus dem Wasser auf. Besondere Probleme können bei extrem weichem Wasser entstehen. Allgemein wird bei Wirbeltieren zwischen Mengenelementen (Ca, Mg, K, Na, Cl, S, P), die mit mehr als 50 mg/kg Körpermasse

17

β-**Carotin**

Vitamin A entsteht im Wirbeltierkörper durch Aufspaltung des mit der Nahrung aufgenommenen β-Carotins.

am Aufbau des Tierkörpers beteiligt sind, und den Spurenelementen (Fe, Cu, Mn, Zn, Co, Mo, F, J, Se) unterschieden. Die Spurenelemente sind jedoch nur in sehr geringer Menge in der Körpermasse enthalten.

Weitere wichtige Nahrungs-anteile

Wie bereits oben bemerkt, ist es eine grobe Fehleinschätzung, Fette nur als Energieträger im Stoffwechsel zu betrachten.

Eiweiß- und Fettgehalt in Prozent der Trockensubstanz einiger Futtertiere

Futter	Protein	Fett	Eiweiß-/Fett-Verhältnis
Enchyträen	60	24–40 (abhängig von der Fütterung)	etwa 2 : 1
Cyclops	53	15	3–4 : 1
Daphnien	48	14	3,5 : 1
Flohkrebse (*Gammarus*)	50	7	7 : 1
Eintagsfliegen-Larven	56	14	4 : 1
Schwarze Mückenlarven	55	22	2,5 : 1
Rote Mückenlarven	55	16	3,5 : 1
Tubifex	52	18	3 : 1
Mittelwert	53 ± 4	16 ± 5	

Daraus ergibt sich für übliches Lebendfutter von Süßwasserfischen ein Mittelwert zwischen 2 : 1 und 5 : 1 für das Verhältnis von Eiweiß zu Fetten.
Dieses Verhältnis sollte auch bei industriell gefertigtem Flockenfutter eingehalten werden.

18

Kollagengehalt in Futtermitteln (eigene Befunde gerundet)

Futter	Kollagen in Prozent (bezogen auf Frischsubstanz)	Kollagen in Prozent (bezogen auf Gesamtprotein)	Literatur
Regenwürmer (*Lumbricus terrestris*)	0,6	5,4	orig.
Enchyträen	0,7	4,6	orig.
Cyclops	0,07	0,8	orig.
Daphnien	0,08	3,2	orig.
Asseln (*Idotea baltica*)	0,1	1,1	orig.
Schwebegarnelen (*Praunus flexuosus*)	0,2	1,4	orig.
Gammariden	0,15	2,2	orig.
Eintagsfliegenlarven	< 0,01		orig.
Steckmückenlarven und Puppen	< 0,01		orig.
Leber, Nieren Milz	0,5–2	–	REICH (1966)
Herzmuskel (Rind)	1–2	–	REICH (1966)
Blutgefäßwände	5–12	–	REICH (1966)
Sehnen	25–35	–	REICH (1966)

Jodzahl tierischer und pflanzlicher Fette

Fettart	Jodzahl	Literatur
Rindertalg	40	SCHENK & KOLB (1961)
Gänseschmalz	65	SCHENK & KOLB (1961)
Gammariden-Fett	119	PHILIPS et al. (1954)
Eintagsfliegenlarven-Fett	106	PHILIPS et al. (1954)
Olivenöl	80–85	KLEBER et al. (1988)
Sonnenblumenöl	125–150	KLEBER et al. (1988)
Lebertran	140–180	KLEBER et al. (1988)

Sie sind sowohl als Lösungsmittel für Vitamine und Farbstoffe (Carotin) als auch durch ihre Bestandteile von existentieller Bedeutung. Fettsäuren werden nach der Hydrolyse des Fettmoleküls frei. Ihre physiologische Bedeutung wird durch Vorhandensein, Anzahl und Stellung der Doppelbindungen (–C=C–) bestimmt. **Ungesättigte Fettsäuren** mit vier bis sechs Doppelbindungen in der Kohlenstoffkette sind essentielle Bausteine der Eicosanoide, unter denen die **Prostaglandine** am bekanntesten sind. Dabei spielt die Arachidonsäure (Abbildung Seite 15) eine hervorragende Rolle. Sie enthält 20 Kohlenstoffatome und vier Doppelbindungen in der Kohlenstoffkette. Prostaglandine sind Gewebshormone mit vielseitiger Wirkung, wie Blutdruckregulierung, Steuerung von Geburtsvorgängen und Wachstum. Fehlt Fett mit mehrfach ungesättigten Fettsäuren in der Nahrung, so treten mancherlei Störungen auf.

Besonders reich an ungesättigten Fettsäuren sind Plankton und Fischöle (STEFFENS et al. 1989). Deshalb ist auch der Fischmehlzusatz in der Nutzviehzucht und Nutzviehmast mehr als die billige Eiweiß-

19

quelle, für die er landläufig gehalten wird. In tierischen Nahrungsketten spielen Plankton und Insekten eine große Rolle. In beiden Organismengruppen sind ungesättigte Fettsäuren reichlich vorhanden, wobei Insekten sie selbst synthetisieren können. Viele andere Tiere müssen sie über die Nahrungskette erhalten.

Die **Jodzahl** ist ein Maß für den Anteil ungesättigter Fettsäuren in den Fetten (Tabelle Seite 19). Sie gibt an, wieviel Gramm Jod von 100 Gramm Fett angelagert werden können. Die Anlagerung erfolgt an den Doppelbindungen der ungesättigten Fettsäuren. Einzelheiten zur Untersuchungsmethodik finden sich bei KLEBER et al. (1988).

Ungesättigte Fettsäuren neigen in Gegenwart von Sauerstoff zur oxidativen Selbstzerstörung bei Aufrichtung der Doppelbindungen (Autoxidation). Dadurch entsteht aus einem Lebenselixier ein Gift. Hersteller von Kunst- und Mischfuttermitteln setzen deshalb sogenannte **Antioxidantien** zu, die das Verderben des Futters verhindern sollen und teilweise auch tun, unter der Voraussetzung, daß es frisch ist und kühl sowie vakuumverpackt aufbewahrt wird.

Ballaststoffe sind die überwiegend oder gar nicht verdaulichen Anteile der Nahrung. Dazu gehören für viele Tiere Zellulose, Lignin, Keratin, Chitin und Kollagen. Bei einigen Tieren wird eine Verdauung mit Hilfe von Symbionten erreicht. Termiten sind beispielsweise mit bakterieller Unterstützung hervorragend befähigt, Holzstoff (Lignin) und Zellulose zu verwerten.

Ballaststoffe wirken als Darmfüllstoffe und regen die Darmbewegung (Peristaltik)

an. Langfaserige und elastische Ballaststoffe wie das **Kollagen** der Bindegewebsfasern von Schlachttieren können zu Darmverschlüssen führen. Ihre Verfütterung an wechselwarme Wirbeltiere, besonders an Fische, ist zu vermeiden. Bei der Herstellung von Ersatzfuttermitteln ist die sorgfältige Entfernung kollagenhaltiger Anteile besonders zu beachten. Auch sollte man bedenken, daß die Cuticula (von der Haut abgeschiedene Schicht) der Anneliden (Regenwürmer, Enchyträen, *Tubifex*) aus Kollagenfibrillen besteht und so für die Verdauung eine Barriere bildet (siehe auch Kapitel »Lebendfutter aus Futtertierzuchten«).

Die Rolle des Wassers

Verdauung ist ein enzymatischer Prozeß, der sich in wäßriger Aufschlämmung abspielt. Die Spaltung der hochmolekularen Nährstoffe in niedrigmolekulare, resorbierbare Teilchen ist immer eine Hydrolyse; die Abtrennung eines Teilchens von der langen Molekülkette erfolgt durch Einschieben eines Wassermoleküls. Die Bereitstellung des Wassers in bedarfsgerechter Menge ist daher eine wichtige Voraussetzung für die Verdauung. Sie stellt eines der größten Probleme der meisten Lebewesen des Landes und des Wassers dar. Wasser wird zum Teil mit der Nahrung, überwiegend aber durch Trinken aufgenommen. Fische leben im Wasser – es drängt sich die Frage auf: Müssen sie auch trinken?

Die meisten der bekannten 20 000 Fischarten leben dauernd im Meer. Nur zehn Prozent aller Arten sind echte Süßwasserfische (BONE & MARSHALL 1985). Einige wandern regelmäßig, andere den für

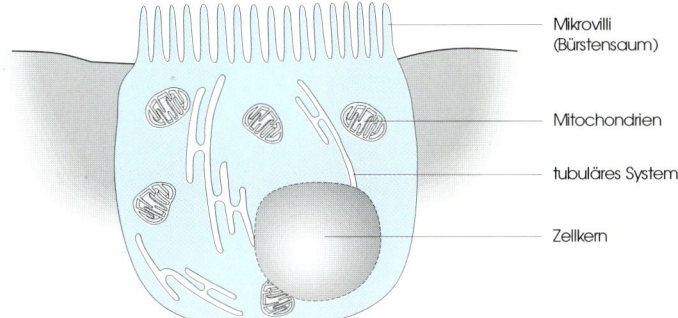

Schematische Zeichnung einer Chloridzelle. Die Mikrovilli ermöglichen durch Oberflächenvergrößerung den Salzaustausch.

Mikrovilli
(Bürstensaum)

Mitochondrien

tubuläres System

Zellkern

sie optimalen Bedingungen folgend sporadisch zwischen Brack- und Süßwasser oder Brack- und Meerwasser hin und her. Regelmäßig finden die anadromen (Lachse) und katadromen (Aale) Laichwanderungen statt. Die Jungfische wandern dann entgegengesetzt oder lassen sich von Strömungen treiben. Diese Anpassungen an osmotische Umweltveränderungen gehören zu den erstaunlichsten Leistungen der Tiere.

Süßwasserfische leben in hypotoner Umgebung, das heißt, ihre Körperflüssigkeiten weisen eine höhere Salzkonzentration als das umgebende Wasser auf. Die Haut der Fische ist für Wasser und Salzionen weitgehend undurchlässig; an den Schleimhäuten der Kiemen, der Mundhöhle und des Nasenraumes werden jedoch Ionen abgegeben und Wasser aufgenommen. Was bei einem lecken Schiff die Lenzpumpen besorgen, leisten hier die Nieren, die viel Harn äußerst geringer Konzentration ausscheiden. Süßwasserfische müssen folglich nicht nur nicht trinken, sie müssen sich gegen eine zunehmende Verwässerung physiologisch wehren und Ionen aktiv aufnehmen (dazu dienen die Chloridzellen).

Meeresfische haben ganz andere Probleme. Sie leben in einer hypertonen Umgebung, in der das Wasser eine höhere Salzkonzentration als ihre Körperflüssigkeit aufweist. An Kiemen und Schleimhäuten strömen Wasser aus und Ionen ein. Der Wasserverlust muß ersetzt werden, so daß Meerwasser getrunken wird (etwa 0,5% des Körpergewichts pro Stunde). Die überschüssigen Salze müssen gegen das Konzentrationsgefälle energieaufwendig ausgeschieden werden. Meeresfische besitzen dafür ebenfalls Chloridzellen oder Ionozyten im Epithel der Kiemen und des Kiemendeckels (Abbildung oben).

Viele **wirbellose Meerestiere** können der Salzkonzentration nichts entgegensetzen. Ihre Innenkonzentration entspricht der Außenkonzentration (sie sind isoosmotisch). Sie werden mit Konzentrationsveränderungen in ihrer Umwelt viel schwerer fertig als Fische, die trotz Änderung ihrer Umwelt ihr inneres Milieu konstant halten. So sind viele Meeresfische euryhalin: sie können Brackwässer zeitweilig oder ständig besiedeln.

Für die Meeresaquaristik folgt daraus, daß für Fische eine abgesenkte Salinität (3%, Dichte 1,023) energiesparend wirkt.

21

Für Wirbellose sollte man auf Abweichungen von den natürlichen Werten verzichten. TSCHIESCHE (1990) empfiehlt für Schauaquarien ohne Wirbellose eine Absenkung der Salinität auf 2,5%.

Zeit als Ernährungsfaktor

Die Geschwindigkeit der Verdauung und die des Stoffwechsels sind temperaturabhängig wie die der meisten Lebensprozesse, die grundsätzlich aus chemischen Reaktionen bestehen. Chemische Prozesse folgen der RGT-Regel (Reaktionsgeschwindigkeit-Temperatur-Regel nach VAN T'HOFF). Danach beschleunigt sich ein chemischer Prozeß um das zwei- bis vierfache, wenn man die Temperatur um 10 °C erhöht. Das ist bei der Haltung von Warmblütern wenig bedeutungsvoll, bei Fischen jedoch eine wichtige Eigenschaft.

Dabei ist zu bedenken:
- Futtermenge und Haltungstemperatur müssen aufeinander abgestimmt sein.
- Kein biologisches System kann ständig hochtourig betrieben werden.

Zeiten mit abgesenkter Temperatur und geringer Fütterung, also physiologische Ruhezeiten, sind notwendig, um »Hoch«-Zeiten auszuleben. Gleichmaß senkt die Vitalität. Aktivitätsschwankungen unterliegen einem jahreszeitlichen und einem täglichen Rhythmus. Viele Tiere sind dämmerungs- oder nachtaktiv. Besonders in Eingewöhnungsphasen von Wildfängen ist die Beachtung täglicher Aktivitätsphasen bei der Fütterung erfolgversprechend. Nachtaktive Fische zeigen bei Nachtfütterung

Den zeitlichen Ablauf der Verdauung (Durchgangszeiten) kann man durch **Futtermarkierung** und Nachweis der Marken im Kot feststellen. Fischfuttermarkierung funktioniert ohne jeden Schaden für die Tiere nach meinen Erfahrungen am besten mit Kartoffelmehl. Unbehandelte Kartoffelstärke ist für Fische unverdaulich und leuchtet bei der Untersuchung im polarisierten Licht (siehe Foto rechts). Diese »Marken« können dem Futter beigemengt werden und sind leicht in der Kotschnur nachweisbar.

auch höhere Zuwachsarten, bedingt durch höhere verdauungsphysiologische Leistungen (BREMER 1987; GRAMBOW et al. 1987).

Verdauungszeiten sind unter anderem von der Größe der Nahrungsbrocken, das heißt vom Verhältnis von Oberfläche zu Volumen abhängig. Je kleiner die Partikel sind, um so schneller vollzieht sich die Verdauung. Wirksames Kauen gibt es innerhalb der Wirbeltiere fast nur bei den Säugern. Fische, Amphibien und Reptilien sind überwiegend Schlinger; daher bestimmt die Nahrungsart die Brockengröße (Näheres unter »Das Futter muß angenommen werden«). Wichtig ist, nach Verabreichung großer Nahrungsbrocken temperaturabhängige Ruhezeiten einzuräumen (keine Fütterung, keine Beunruhigung). Verdauung und Resorption sind energieaufwendig. Der Energiebedarf der Fische steigt nach der Nahrungsaufnahme um bis zu 25%. Um sich von dieser Last zu befreien, würgen Tiere in Streßsituationen häufig aufgenommene Nahrung wieder

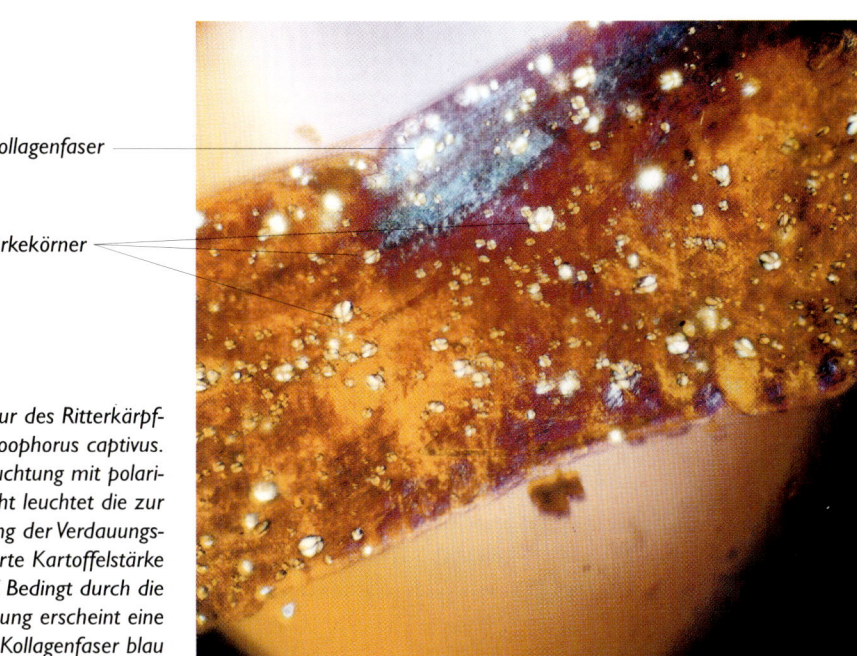

Kollagenfaser

Stärkekörner

*Kotschnur des Ritterkärpf-
lings, Xenoophorus captivus.
Bei Beleuchtung mit polarisiertem Licht leuchtet die zur
Markierung der Verdauungs-
zeit verfütterte Kartoffelstärke
auf. Bedingt durch die
Anfärbung erscheint eine
unverdaute Kollagenfaser blau
(Mikroskopaufnahme).*

aus. Das kann im Transportgefäß gefährlich werden, da die ausgewürgte Nahrung Sauerstoffzehrung verursacht.

Resorption der Nahrung

Resorption ist der Übergang aller geeigneten Stoffe aus dem Darm in das Gewebe des Tierkörpers. Die Eignung hängt in erster Linie von der Molekülgröße ab, unabhängig davon ob ein Bedarf besteht oder nicht. Aufgenommen werden Einfachzucker wie Traubenzucker und Fruchtzucker, Aminosäuren, Vitamine, Mineralien und Wasser, leider auch Schwermetalle, Pestizide und andere Schadstoffe.

Bei den Fetten gibt es zwei Möglichkeiten. Entweder werden die Bausteine (Fett-

säuren und Glycerin) getrennt resorbiert, um später wieder zusammengesetzt zu werden, oder die ganzen Fettmoleküle treten durch die Darmwand. Das ist aber nur möglich, wenn die Fetttröpfchen so klein sind, daß sie annähernd Molekülgröße aufweisen. Dafür sorgt die von der Leber produzierte Galle, die sich in den Anfang des Mitteldarms ergießt. Sie emulgiert das Fett und vergrößert gleichzeitig dessen Oberfläche, an der die spaltenden Enzyme (Lipasen) angreifen können.

Die Resorption erfolgt bei Wirbeltieren vorzugsweise am Mitteldarmepithel. Wasser und Mineralien werden vom Enddarm aufgenommen. Resorbierende (und sezernierende) Epithelien zeigen elektronenmikroskopisch einen sogenann-

23

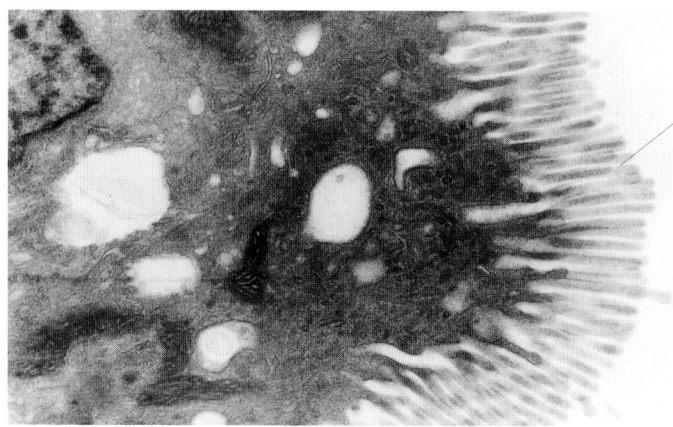

Mikrovilli

Die stark ausgeprägten Mikrovilli (Mikrozotten) einer Zelle aus der Oberfläche von Trophotaenien (Ernährungsfäden) eines Ritterkärpfling-Embryos ermöglichen die Aufnahme von Nährstoffen (elektronenmikroskopische Aufnahme).

ten Bürstensaum (Foto oben). Das sind dicht stehende Mikrozotten (Mikrovilli), welche die Oberfläche erheblich vergrößern.

Die Resorption ist kein passiver Prozeß, keine einfache Diffusion in Richtung des Konzentrationsgefälles. Sie ist energieaufwendig, wie alles, was bislang über den Vorgang des Fressens und Verdauens beschrieben worden ist. Transport und Verteilung der niedrigmolekularen Nähr- und Wirkstoffe im Körper erfolgen bei Wirbeltieren durch Blut (Zucker und Aminosäuren) und Lymphe (Fett). Auch hierfür ist Energie notwendig. Was nicht sofort gebraucht wird, kann gespeichert werden, sofern es speicherfähig ist. Andernfalls erfolgt Teilverwertung, Abbau und Ausscheidung, zuweilen auch einfache Ablagerung (Akkumulation) in den Zellen, besonders wenn es sich um stoffwechselfremde Komponenten handelt. Speicherfähig sind Zucker in Form des Polysaccharids Glykogen (Leberstärke) und Fett in Fettzellen, die umfangreiche Gewebe aufbauen

können. Fettgewebe gehört bei normal ernährten Tieren zum Darmgekröse (Mesenterien) und zum Unterhautbindegewebe (Corium).

Nukleinsäuren im Stoffwechsel

Um zu verstehen, was ferner mit den Nährstoffen geschieht, muß an dieser Stelle eine Stoffgruppe besprochen werden, die aus der Vererbungslehre bekannt ist. Nukleinsäuren (DNS: Desoxyribonukleinsäure, RNS: Ribonukleinsäure) spielen aber auch im Stoffwechsel eine wichtige Rolle. Deshalb kann auf einige Grundlagen zum Verständnis der Stoffgruppe nicht verzichtet werden. Nukleinsäuren können polymer und monomer auftreten, wobei die Bausteine monomer, die Bausteinketten polymer sind. Jeder Baustein besteht aus der Verbindung von drei Teilbausteinen: einen Zucker (Ribose oder Desoxyribose), einer organischen Base, die sich vom Purin (Adenin, Guanin) oder vom Pyrimidin (Cytosin, Uracil)

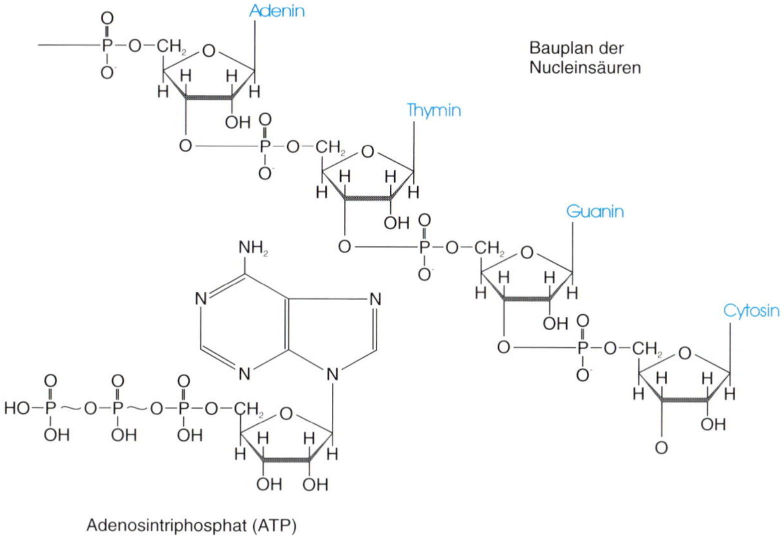

Adenin

Bauplan der
Nucleinsäuren

Thymin

Guanin

Cytosin

NH_2

$HO-P\sim O-P\sim O-P-O-CH_2$
$\quad OH \quad\quad OH \quad\quad OH$

Adenosintriphosphat (ATP)

Viele Mononukleotide verbinden sich über eine Zucker-Phosphat-Brücke zu Polynukleotiden. Die Mononukleotide unterscheiden sich durch ihre Basen, von denen Adenin auch in dem zur Energiespeicherung dienenden Molekül Adenosintriphosphat (ATP) eine Rolle spielt.

ableitet, und einem Phosphorsäuremolekül. Über eine Zucker-Phosphorsäure-Brücke erfolgt die Kopplung der Mononukleotide zu Polynukleotiden. Dabei können sich Millionen von Bausteinen zu langen, oft spiralig gedrehten Strängen vereinigen (Abbildung oben).

Der Betriebsstoffwechsel benötigt das Mononukleotid Adenosinphosphat, das eine Verbindung der Base Adenin (Purinderivat), der Pentose Desoxyribose und der Phosphorsäure ist. Seine Funktion ist die Speicherung der im Betriebsstoffwechsel erzeugten Energie (Batteriefunktion). Die Ribonukleinsäuren (RNS) leiten den Aufbau des körpereigenen Eiweißes aus den resorbierten Aminosäuren (näheres dazu im Kapitel »Baustoffwechsel«).

Betriebsstoffwechsel

Futtersuche, Fressen, Verdauen, Resorbieren, innerkörperlicher Transport: das alles kostet Kraft (Energie). Jetzt muß sich in allen lebenden Zellen zeigen, ob sich der Aufwand gelohnt hat. Wenn keine Energie gespeichert worden ist, muß schließlich mehr zur Verfügung stehen, als aufgewendet wurde. Eine gewisse Speicherung gehört allerdings zum normalen Prozeß, denn das Futterangebot in der Natur ist wechselhaft, und nahrungsarme Zeiten müssen überstanden werden. Folglich kann nur ein Teil der resorbierten Nährstoffe als »Brennmaterial« Verwendung finden.

Der Abbau von Nährstoffen zwecks Energiegewinn, der Betriebsstoffwechsel,

25

Photosynthese (autotrophe Assimilation des Kohlenstoffs) und Atmung sind umkehrbare Prozesse nach der Reaktionsgleichung:

$$6\ CO_2 + 12\ H_2O \quad \underset{-2875\ kJ/mol}{\overset{+2875\ kJ/mol}{\longleftrightarrow}} \quad C_6H_{12}O_6 + 6\ O_2 + 6\ H_2O$$

Die Sonnenenergie, die bei der Photosynthese chemisch gebunden wurde, wird bei der Atmung wieder freigesetzt und steht für den Lebensprozeß zur Verfügung. Die Energie von 2875 kJ wird folglich bei der Veratmung von einem mol (Molekulargewicht in Gramm) Traubenzucker (Glucose, $C_6H_{12}O_6$), das sind 180 g, freigesetzt.

wird auch als katadromer Stoffwechsel oder als Dissimilation bezeichnet. Erfolgt der Vorgang aerob (unter Sauerstoffzufuhr), spricht man von Atmung, ohne Sauerstoff (anaerob) von Gärung. Der Hauptweg der Energiegewinnung der Wirbeltiere ist die Atmung. Ihre Endprodukte sind Kohlendioxid und Wasser und damit die Ausgangsprodukte der Photosynthese.

Der »Heizwert« der Nährstoffe ist unterschiedlich. Sein Maß ist der **Respiratorische Quotient**, der durch das Verhältnis des freiwerdenden Kohlendioxids zum verbrauchten Sauerstoff bei der biologischen Oxidation (RQ = Vol. CO_2 / Vol. O_2) ermittelt wird. Dabei wird ein hoher Brennwert durch einen geringen RQ ausgedrückt. Für Kohlenhydrate beträgt er 1,0, wie aus der Summengleichung leicht zu ersehen ist. Für Fette errechnet sich ein RQ von 0,7 und für Eiweiße von 0,8.

Energie benötigt das Tier zunächst für den Grundumsatz, das heißt für innerkörperliche Leistungen in absoluter Ruhe und ohne Verdauung. Erhaltungsbedarf geht über den Grundumsatz hinaus und schließt Verdauungsarbeit und minimale Bewegung ein. Das Tier befindet sich damit in Leistungsbereitschaft. Der Leistungsbedarf ist ein erhöhter Energiebedarf in Abhängigkeit von der jeweiligen Leistung. Besonders energieaufwendig sind hochgeregelte, konstante Körpertemperaturen bei großer Körperoberfläche (kleine Tiere) in kalten Klimazonen. Kleine Singvögel halten auch bei −20 °C ihre Körpertemperatur von +40 °C.

Besonders energiesparend wirkt sich Bewegung in der Schwerelosigkeit (Schweben) aus. Fische mit Schwimmblase sind wechselwarme Tier in der Schwerelosigkeit und daher Organismen mit einem energetischen Sparprogramm. Dennoch müssen die Nährstoffe mehr Energie liefern, als zu ihrer Erlangung notwendig war. Der außerordentlich komplizierte Prozeß der Energiegewinnung kann nur stark vereinfacht und unvollständig beschrieben werden. Wer sich detaillierter informieren möchte, sei auf einschlägige Lehrbücher der allgemeinen Biologie (LIBBERT 1982) oder der Tierphysiologie (PENZLIN 1991) verwiesen.

Kohlenhydrate sind das übliche »Brennmaterial«, Fette können als eine Form des Energiespeichers verstanden werden.

Das Prinzip der Energiegewinnung verläuft in drei Etappen.
1. Abbau der Nährstoffe mit dem Ziel der Wasserstoffgewinnung
2. Biologische Oxidation – Zellatmung
3. Energiespeicherung

Kohlenhydrate und Fette können sich bei der Energiegewinnung gegenseitig vertreten. Wird ein Überschuß an Kohlenhydraten gefüttert, erfolgt Umwandlung und Speicherung als Fett, wenn der Stärkespeicher (Leberstärke) gesättigt ist.

Eiweiße (Aminosäuren) sind Baustoffe, können aber auch bei Bedarf der Energiegewinnung dienen, zumal sie nicht speicherbar sind. Fehlt es an Kohlenhydraten und Fetten, so wird Eiweiß veratmet. Dazu wird die Aminogruppe ($-NH_2$) abgespalten (Desaminierung); der Rest ist ein Kohlenhydrat. Bei Eiweißüberschuß kann nach Desaminierung der Aminosäuren sogar Speicherfett aufgebaut werden.

Fische neigen besonders stark zur Eiweißveratmung. In der Nutzfischmast trägt man dem durch Auffettung des Kunst- oder Mischfutters Rechnung. So kann kostenaufwendiges Futtereiweiß gespart werden. In der Aquaristik ist ein Eiweißüberschuß gleichfalls ungünstig, da der Stickstoff aus der überhöhten Desaminierung ausgeschieden wird und das Wasser belastet.

Alle Stoffe, die der Energiegewinnung zugeführt werden, werden durch Enzyme aufgespaltet, wobei schließlich CO_2 und Wasserstoff übrig bleiben (Glykolyse und Citratzyklus). Der Wasserstoff wird mit Hilfe weiterer Enzyme schrittweise mit Sauerstoff zu Wasser verbunden (Atmungskette). Hierbei wird Energie frei, die sich im chemischen Experiment bei der Zusammenführung von Wasserstoff und Sauerstoff als Knallgasreaktion entlädt und bei einer Form des autogenen Schweißens als heiße Flamme in Erscheinung tritt.

Durch dieses Bild wird verständlich, daß Nahrungsverwertung zwecks Energiegewinnung auch etwas mit Atmung, mit Sauerstoffgehalt des Lebensraumes, mit Sauerstoffaufnahme und Sauerstofftransport zu tun hat. Die durch Zellatmung entstandene Energie muß chemisch gebunden werden, um für die Leistungen des Organismus zur Verfügung zu stehen. Der Vergleich von Lichtmaschine und Batterie im Auto drängt sich auf. Die chemische

Bei der Zellatmung wird die Reaktion von Wasserstoff und Sauerstoff zur Energiegewinnung über mehrere Teilschritte durch Enzyme gesteuert. Bleiben wir beim Bild der Schweißtechnik. Zwei Schläuche, an Stahlflaschen angeschlossen, führen Wasserstoff und Sauerstoff im Verhältnis 2:1 zu einem Schweißbrenner. Dafür gibt es biologische Äquivalente.

Erster Schlauch: Fressen – Verdauen – Resorbieren – Transportieren – Glykolyse – Citratzyklus ➝ Wasserstoff

Zweiter Schlauch: Äußere Atmung, Sauerstoffaufnahme – Sauerstofftransport durch das Blut – Sauerstoffabgabe an die Körperzellen ➝ Sauerstoff

Bindung findet an dem Nukleotid Adenosinmonophosphat (AMP) statt, indem ein zweites und ein drittes Phosphorsäuremolekül angelagert werden. So entstehen Adenosindiphosphat (ADP) und Adenosintriphosphat (ATP). Das sind energiereiche Bindungen, die in der Abbildung auf Seite 25 durch eine Wellenlinie gekennzeichnet worden sind.

Der Prozeß der Energiegewinnung findet in den **Mitochondrien** statt, den »Kraftwerken« der Zellen. Sie sind meist kleiner als 1 µm und liegen damit mei-

stens unterhalb der lichtmikroskopischen Sichtbarkeit (elektronenmikroskopisches Foto unten). 150 bis 2500 Mitochondrien sorgen für den Energiebedarf einer Zelle.

Fehlen Nährstoffe zum Energiegewinn durch unzureichende Nahrungszufuhr, so wird körpereigene Substanz veratmet. Zunächst werden die Speicher geräumt (Fettgewebe, Leberstärke). Danach setzt der physiologische Hunger ein: es wird lebendige Substanz veratmet. Bei kleinen warmblütigen Landtieren kann der Hungertod sehr schnell eintreten (beispiels-

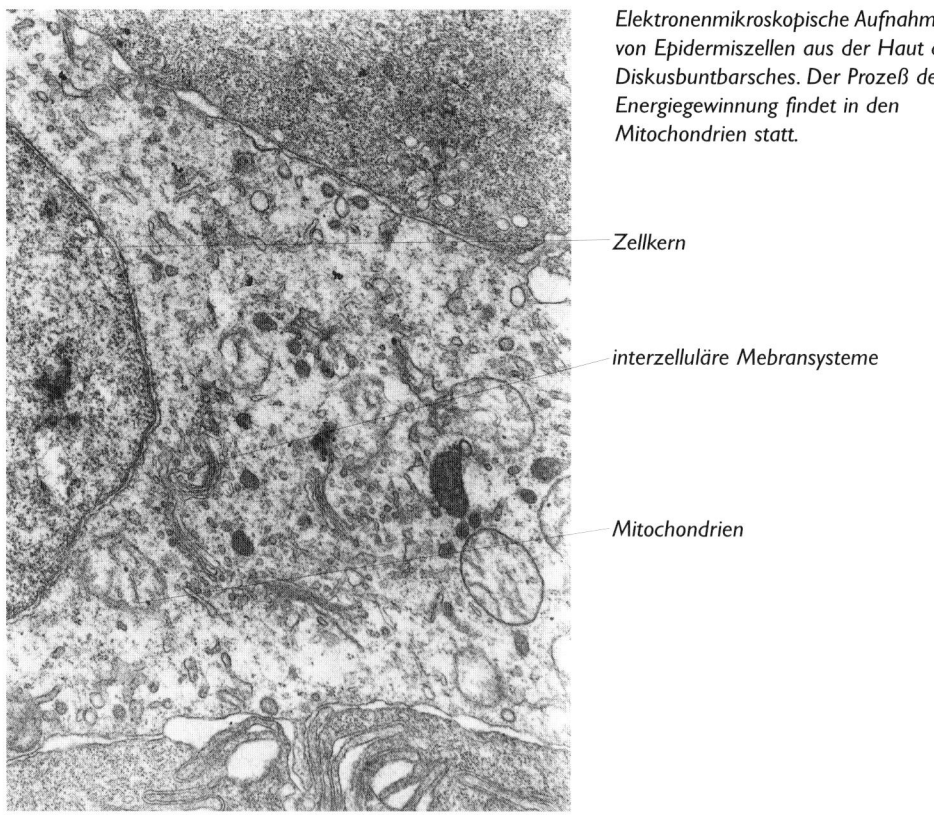

Elektronenmikroskopische Aufnahme von Epidermiszellen aus der Haut des Diskusbuntbarsches. Der Prozeß der Energiegewinnung findet in den Mitochondrien statt.

Zellkern

interzelluläre Mebransysteme

Mitochondrien

Speicherung und Abgabe von Energie (Batteriefunktion) vollziehen sich im Wechsel von ADP zu ATP und umgekehrt nach dem Schema:

$$ADP + Phosphorsäure \xrightarrow{35 \ kJ/mol} ATP$$

Die 35 kJ/mol ATP, die bei der hydrolytischen Abspaltung eines Phosphatrestes durch das Enzym ATPase frei werden, dienen den vielfältigen Energiebedürfnissen des Grundbedarfs, des Erhaltungsbedarfs und des Leistungsbedarfs.

weise bei Kleinvögeln). Wechselwarme Wassertiere (Fische) leben in Abhängigkeit von Wassertemperatur und Ernährungszustand meist noch mehrere Monate, bis sie durch Veratmung lebendiger Substanz sterben.

Energiegewinnung ohne Atmung ist möglich. Der Vorgang heißt **Gärung**. Der gewonnene Energiebetrag ist geringer, und es verbleiben energiereiche Endprodukte (Alkohol, Milchsäure), die bei weiterer Anreicherung zum Tod der gärenden Organismen führen können. Zeitweilig durch Gärung leben Faulschlammbesiedler wie beispielsweise rote Mückenlarven und *Tubifex* (partielle Anoxibiose).

Baustoffwechsel

Der anadrome Stoffwechsel, bei dem lebendige körpereigene Substanz entsteht, führt im wesentlichen zur Eiweißneubildung. Die Nahrung enthält körperfremdes Eiweiß, das verdaut und somit in Aminosäuren zerlegt wird. Am Ort der Eiweißneubildung werden die Aminosäuren zu neuen Proteinen zusammengefügt. Von den 20 verschiedenen Aminosäuren sind für Wirbeltiere zehn essentiell, müssen also durch die Nahrung aufgenommen werden: Valin, Leucin, Isoleucin, Lysin, His-

tidin, Arginin, Phenylalanin, Tryptophan, Threonin, Methionin. Die übrigen können von den Tieren selbst synthetisiert werden.

Fehlen einige essentielle Aminosäuren im Futter, so vermindert das die biologische Wertigkeit des Futtereiweißes und begrenzt das Wachstum der Tiere, soweit nicht Symbionten (Darmflora) für die Bereitstellung sorgen. Die Bildung des körpereigenen Eiweißes aus den Aminosäuren des Nahrungseiweißes vollzieht sich an einem Membransystem innerhalb der Zellen (Foto Seite 28).

Jede Tierart hat ihre arteigenen Eiweiße. Man kann auch sagen, daß die Eiweißstruktur das biochemische Wesen der Art ausmacht und daß davon alles abhängt, was der Biologe zu ihren Merkmalen zählt. Nicht nur Artspezifität, sondern auch innerartliche Individualität sind durch die Spezifität der Eiweiße gekennzeichnet. Tausende der zwanzig verschiedenen Aminosäuren sind in art- und individuenspezifischer Abfolge im Eiweißmolekül enthalten. Diese Aminosäuresequenz wird bestimmt durch die Nukleotidsequenz der DNS (Desoxyribonukleinsäure), durch den genetischen Code. Die Eiweiße entstehen also unmittelbar aus der Entschlüsselung des Erbmaterials und haben demnach auch die gleiche Vielfalt.

29

Die Biosynthese der Eiweiße, Voraussetzung für Wachstum, Fortpflanzung und Regeneration, ist aufwendig und funktioniert nur, wenn der Betriebsstoffwechsel genügend Energie liefert. Bauplan und Bausteine genügen nicht. Es bedarf auch der Kraft, die Bausteine zu fügen. So erklärt sich der erhöhte Nährstoffbedarf (Bau- und Betriebsstoffe) der Jung- und Zuchttiere und die verringerte, notwendigerweise angepaßte Fütterung bei erwachsenen Tieren in Schauanlagen.

Alle bedeutenden Nahrungsbestandteile wie Nährstoffe, Vitamine und Mineralien haben eine für das jeweilige Tier optimale Konzentration und eine tolerierbare Schwankungsbreite zwischen einem physiologischen Minimum und oft auch einem Maximum, bei dessen Erreichen sie als Gift wirken. Wird das Minimum unterschritten, begrenzt der jeweilige Faktor Wachstum und Entwicklung. Die Optimierung aller übrigen Futterkomponenten bleibt ohne Wirkung, solange ein notwendiger Inhaltsstoff, beispielsweise eine essentielle Aminosäure, in zu geringen Mengen vorliegt. Wird diese Komponente zugeführt –

Harnstoff und Harnsäure gehören zu den wichtigsten Ausscheidungsprodukten der Wirbeltiere.

Harnsäure

bewußt oder zufällig – kommt es zu spontanen Erfolgen in Pflege und Zucht.

Die Überschreitung der Maximalkonzentration einzelner Nahrungsbestandteile ist in der Praxis meistens bedeutungslos. Spektakulär war die Entdeckung der Vitamin-A-Hypervitaminose mit Todesfolge bei Arktisforschern und Jägern nach dem Genuß von Eisbärenleber.

Exkretion

Die Hauptaufgabe der Exkretion ist die Beseitigung stickstoffhaltiger Abbauprodukte aus dem Stoffwechsel. Nur diese Funktion soll hier besprochen werden, weil sie aus unserer Sicht die hauptsächliche Bedeutung hat. Solche stickstoffhaltigen Abfälle stammen aus zwei Quellen. Zum einen altern und sterben Zellen, wobei der in ihrem Eiweiß und ihren Nukleinsäuren enthaltene Stickstoff frei wird. Zum anderen werden nicht für den Baustoffwechsel benötigte Aminosäuren aus der Nahrung desaminiert und der Energiegewinnung zugeführt.

All dieser Stickstoff muß aus dem Stoffwechsel entfernt werden. Er belastet den Tierkörper und kann ihn sogar vergiften. Die chemischen Verbindungen, in denen der Stickstoff zur Ausscheidung gelangt, heißen **Exkrete**. Der Begriff darf nicht mit dem ähnlich lautenden der **Exkremente** verwechselt werden. Das sind unverdauliche Reste der Nahrung, die über den After ausgeschieden werden. Exkrete sind recht vielfältig in ihrer chemischen Struktur und werden manchmal nicht einmal ausgeschieden, sondern an bestimmten Körperstellen gespeichert. Dort können sie eine ganz neue Bedeutung erhalten. Immer enthalten sie Stickstoff, denn dessen Beseitigung ist der Grund ihrer Entstehung. Als Exkretionsorgan ist die Niere bekannt, aber häufig sind ganz andere Strukturen an dem Vorgang beteiligt.

Beschränken wir unsere Betrachtung auf die Wirbeltiere. Bedeutungsvolle Exkrete sind hier Ammoniak, Harnstoff und die Purinderivate Harnsäure und Guanin (Abbildung Seite 30).

Bei den Knochenfischen wird Ammoniak durch die Kiemen ausgeschieden (ammoniotelische Tiere). Das ist aber nur möglich, wenn Wasserstoffionen zur Verfügung stehen, um aus dem Ammoniak (NH_3) Ammonium (NH_4^+) werden zu lassen. Nur das Ammonium-Ion kann durch die Zellmembranen diffundieren und ist ungiftig. Steigt der pH-Wert weit in den alkalischen Bereich, so nimmt die Wasserstoffionenkonzentration ab: die Ammoniakentsorgung wird behindert.

Ammoniak im Fischblut ist giftig, sobald die Konzentration 0,1 mg/100 g übersteigt. Gleichzeitig liegt auch eventuell im Wasser vorhandenes Ammoniak bei erhöhtem pH-Wert als NH_3 vor (Abbildung Seite 32) und kann besonders bei

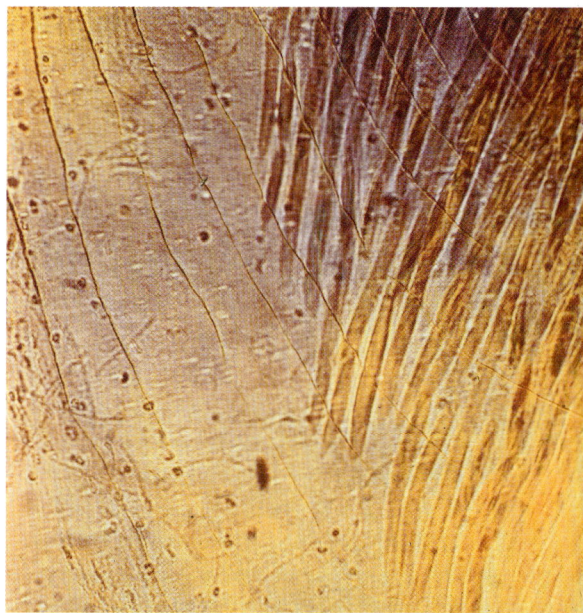

Oben: Guanin ist ein Stoffwechselendprodukt, das meistens nicht ausgeschieden, sondern am oder im Körper abgelagert wird. Große Guaninkristalle an der Schuppe eines Moderlieschens (Leucaspius delineatus) sind für den starken Silberglanz dieser Fische verantwortlich (Mikroskopfoto im polarisierten Licht).
Unten: Guanin enthaltende Zellen werden Guanocyten oder Iridocyten genannt, wie hier im vorderen Abschnitt der Afterflosse eines Neonsalmlers (Mikroskopfoto im polarisierten Licht).

31

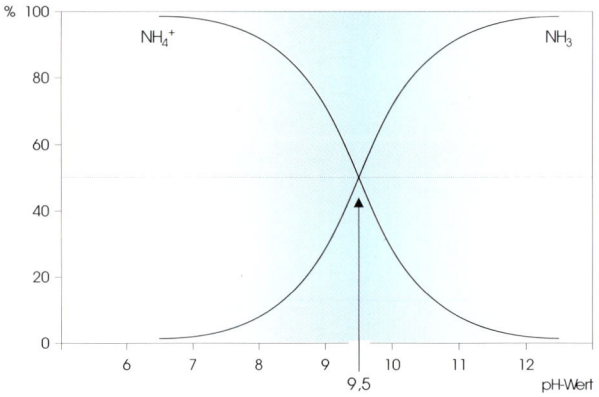

Das Verhältnis von Ammoniak (NH_3) zu Ammonium (NH_4^+) ist vom pH-Wert abhängig.

Süßwasserfischen mit dem osmotischen Wassereinstrom die Ammoniakkonzentration des Blutes erhöhen (Autintoxikation und Intoxikation). Daher sind Vorgänge, die zur pH-Wert-Erhöhung führen, für Fische immer lebensbedrohlich (vergleiche Kapitel »Futter und Aquarienwasser«).

Stickstoffentsorgung durch Ammoniumexkretion ist für viele Wassertiere charakteristisch. Formen, die zeitweilig das Wasser und zeitweilig das Land bewohnen, wechseln ihre Exkretform. Froschlurche scheiden als Kaulquappen Ammonium, als adulte Formen Harnstoff aus. Die Umstellung beginnt mit der Resorption des Schwanzes (PENZLIN 1991). Harnstoff ist chemisch ein Diamid der Kohlensäure, leicht wasserlöslich, auch in hohen Konzentrationen ungiftig und typisches Exkret der Säugetiere. Harnstoff kann nur in wäßriger Lösung ausgeschieden werden; daher hängen bei diesen sogenannten ureotelischen Tieren Exkretion und Osmoregulation eng zusammen.

Uricotelisch nennt man Formen, die Purinderivate ausscheiden. Dabei steht die Harnsäure an erster Stelle; sie ist für die Sauropsida (Reptilien und Vögel) charakteristisch. Harnsäure ist schwer löslich und daher nicht an die Wasserabscheidung gebunden. Sie wird als weißer, kristalliner Brei abgegeben, wie das von Vögeln allgemein bekannt ist. Je eiweißreicher die Nahrung, desto intensiver ist die Exkretion. Fischfressende Wasservögel haben ganze Lagerstätten von Harnsäure, den Guano, an den Felsküsten von Chile und Peru gebildet.

Guanin ist gleichfalls ein Purinderivat, das meistens nicht ausgeschieden, sondern im Körper abgelagert wird. Die Hinterleibszeichnungen der Kreuzspinnen bestehen genauso aus Guanin wie der Silberglanz der Fische. Guaninkristalle können bei Fischen in bestimmten Zellen innerer und äußerer Häute abgelagert werden (Iridocyten, Leucophoren, Guanocyten). Sie können sich aber auch außerhalb der Zellen an die Schuppen anlagern und dabei eine beachtliche Größe erlangen (siehe Fotos Seite 31). Silberne oder metallisch glänzende Farbeffekte vieler Fische wären ohne Guaninablagerung nicht möglich.

32

Fütterung und Ernährung der Fische

Futter muß angenommen werden

Hunger und Appetit

Artspezifisches Futter ist für Lebewesen ein Bedürfnis unter vielen. Ein befriedigtes Bedürfnis bewegt nichts mehr, da die Befriedigung eine »antriebsverzehrende Endhandlung« ist. Deshalb, und das gilt besonders für die Fütterung, darf ein Bedürfnis nie vollkommen befriedigt werden.

Der leichte Hunger bewirkt eine optimale Versorgung mit Nahrung, die in freier Natur meistens knapp, zumindest jedoch schwer oder gefährlich zu erlangen ist. Ähnliche Verhältnisse müssen in Aquarien simuliert werden. Ein Bedürfnis wie Freßlust äußert sich durch Appetenzverhalten, also durch Absuchen des Raumes nach Freßbarem.

Appetenz ist »... das urgewaltige Streben, jene auslösende Umweltsituation herbeizuführen, in der sich ein gestauter Instinkt entladen kann« (LORENZ nach PENZLIN 1991).

Bedürfnislose Tiere sind bewegungsarm. Bedürfnislosigkeit kann das Ergebnis hochgradiger Befriedigung, der Wirkung von Streßsituationen oder des physischen Alterns sein. Freßunlust infolge von Streß kann auch in einer unzureichenden Befriedigung anderer Bedürfnisse begründet sein. Das Fehlen eines sozialen Verbandes, die unzureichende Befriedigung des Schutzbedürfnisses, schlechte Sauerstoffversorgung und vieles mehr können zu einer Unterdrückung von Nahrungsbedürfnissen führen. Deshalb ist eine naturnahe Pflege Voraussetzung für eine gute Ernährung.

Viele Aquarienfische wie Barben und Salmler sind ausgesprochene Schwarmfische. Sie sollten auch stets in einem Schwarm von mindestens 25 Tieren gehalten werden. Andere Fische haben ein ausgeprägtes Revierbedürfnis. Ihre Anzahl sowie Größe, Gliederung und Bepflanzung des Aquariums sollten auch eine Revierbildung ermöglichen.

Bietet sich im Zustand hochgradiger Appetenz spontan die Gelegenheit massenhafter Befriedigung, kann die Endhandlung ausbleiben. Setzt man etwa zu einem hungrigen Raubfisch einen Schwarm von Futterfischen, so bleibt oft ein zielgerichtetes Fressen zunächst aus, da unmittelbar vor Vollzug der Endhaltung der Jagdtrieb auf eine benachbarte Beute übermächtig wird. Das ist in freier Natur der Schutz, den der Schwarm bietet. Die Qual der Wahl ebbt nach einiger Zeit ab, und die Gewöhnung ermöglicht jetzt das Fressen. In freier Natur ist dann aber möglicherweise die Flucht des Schwarms gelungen.

33

Oft wird über ethologische Abartigkeit der Aquarienfische geklagt; man hält genetische Degeneration für die Ursache. Das ist in den meisten Fällen falsch, zumindest in bezug auf das Freßverhalten. Meist handelt es sich um eine Modifikation des Verhaltens, um einen negativen Aspekt des Lernens.

Vor einiger Zeit wurden in unserem Institut zu Forschungszwecken »Feuerfische« (*Pterois* und *Dendrochirus*) gehalten. Als die Futterfischbeschaffung den Studenten zu schwierig wurde, machten sie sich daran, die Fütterung mit Fischstücken zu versuchen. Ich habe die einzelnen Etappen dieser Dressur nicht verfolgt, aber das Ergebnis bestaunt. Nichts blieb vom typischen Jagdverhalten der Feuerfische mit gespreizten Flossen. Die Tiere nahmen das Futter in der gewohnten Aquarienecke, nachdem es aus der Pinzette ins Wasser gefallen war. Zur Zeit lebt ein Aal (300 g) in meinen Aquarien, der vom Glasaalstadium an aufgezogen wurde. Er nimmt das Futter aus der Pinzette und steigt dabei zehn Zentimeter aus dem Wasser.

Ethologische Bedarfsdeckung erfolgt durch Verhaltensreize des Futters, die mit der ganzen Spannweite der Sinnesfunktionen wahrgenommen werden. Das Lernvermögen gestattet eine verhaltensbiologische Umorientierung in bezug auf das angebotene Futter. Solange die Umorientierung nicht vollständig gelungen ist, hat artuntypisches Futter auch unmittelbare

Feuerfische »verlernen« das für sie typische Jagdverhalten, wenn sie mit Fischstücken gefüttert werden.

Jeder Aquarianer sollte sich darüber im klaren sein, daß nur naturnahe Fütterung naturnahes Freßverhalten induziert. Zusammensetzung und Verdaulichkeit des Futters sind wichtig, decken aber nur physiologische Bedürfnisse ab.

Auswirkungen auf die verdauungsphysiologische Wirkung.

Die Aussicht auf begehrtes Futter und seine Wahrnehmung fördern auch die Sekretion der Verdauungsenzyme als Voraussetzung für eine schnelle und weitgehende Verdauung (Appetit). Fische, denen man kein naturnahes Futter bieten kann und bei denen eine Umorientierung durch Lernen unvollkommen bleibt (Nahrungsspezialisten), sollte man nicht pflegen. Zum Verlust arttypischen Freßverhaltens kommt hier eine unzureichende Ernährung.

Wie eingangs schon bemerkt, ist die Menge des Futters wichtig für das Freßbedürfnis. Ein Nahrungsüberfluß ist motivationshemmend. Die These »der Fisch muß im Futter stehen« ist aus ethologischer Sicht bestimmt falsch. Aber auch physiologisch ist ein Futterüberangebot verwertungshemmend und führt zur verstärkten Ammoniakexkretion.

Die Funktion der Verdauung

Je niedriger der pH-Wert im Magen ist, desto wirkungsvoller wird Eiweiß verdaut. Das hängt mit dem Enzym **Pepsin** zusammen, das bei einem pH-Wert von pH 1 bis pH 2 seine maximale Wirkung entfaltet. So sauer können Fischmägen jedoch nicht werden, da sie nicht die für Säugetiere typischen Belegzellen enthalten, die der

35

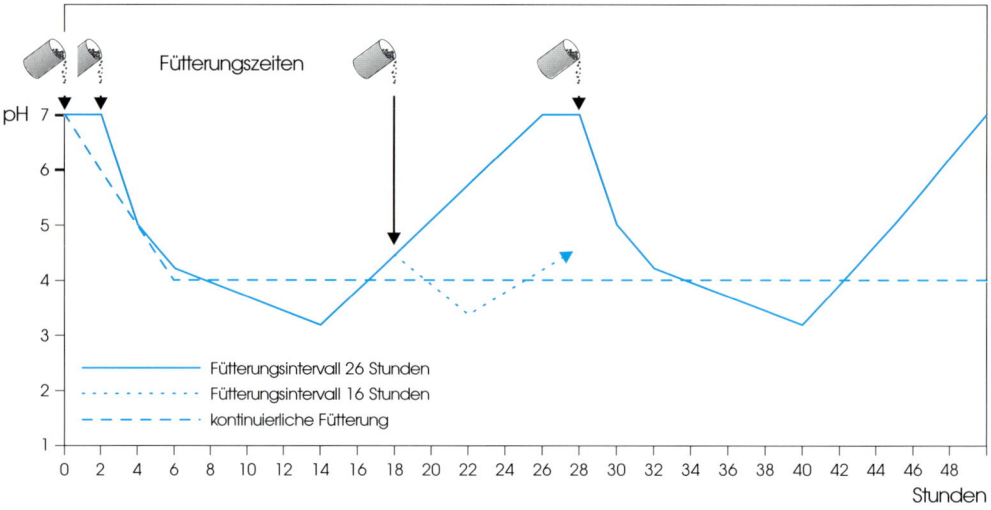

Verschiedene Fütterungsintervalle beeinflussen den pH-Wert im Fischmagen.

Salzsäureproduktion dienen. Im Fischmagen muß ein Zelltyp sowohl **Pepsinogen**, die Vorstufe des Pepsins, als auch die Säure produzieren, beides dementsprechend weniger intensiv.

Salzsäure hilft auch bei der Auflösung von Kollagenfasern, was bei der Verwendung von Ersatzfuttermitteln bedeutungsvoll ist (Rinderherz!). Aus diesen und anderen Gründen wurden pH-Werte des Magens an mehreren Fischarten bei unterschiedlichen Fütterungsintervallen untersucht. Dabei ergaben sich mittlere Werte, wie in der Abbildung oben dargestellt (BREMER 1992). Der pH-Wert bleibt bei ständigem Futterangebot zwar ständig im sauren Bereich, erreicht aber nie die Säurekonzentration wie bei einer Fütterung in größeren Intervallen.

Ständig hohe Futterkonzentration (Plankton) bei der Jungfischaufzucht, be-

sonders im frühen Entwicklungsstadium, ist dazu kein Widerspruch. Die Fortbewegung ist bei der Fischbrut mit großem Kraftaufwand verbunden. Zehn Zentimeter sind für Fischlarven eine lange Strecke, die Verweildauer des Futters in dem noch wenig gegliederten Verdauungstrakt ist kurz und die verdauungsphysiologische Potenz gering (zur Jungfischfütterung siehe Kapitel »Fütterung und Ernährung von Jungfischen«).

Sinne der Futtersuche
Die Futtersuche findet auf der Grundlage der Wahrnehmungsmöglichkeiten statt. Der wichtigste Sinn der Fische ist der chemische (Geruch und Geschmack). Der **Geruchssinn** ist besonders gut entwickelt. Die Nase hat bei Fischen keine Verbindung zum Rachenraum (Choanen), wie es bei höheren Wirbeltieren der Fall

ist. Sie ist in vielen Fällen ein Tunnel mit Ein- und Ausstromöffnung auf jeder Seite, so daß vier Nasenlöcher vorhanden sind.

Bei den Cichliden ist jeweils nur eine Öffnung zu finden, die als Ein- und Ausströmloch funktioniert. Interessant sind röhrenförmig verlängerte Einströmöffnungen, wie bei den Schlangenkopffischen (*Channa*), die vermutlich bei der Aufspürung der Reizrichtung besonders hilfreich sind. Zwischen Nasenein- und -ausgang findet man zuweilen eine Wasserleitmembran, die für eine gute Durchströmung des Nasentunnels beim Schwimmen sorgt (*Pygocentrus*). Einige Arten können das Wasser sogar aktiv durch die Nase ziehen und somit »schnüffelnd« die Nahrung erfassen (Plattfische).

Die Bedeutung des Riechvermögens ist nicht bei allen Fischen gleich. Eine Duftkomponente des Rosenöls (β-Phenylethylalkohol) kann der Aal noch wahrnehmen, wenn sich nur ein Molekül des Stoffes in seiner Nasenkammer befindet. Gleiche Empfindlichkeiten ließen sich auch für zerriebene *Tubifex* nachweisen. Es hat sich auch bestätigt, daß die zielgerichtete Laichwanderung der Lachse durch eine Geruchsprägung auf das Heimatgewässer ermöglicht wird (nach HASLER 1966 aus FIEDLER 1991). Syngnathiden (Seenadeln und Seepferdchen) dagegen sind schlechte Riecher. Ihre beweglichen Augen verraten bereits die Dominanz des optischen Sinns.

Die Zellen des **Geschmackssinns** sitzen hauptsächlich auf Barteln und Lippen und sind so mit der taktilen Erkundung von Nahrung gekoppelt. Geschmacksknospen wurden aber auch an anderen Körperteilen gefunden. Beim Zwergwels (*Ictalurus*) sind sie über den ganzen Körper verteilt und gestatten Geschmackswahrnehmungen bis auf fünf Meter Distanz.

Das **Auge** hat für das Aufspüren der Nahrung geringere Bedeutung und das nur auf kurze Entfernungen. In der Natur ist Wasser meist trübe oder besitzt eine starke Eigenfärbung. Oft ist das optische Erfassen von Nahrungspartikeln oder Beutetieren nur aus kurzer Distanz möglich. Reflektorschichten hinter der Netzhaut sprechen außerdem dafür, daß das Fischauge zwar sehr lichtempfindlich ist, aber wenig scharfe Bilder liefert. Das Fischauge ist in entspanntem Zustand auf Nähe eingestellt (im Gegensatz zum menschlichen Auge). Die Einstellungsmöglichkeit auf Ferne ist bei Süßwasserfischen sehr begrenzt (bis zu etwa zwei Meter). Meeresfische können ihre Augen auf Entfernungen von bis zu 30 m einstellen.

Unter Aquarienbedingungen (klares Wasser, kurze Entfernungen) hat das Auge bei der Futtersuche allgemein eine größere Bedeutung als in der Natur. Dennoch verlassen sich gute Riecher wie Aale und gute Schmecker wie die Welse auch hier fast ausschließlich auf ihr bevorzugtes Organ. Die Wahrnehmung der Bewegung des Futters ist für Fische wichtiger als ein scharfes Bild. Das gilt auch für gute Seher. Ein Seepferdchen verfolgt eine halbtote Schwebegarnele, wie sie langsam zu Boden gleitet. Im selben Augenblick, in dem die Beute nochmals kurz nach oben schwimmt, wird sie gefressen. Auf der Grundlage unscharfen Bildsehens und der Rolle des Bewegungssehens beruht offenbar auch der Erfolg des Totstellreflexes vieler Tiere.

37

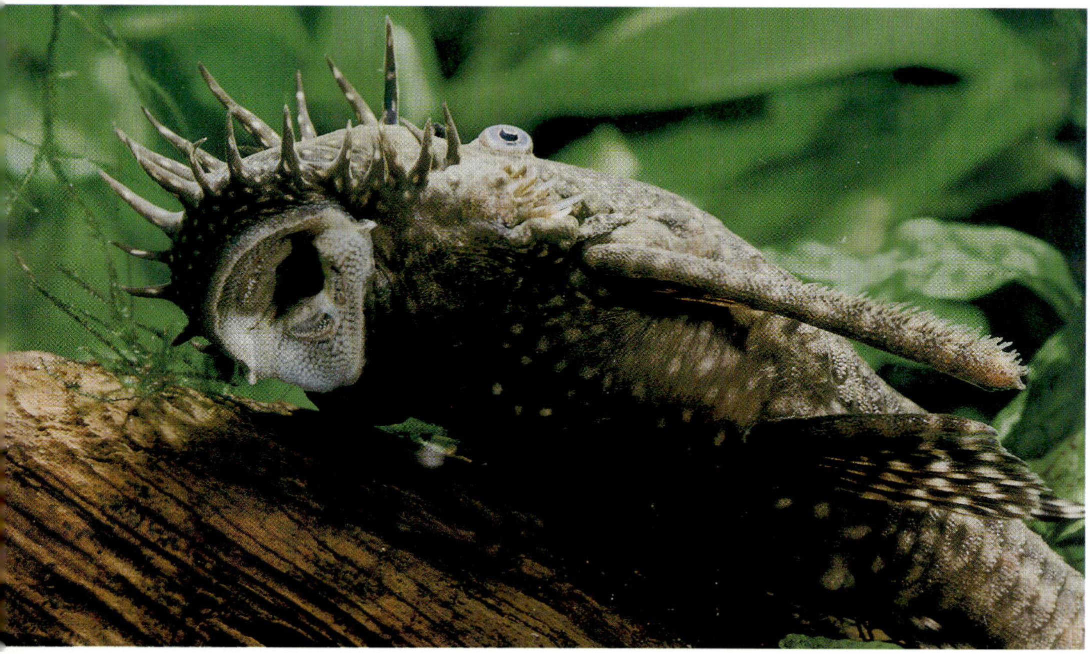

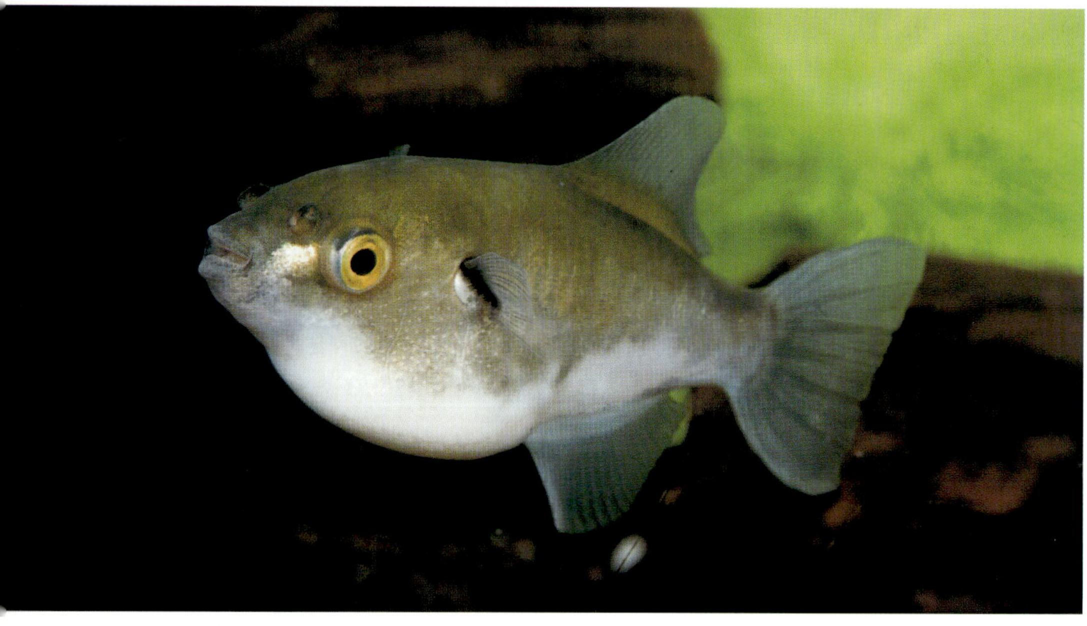

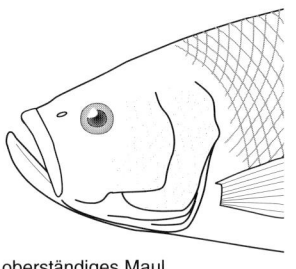
oberständiges Maul

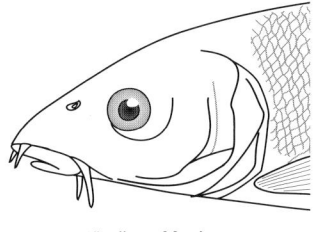
unterständiges Maul

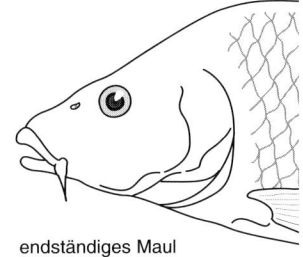
endständiges Maul

Die Stellung des Fischmaules läßt Rückschlüsse auf die Ernährungsweise der Tiere zu.

Fische haben farbtüchtige Augen. Flach-wasserfische können zwischen kurzwelligem (blau), mittelwelligem (grün) und lang-welligem (rot) Licht unterscheiden, da sie über drei Rezeptortypen (Zapfen) in der Netzhaut verfügen (zum Beispiel der Goldfisch nach BONE & MARSHALL 1985). Rotempfindliche Rezeptoren fehlen erwartungsgemäß oft, da langwelliges Licht im Wasser zuerst absorbiert wird und somit auch in geringer Tiefe kaum Bedeutung hat. Das Farbsehen scheint für die Futtersuche nur eine geringe Rolle zu spielen.

Geruch, Geschmack und Bewegung sind für die Futterortung wichtig. Andere Ortungssysteme kommen bei Fischen vor, sind aber für die Aquaristik nicht von Bedeutung.

Fotos linke Seite:
Oben: Ancistrus-Arten besitzen stark verhornte Lippen.
Unten: Kugelfische verfügen über Zahnleisten, mit denen sie Schnecken und Muscheln knacken können.

Die Futteraufnahme ist von der Körpergestalt abhängig

Das bevorzugte Areal der Futtersuche, die Art und Weise des Fressens und die Art des Futters lassen sich oft an der Körper-gestalt der Fische erkennen. Es muß jedoch davor gewarnt werden, die Nah-rungsart und die Freßweise ausschließlich aus der Anatomie abzuleiten. Ich war selbst sehr überrascht, im Darm großer Bleie (*Abramis brama*), die hinsichtlich ihrer Maulanatomie typische Bodentierfresser sind, in bodentierarmen norddeutschen Seen regelmäßig Fischreste zu finden.

Wenn man jedoch den Zusammenhang von Anatomie und Freßgewohnheit nicht als ausschließliches Kriterium betrachtet, kann man von Baueigentümlichkeiten des Kopfdarmes schon brauchbare Hinweise auf den Nahrungserwerb erhalten. Da ist zunächst die **Stellung des Maules**. Fische mit oberständigem Maul suchen ihr Futter vornehmlich in Nähe der Wasser-oberfläche und solche mit unterständigem Maul fressen in Bodennähe (siehe Abbil-dung oben).

Die am meisten verbreitete Methode des Fressens ist die **Erzeugung eines**

39

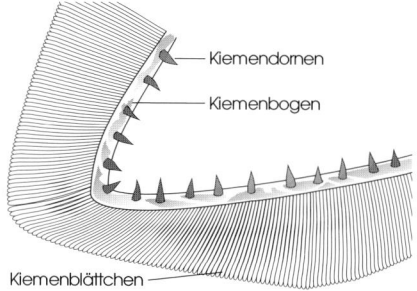
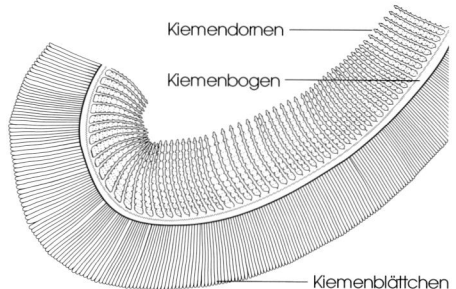

Die Gestalt der Kiemenbögen gibt oft Hinweise auf die Ernährungsweise eines Fisches. Raubfische wie der Rote Piranha (Pygocentrus nattereri) besitzen Kiemendornen, die das Festhalten und Schlucken der Nahrung erleichtern (links). Beim Marmorkarpfen (Aristichthys nobilis, rechts) dienen die Kiemendornen dagegen der Filtration.

Sogs durch plötzliche Erweiterung der Mund- und Kiemenhöhle. »Inertiales Einsaugen« (nach LIEM 1980 aus BONE & MARSHALL 1985) ist die vorherrschende Strategie. Bei Feuerfischen (*Pterois*) geht das so kraftvoll und beispielhaft zu, daß man auch ohne Zeitlupe vom »Inhalieren« der Nahrung überzeugt ist.

Seenadeln, Seepferdchen und Verwandte (Syngnathiden) saugen ihre Beute besonders effektvoll ein, indem sie den Unterdruck in ihrem Röhrenmaul schon vorher aufbauen, um erst in unmittelbarer Nähe des Futtertieres das Maul mit einem knakkenden Geräusch aufzureißen. Eine quer liegende Schwebegarnele kann dabei auseinanderreißen, und ein zu großer Beutefisch hat nach der Attacke unter Umständen keine Augen mehr. Ein Unterdruck von 10 kPa (etwa 75 Torr) wurde durchschnittlich bei dieser Art des Fressens gemessen.

Langkiefrige Raubfische wie *Belonesox* (Hechtkärpfling), *Esox lucius* (Hecht) und *Stizostedion lucioperca* (Zander) erfas-

sen die Beute mit geöffnetem Maul. Alle Knochen der Mundhöhle können bezahnt sein. Kleine, gleichförmige, kegelartige Zähne dienen dem Festhalten der Beute und nicht ihrer Zerkleinerung. Auch die auffällig großen »Hundszähne« bei einigen Raubfischen (Hecht, Barracuda) haben keine andere Funktion.

Stark verhornte Lippen findet man bei *Ancistrus*-Arten. Bei *Petrotilapia* werden sie von einer spezialisierten Bezahnung unterstützt. Solche »Weidegänger«, die Algenüberzüge abschaben, haben sich eine ertragreiche Nahrungsnische erschlossen, zumal die Algenrasen auch von sessilen und halbsessilen Tieren meist reichlich besiedelt werden.

Bei *Tetraodon* (Kugelfisch) und *Diodon* (Igelfisch) sind **vordere Zahnleisten** vorhanden, die beim Zerknacken von Schnecken und Muscheln wirksam eingesetzt werden. Zu dieser Leistung müssen die Tiere auch im Aquarium Gelegenheit haben. Die Zunge der Fische ist meist wenig entwickelt. *Toxotes* (Schützenfisch)

40

leitet mit ihr jedoch den Wasserstrahl, mit dem er Insekten »abschießt«, die sich in der Nähe des Wasserspiegels niedergelassen haben.

Meist wird die erbeutete Nahrung unzerkleinert geschluckt (Schlinger). Seepferdchen zerdrücken ihre Beute, wenn es die Konsistenz zuläßt. Aus der engen Kiemenspalte entweicht ein trüber Strahl, wenn eine Schwebegarnele geschluckt wird. Aber auch das Zermahlen der Nahrung kommt vor. Viele Karpfenartige besitzen Schlundzähne, die dafür geeignet sind. Sie befinden sich auf dem fünften Kiemenbogen, der keine Kiemenblättchen trägt.

Ein großes Feld nahrungsbiologischer Spezialisierungen offenbaren uns die vier **Kiemenbögen**, die nur an ihrer konvexen Seite Kiemenblättchen tragen. Auf der konkaven Seite sitzen die **Kiemendornen** oder Branchiospinae, die bei Raubfischen das Festhalten und Schlucken der Nahrung unterstützen, da sie spitzen Zahnreihen gleichen (Abbildung Seite 40). Besondere Spezialisierungen kommen bei Filtrierern vor, die sich überwiegend von Plankton oder, besser gesagt, von Seston ernähren.

Filtrierer können sich ihre Nahrung nicht aussuchen. Sie müssen auch Kohlenstaub fressen, wenn der im Versuch angeboten wird. So ernähren sie sich von allem Schwebenden, lebend oder tot, also von Seston. Die Kiemendornen sind stark verlängert (Marmorkarpfen – *Aristichthys nobilis*) oder bilden durch sekundäre Verzweigungen und Verwachsungen **Siebplatten** aus (Silberkarpfen – *Hypophthalmichthys molitrix*). Die Maschenweite dieser Siebe bestimmt die Korngröße des Filtrats. Während Silber- und Marmorkarpfen sowie die Anchovis (*Engraulis ringens*) Partikel von 10 bis 20 µm Größe noch erfassen und damit hauptsächlich Phytoplankton abfiltern, sind die Kiemensiebe der Kleinen Maräne (*Coregonus albula*) weiter geöffnet, so daß überwiegend Planktonkrebse (Cladoceren und Copepoden) erfaßt werden.

Manche mikrophagischen Filtrierer bilden **Epibranchialorgane** aus. Die oberen Endstücke der Kiemenbögen setzen sich mit Einwärtsspiralen in Schlundsäcke fort. Diese Schlundtaschen sind äußerst schleimdrüsenreich und dienen offenbar zur Schleimbindung der sehr kleinen Nahrungspartikel.

Die Vielfalt der Nahrung

Die Zusammensetzung der Nahrung ist auch bei Nahrungsspezialisten meist vielseitiger als es auf den ersten Blick erscheint. Die Gliederung der Fische in Pflanzenfresser (Herbivore), Fleischfresser (Carnivore) und Allesfresser (Omnivore) weist nur auf den überwiegenden Anteil der Nahrung hin. Ich gehe sogar so weit zu behaupten, daß kein Pflanzenfresser ohne tierisches Eiweiß und kein Fleischfresser ohne pflanzliche Nahrung auskommt.

Schneidet man den Darm eines frisch gefangenen Hechtes auf, so ist man über den grünen Inhalt erstaunt. Der Darminhalt seiner Beutefische wurde ihm zum »Gemüse«, und zwar vorverdaut und damit verwertbar. Untersucht man den Verdauungstrakt eines Harnischwelses, so fallen neben vielen Algenresten unverdaute Eier von Rädertieren, Borsten von Ringelwürmern und andere tierische Nahrungsreste auf, natürlich nur, wenn im Aquarium eine vielseitige Mikrofauna lebt. Fische, die nur eine Futtersorte aufnehmen, können sich durchaus vielseitig ernähren. Viele Meeresfische kann man über Jahre mit lebenden Mysiden »einseitig« und trotzdem vollwertig füttern.

Zwei nach Freßgewohnheiten und Nahrungskategorien geordnete Gruppen habe ich schon mehrfach erwähnt, die Weidegänger und die Filtrierer. Makrozoobenthosfresser ernähren sich von der größeren Bodentierwelt, beispielsweise von Chironomiden-Larven und *Tubifex*. Eine große Gruppe tropischer Aquarienfische frißt dagegen »Anflug«. In Gewässern mit extrem weichem und damit auch nährstoffarmem Wasser funktioniert die Nahrungspyramide nicht im Sinne der Abbildung auf Seite 9, weil sich das Phytoplankton nicht ausreichend entwickelt. Hier fallen aber viele Insekten und andere Kleintiere von Büschen und Bäumen ins Wasser und stehen den Fischen als Nahrung zur Verfügung. Es scheint, als ob dieser Aspekt bislang zu wenig berücksichtigt worden ist.

Im tropischen Süßwasser spielen höhere Pflanzen eine beachtliche Rolle, wobei die Fische angefaulte Teile bevorzugen. Für andere ist auch der Detritus des Bodens (Bodenmulm) eine Nahrungsquelle, zumal die Bodenpartikel reich besiedelt sein können (Mikrozoobenthos). Raubfische ernähren sich von anderen Fischen. Sie sind überwiegend Stoßräuber, die unbeweglich abwarten und plötzlich zustoßen. Nur wenige jagen in Gruppen (Piranhas). Verfolgungsjäger können einzeln oder in kleinen Trupps ihre Beute einkreisen.

Die meisten im Aquarium gepflegten Fische sind nahrungsbiologisch wenig spezialisiert. Sie sind omnivor und polyphag. Gerade deshalb eignen sie sich auch als Aquarienfische (vergleiche auch Kapitel »Ernährung und Gesundheit der Fische«). Sie fressen zielgerichtet Partikel aus dem freien Wasser, suchen am Boden und auch an der Oberfläche, picken an Wasserpflanzen und Aquarienscheiben und fressen auch an pflanzlichen und tierischen Leichen. Dadurch sind sie leicht manipulierbar und durch einseitige Gabe von Ersatzfuttermitteln gefährdet. Der Fütterungserfolg mit Ersatzfuttermitteln läutet zuweilen den ernährungsbiologischen Mißerfolg ein. Einseitigkeit kann unter Umständen durch Futter kompensiert werden, das nicht bewußt verabreicht wurde (Aufwüchse, Mikrozoobenthos; vergleiche Kapitel »Futter ohne Fütterung«).

Futter muß verdaut werden können

Der Verdauungstrakt ähnelt dem anderer Wirbeltiere, enthält jedoch eine Reihe besonderer Strukturen. Übersicht (Tabelle Seite 44) und Schemazeichnung (Abbildung Seite 45) zeigen, welche Organe in der Regel vorkommen. Mehr oder weniger weitgehende Rückbildungen sind verbreitet.

Der **Magen** fehlt beispielsweise bei Cypriniden, Poeciliden und Cyprinodonten. Es ließ sich nachweisen (BREMER 1978), daß die Magenlosigkeit phylogenetisch sekundär durch eine Rückbildung des Magens in caudal-cranialer Folge entstan-

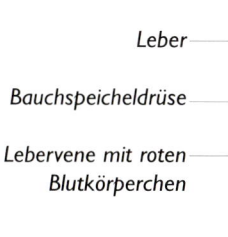

Leber

Bauchspeicheldrüse

Lebervene mit roten
Blutkörperchen

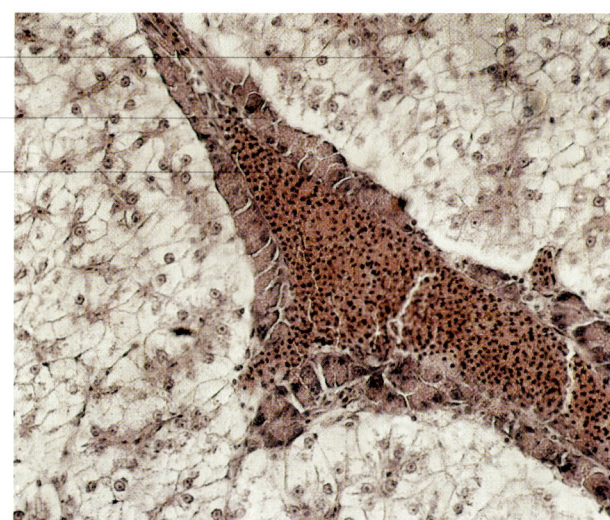

*Durch Verwachsung der Bauchspei-
cheldrüse mit der Leber entsteht
ein sogenanntes Hepatopankreas,
wie hier beim Skalar (H-E-
Färbung, Mikroskopaufnahme).*

den ist. Embryonal wird oft noch ein vor-
derer Magenabschnitt angelegt und im
Verlauf der Larvalentwicklung von hinten
nach vorn rückgebildet. Dieser Verlust
mindert die verdauungsphysiologische
Potenz, da der Magen die einzig saure
Zone im Verdauungstrakt ist. Man sollte
das bei der Fütterung magenloser Fische
berücksichtigen und mit schwer verdaulichen Fisch- und Fleischstücken vorsichtig
sein. Die großen Eiweißmoleküle werden
vom Pepsin des Magens in kleinere Polypeptide zerlegt; so bereitet der Magen die
Endverdauung bis zu den Aminosäuren im
Mitteldarm vor.

Unter dem Einfluß der **Magensäure**
werden Knochen entkalkt und weich.
Bindegewebsfasern werden aufgelöst. Bei
einigen Fischen (Störe) ließen sich auch
Lipasen (fettverdauende Enzyme) im
Magen nachweisen. Fettverdauung scheint
aber nur eine Nebenaufgabe des Magens
zu sein. Auf alle Fälle sammelt der Magen

die Nahrung, um sie dann vorverdaut
schubweise durch den Magenausgang in
den Mitteldarm zu entleeren. Der Magen-
schleim schützt vor Selbstverdauung.

Die Form des Magens kann recht
unterschiedlich sein. Röhren- und sackarti-
ge, U- und Y-förmige Mägen kommen vor.
Besonders kräftige Muskulatur weist auf
einen Kaumagen hin, in den die Fische sogar Sand als Hilfsmittel der Zerkleinerung
aufnehmen.

Unmittelbar am Anfang des Mitteldarms
münden Drüsen ein, die die Verdauung
wirksam unterstützen. Ihre Einmündung
kennzeichnet den Beginn des Mitteldarms
und wird als GEGENBAURsche Marke bezeichnet. Der Begriff **Pylorusanhang** ist
demnach irreführend, denn es handelt sich
nicht um eine Ausstülpung des Pylorus
(Magenausgang), sondern des Mitteldarm-
anfangs. Vielen Fischen fehlen diese Anhänge; wo sie auftreten, stimmt ihre Anzahl selbst bei eng verwandten Arten nicht

43

Darmgliederung bei Knochenfischen (Teleostei)

Abschnitt	Untergliederung u. Einmündung	Hauptleistung

Vorderdarm	Kopfdarm
	  Mundhöhle
	  Pharynx (Schlund)
	  Kiemendarm
		Fressen und Atmen
		Einschleimen der Nahrung und vereinzelt auch Zerkleinern (Schlundzähne)

	Speiseröhre (Oesophagus) Magen	Einschleimen und Abschlucken der Nahrung Eiweiß-Vorverdauung
Mitteldarm	Pseudogaster gerader ungegliederter Verlauf oder Schlingenbildung	Sammlung, Verdauung und mikrobieller Abbau der Nahrung, Resorption

	Einmündungen:
	  Pylorusanhänge
	  Pankreas (Bauchspeicheldrüse)
	  Galle
		
		Enzymspender
		Enzymspender
		Fettemulgator

Enddarm	gerader ungegliederter Verlauf oder Schlingenbildung	Mikrobieller Abbau, Resorption des Wassers, Restresorption der Nährstoffe und Mineralien

Struktur und Leistung im Verdauungstrakt der Knochenfische

Nahrungsbiologisch robust	Nahrungsbiologisch empfindlich
Magen vorhanden	Magen fehlt
Magenwand muskulös	Magen dünnwandig
Pylorusanhänge vorhanden	Pylorusanhänge fehlen
Zahlreiche Pylorusanhänge	ein bis drei Pylorusanhänge
Gallenblase vorhanden	Gallenblase fehlt
Darmlänge mehr als das Dreifache der Körperlänge	Darmlänge weniger als das Dreifache der Körperlänge
Mitteldarm muskulös	Mitteldarm dünnwandig
Darmflora gut entwickelt	geringe Darmflora

44

überein. So findet man beim Seehecht einen Anhang und beim Pollack 900 – beide Fische gehören zu den Dorschartigen. Obwohl manche Autoren ihre Funktion für ungeklärt halten (FIEDLER 1991), sprechen eigene Befunde dafür, daß Pylorusanhänge der Enzymproduktion dienen. Demnach wären es Strukturen, die die Verdauungsleistung fördern.

Die **Leber** ist nur zum Teil und indirekt an der Verdauung beteiligt. Sie ist das stoffwechselphysiologische Zentrallabor und der energetische Hauptspeicher. Meist wird Stärke (Glykogen) gespeichert, aber in manchen Fällen (Kabeljau) auch Fett.

Das sekretorische Produkt der Leber ist die **Galle**, die bei den meisten Fischen in einer Blase gesammelt wird, aus der sie bei Bedarf schubweise in den Mitteldarm entleert werden kann. Funktionell ist die Galle nicht einheitlich. Gallensäuren emulgieren das Fett, vergrößern die Oberfläche der Fetttröpfchen und erleichtern damit die Fettverdauung. Die Gallenfarbstoffe sind Abbauprodukte des roten Blutfarbstoffes, des Hämoglobin aus gealterten Roten Blutkörperchen. Zu diesen allgemein bekannten, wirbeltiertypischen Komponenten der Galle kommen bei Fischen (beispielsweise bei Karpfen) noch fettverdauende Enzyme.

Hauptproduzent der Verdauungsenzyme ist die **Bauchspeicheldrüse** (Pankreas). Sie entleert ein Enzymgemisch (Pankreatin) in den Mitteldarm, das verdauend auf Kohlenhydrate, Fette und Eiweiße wirkt. Darmfüllung löst reflektorisch die Sekretion aus und zwar abhängig vom Nährstoffgehalt des Nahrungsbreis. Hungertiere haben mit Enzymen beladene Pankreaszel-

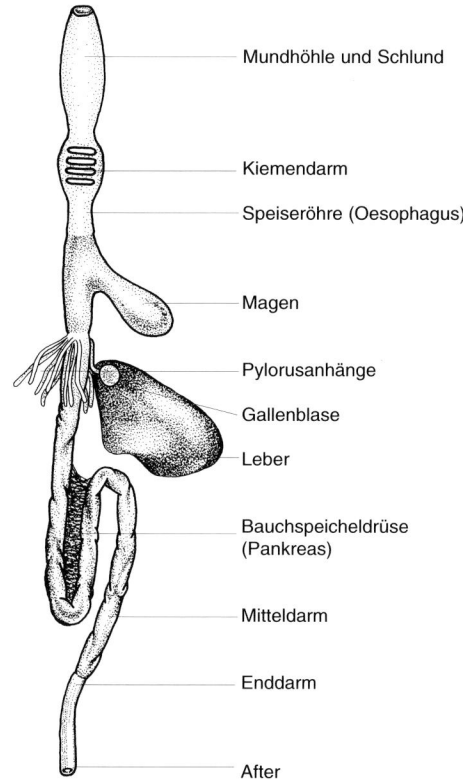

Mundhöhle und Schlund

Kiemendarm

Speiseröhre (Oesophagus)

Magen

Pylorusanhänge

Gallenblase

Leber

Bauchspeicheldrüse (Pankreas)

Mitteldarm

Enddarm

After

Schema des Verdauungstraktes der Knochenfische (verändert nach KÄMPFE, KITTEL, KLAPPERSTÜCK 1970).

len. Wird der Nährstoffbedarf eines Fisches durch die Nahrung nicht befriedigt, so kommt es gleichfalls nur zur mäßigen Ausschüttung des Bauchspeichels (etwa bei Daphnienfütterung von Diskus-Buntbarschen).

Die Drüse tritt als kompaktes Organ, lobulär, meist aber diffus in den Mesenterien verstreut auf. Dabei wächst das Pankreasgewebe blutgefäßbegleitend. Mit den Blutgefäßen dringt das Pankreas auch in die Leber ein, so daß durch Organver-

45

wachsung ein Hepatopankreas entsteht (siehe Foto Seite 43).

Die Bauchspeicheldrüse hat neben der beschriebenen exokrinen Funktion (Produktion von Verdauungsenzymen) auch eine endokrine Aufgabe: die **Hormonproduktion**. Sie findet in Zellgruppen statt, die sich inselartig im Drüsengewebe befinden (LANGERHANSsche Inseln). Die Zellen erzeugen mehrere Hormone, von denen das Insulin das bekannteste ist.

Inselzellen regulieren mit ihren Hormonen den Blutzuckerspiegel. Bei Fischen sind immer nur wenige LANGERHANSsche Inseln zu finden; offenbar ist auch ihre Hormonproduktion schwach entwickelt. Füttert man Raubfische wie Salmoniden mit einem hohen Kohlenhydratanteil, so steigt der Zuckergehalt im Blut schnell an, da offenbar die Regelpotenz überschritten worden ist (diabetogener Faktor). Folgen sind die auch vom Diabetes mellitus (Zuckerkrankheit) des Menschen bekannten Schwächen und Hinfälligkeiten.

Der **Mitteldarm** beginnt bei magenlosen Fischen mit einem stark erweiterten Abschnitt, dem **Pseudogaster**. Er dient der Futtersammlung bei vereinzelter Nahrungsaufnahme. Verdauungsphysiologisch betrachtet, ist der Pseudogaster kein Magen, was bereits durch den hohen pH-Wert deutlich wird, der mit pH 6,8 bis pH 7,2 um den Neutralwert schwankt. Mit eigenen Enzymen, mit den Leistungen der Anhangdrüsen und mit mikrobieller Unterstützung vollziehen sich im Mitteldarm Verdauung und die Resorption.

Die Anzahl der Darmschlingen und damit die **Darmlänge** geben Hinweise auf die Art der Nahrung, ohne daß diesbezüglich eine strenge Korrelation besteht. Ein wenig gewundener oder gerader Darm hat annähernd Körperlänge oder ist gelegentlich sogar kürzer (*Syngnathus*). Bei fünf, sieben und mehr Darmschlingen wird ein Vielfaches der Körperlänge erreicht. Auch innerhalb einer Art schwankt die Darmlänge beträchtlich in Abhängigkeit von der individuellen Nahrung. Pflanzliche Anteile im Futter wirken sich darmverlängernd aus. Die größere Verdauungskraft langer Därme hängt auch mit der längeren Einwirkungszeit der Darmflora zusammen, die vornehmlich schwerverdauliche Kohlenhydrate wie Zellulose aufschließt.

Der **Enddarm** ist bei Fischen meist kurz, kann aber auch an der Darmverlängerung durch Schlingenbildung oder an der Ausbildung von Atmungsorganen beteiligt sein. Seine Hauptfunktion liegt in der Resorption von Wasser und Mineralien.

Fische erzielen im Vergleich zu anderen Wirbeltieren schwache Verdauungsleistungen. Aus dieser Sicht ist die Verabreichung von Lebendfutter besonders bedeutungsvoll. Die Enzyme der Futtertierdärme wirken im Fischdarm weiter und helfen bei der schweren Verdauungsarbeit. Innerhalb der Knochenfische gibt es große Unterschiede in der Verdauungsleistung, die auch anatomisch sichtbar sind. Es ist nicht möglich, die Verdauungskraft an einem Merkmal festzumachen. Bezieht man jedoch mehrere Strukturen ein, gibt es doch einige Anhaltspunkte. Die Tabelle auf Seite 44 unten gibt diesbezüglich einen Überblick.

Die schwache Verdauungsleistung vieler Fischdärme verlangt ihre maximale Ausnutzung, die durch Ballaststoffe in der Nahrung gefördert werden kann. Die

Sekretion von Verdauungsenzymen, vor allem aber die Darmbewegung werden durch Pflanzenfasern und Chitinanteile in der Nahrung intensiviert. Während diese Anforderung bei natürlicher Fütterung meist automatisch erfüllt wird, muß sie bei der Zusammensetzung von Ersatzfuttermitteln besonders beachtet werden.

Das Futter muß die Bedürfnisse decken

Da die Bedürfnisse der Aquarienfische recht unterschiedlich sind, ist die Frage nach der Bedarfsdeckung nicht mit einem Patentrezept zu beantworten. Bedarfsunterschiede ergeben sich aus der systematischen Stellung und dem Entwicklungsstadium der Fische, aus reproduktiven Leistungen, aus der Haltungstemperatur, aus notwendigen Schwimmleistungen (Wasserströmung), aus der Ionenkonzentration des Wassers und aus anderen Faktoren. Es sollen in der weiteren Folge qualitative und quantitative Aspekte der Fütterung besprochen werden, immer unter der Voraussetzung, daß sich die stoffwechselphysiologischen Parameter der Fische stark unterscheiden.

Eiweiß ist ein Baustoff. Er kann auch als Energiequelle Verwendung finden, steigert dann aber die Ammoniakabscheidung der Fische, die wiederum das Aquarienwasser belastet. Daraus folgt:

Eiweißreiches Futter sollte nur wachsenden Jungtieren und aktiven Zuchtfischen gereicht werden.

Eiweißreich ist Futter mit etwa 10% Eiweiß in der Frischsubstanz, was 40 bis 50% in der Trockensubstanz entspricht. Futtereiweiß liefert im Erhaltungsstoffwechsel einen beträchtlichen Teil der Energie. Die Veratmung von Eiweiß ist für Fische charakteristisch, sollte aber mit Rücksicht auf das Aquarienwasser niedrig gehalten werden.

Kohlenhydrate und Fette dienen allein der Energiegewinnung. Nur mit Kohlenhydraten kann man den Energiebedarf jedoch wegen der Gefahr eines erhöhten Blutzuckerspiegels nicht decken.

Der nicht von Eiweiß gesättigte Energiebedarf sollte zur Hälfte mit Kohlenhydraten und zur Hälfte mit Fetten abgedeckt werden.

Das entspricht etwa 15–20% an Fett und 20–30% an Kohlenhydraten einschließlich Rohfasern in der Trockensubstanz. In der Frischsubstanz sind das etwa 3–4% Fett und 4–6% Kohlenhydrate.

Quantitativ ist die Bedarfsermittlung schwierig, aber einige Grundgedanken führen doch zu brauchbaren Hinweisen. Wichtig ist, daß man die Lebendmasse in Gramm der Fische im Aquarium kennt. Eine Wägung ist leicht in einem Becherglas mit etwas Wasser und einer Brief- oder Küchenwaage möglich (erst ohne, dann mit Fisch wiegen und die Differenz ermitteln).

Es hat sich anhand des Sauerstoffverbrauchs berechnen lassen, daß der erweiterte Grundbedarf (Erhaltungsumsatz) für 100 g Fischmasse etwa 5 kJ pro Tag beträgt. Bei Kleinsäugern sind dafür etwa

50 kJ pro Tag erforderlich. Der Fisch lebt aufgrund seines wechselwarmen Körpers und seiner relativen Schwerelosigkeit zehnfach energieärmer.

Verfolgt man zunächst auf der Grundlage dieser Feststellung den Bedarf ohne Wachstum und Fortpflanzung und läßt auch Streß unterschiedlicher Art außer Betracht, so erhält man die folgenden Ergebnisse: 70% der Bruttoenergie eines guten Futters, wie Mückenlarven, sind verdaulich. 30% gehen mit dem Kot zunächst verloren. Davon ernährt sich das Mikrozoobenthos (Kleintiere der Mulmablagerung). 100 g Mückenlarven mit 10% Eiweißanteil, 2% Fett und 8% Kohlenhydraten in der Frischsubstanz liefern entsprechend dieser Zusammensetzung 325 kJ. Das entspricht einer verfügbaren Erhaltungsenergie für 100 g Fisch bei einer Temperatur von 22 bis 24°C für 65 Tage. Daraus folgt, daß die notwendige Futtermasse pro Tag 1,5 g beträgt.

Jede Fischart hat ihre **Vorzugstemperatur**; Abweichungen wirken zunächst als Streßfaktor. Nach Gewöhnung resultiert aus einer Temperaturerhöhung aufgrund der RGT-Regel eine Stoffwechselbeschleunigung. Die 22 bis 24°C wurden als Vorzugstemperatur untersuchter *Xiphophorus* und *Xenoophorus* angegeben. 30% sollten als Streßzuschlag dienen. Zwei Gramm Futter pro Tag, also 100 g Mückenlarven in 50 Tagen decken bei der angegebenen Zusammensetzung des Futters den energetischen Grundbedarf für 100 g Fisch.

Dabei ist zu berücksichtigen, daß kleinere Fische einen höheren Energiegrundbedarf haben als größere. Das ist in der im Verhältnis zum Körpervolumen größeren Oberfläche der kleinen Fische begründet und wurde schon 1933 durch SCHÄPERCLAUS für teichwirtschaftliche Bedingungen errechnet. Über das durchschnittliche Gewicht einiger Aquarienfische informiert die folgende Tabelle.

Masse-Längen-Verhältnis einiger Aquarienfische (n = 5–10)
Die Korpulenzfaktoren sind Beispiele und nicht als gesicherte Optimalwerte aufzufassen

Art	Stückmasse g	Totallänge TL cm	Korpulenzfaktor	
Aplocheilus lineatus	1,8	6	0,8	
Trichogaster trichopterus	4,5	7	1,3	
Corydoras rabauti	4,3	6,1	1,9	
Farlowella gracilis	4,5	17	0,09	(0,1)
Ancistrus sp.	7,85	8,7	1,19	(1,2)
Danio malabaricus	2,8	7	0,82	(0,8)
Heterandria formosa nicht tragend weibl.	0,26	3	0,96	(1,0)
Heterandria formosa männl.	0,05	1,7	1,0	
Poecilia reticulata nicht tragend weibl.	1,65	5,2	1,17	(1,2)
Toxotes jaculatrix	9,2	19	2,4	

Damit aus 100 g Fisch 200 g werden (Wachstum), werden etwa 1000 kJ benötigt. Legt man die oben genannte Zusammensetzung des Futters zugrunde, so müssen weitere 300 g für den Zeitraum von 50 Tagen verfüttert werden. Der tägliche Bedarf liegt dann bei etwa acht Gramm. Bei Annäherung an die 200-g-Marke müßte der Energiebedarf für den Erhaltungsumsatz entsprechend steigen. Dieser Anstieg wird durch die sich relativ verkleinernde Oberfläche und das Absinken der Wachstumsleistung zum Teil aufgefangen. Der schließlich fehlende Zuwachs wird durch den Bedarf an Nettoenergie für die Sexualprodukte abgelöst. Der Bedarf sexuell inaktiver oder alter Tiere nähert sich dem Erhaltungsbedarf.

Grob verallgemeinernd kann also festgestellt werden, daß bei Verabreichung guten Lebendfutters (Mückenlarven, *Cyclops*) in Abhängigkeit von der Leistung der tägliche Bedarf zwischen zwei und acht Prozent der Körpermasse der Fische liegt, wenn mittlere Größen der Aquarienfische sowie mittlere Temperaturen angenommen werden und besondere Streßsituationen ausbleiben.

Seit 15 Jahren pflege ich Populationsaquarien (die eine Art in allen Entwicklungsstadien enthalten) und reguliere die metabolische Biomasse Fisch über die Nettoenergie. Es erfolgt keine Abfischung und kein Besatz. Wachstum und Fortpflanzung reagieren recht sensibel und zeigen, daß aquatische Biotope auch in bezug auf die Energiezufuhr in Aquarien simuliert werden können.

Solche Futterbilanzen sind natürlich nur möglich, wenn gemessen und gewogen wird. Wissenschaftlich interessierte Aquarianer und kommerziell interessierte Züchter sollten das ohnehin tun. Dabei könnte auch der **Korpulenzfaktor**, eine art- und geschlechtspezifische Größe, die in der Fischwirtschaft seit Jahrzehnten gute Dienste leistet, von der Aquaristik übernommen werden. Er leitet sich aus der FULTONschen Formel ab, wonach die Stückmasse eines Fisches (G) in Gramm sich aus der Totallänge (Tl) in Zentimeter und dem Korpulenzfaktor (K) berechnen läßt.

Jede Art hat, abhängig von Entwicklungszustand und Geschlecht, bei einer gegebenen Totallänge ein optimales Gewicht, was sich im Korpulenzfaktor mathematisch ausdrücken läßt. Eine Unterschreitung des artspezifischen Korpulenzfaktors gibt Hinweise auf unzureichende Ernährung oder Parasitenbefall. Überschreitungen zeigen Mastformen an (Normbeispiele siehe Tabelle links).

Sind Bau- und Betriebsstoffwechsel bedient, so tritt zunächst eine schlechtere Verwertung des Futters durch ungenügende Verdauung ein. Die verdaute Futter-

---

Der Korpulenzfaktor gibt den Zusammenhang von Fischlänge und -masse wieder.
$G = Tl^3 \times K / 100$ (FULTONsche Formel)
Formt man die Gleichung um, dann ist $K = G \times 100 / Tl^3$
Ein Fisch von 7,5 cm Totallänge und einer Masse von 10 g hätte danach
$10 \times 100 / 7{,}5^3 = 2{,}37$ als Korpulenzfaktor

49

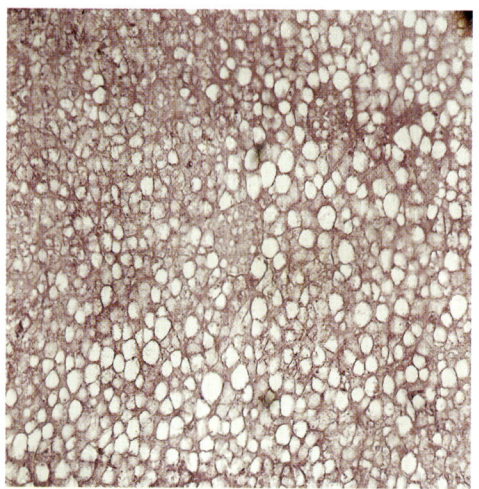

Verfettete Leber eines Zebrabuntbarsches nach mehrwöchiger Enchyträenfütterung. Zellen des Lebergewebes sind rot, Fettzellen farblos (Färbung: PAS, Mikroskopaufnahme).

Farbzellen (Melanophoren schwarz, Xanthophoren gelb) in der Schwanzflosse des Streifenhechtlings, Aplocheilus lineatus (Mikroskopaufnahme).

menge sinkt auf 50 bis 60%. Die Belastung des Wassers durch Kot steigt entsprechend an. Immer noch vorhandener Überschuß wird vom Fisch gespeichert. Sind die natürlichen Speicher voll, so wird weiteres Fettgewebe gebildet, das hauptsächlich die Leber belastet. Fettzellen verdrängen das Lebergewebe und verschlechtern ihre notwendigen Leistungen (Foto links). Eine solche, durch Überfütterung krankhaft entartete Leber erscheint hellgelb bis grau. Gesundes Lebergewebe ist rot bis rotbraun gefärbt, vorausgesetzt, daß es sich um eine Glykogenleber handelt, was auch bei Aquarienfischen überwiegend der Fall ist. Die Leberzellen einiger Fische (*Tetraodon*, *Gadus*) speichern grundsätzlich Fette. Hier ist die graugelbe Farbe der Normalzustand.

Verfettungen treten außerdem an den Gonaden auf und verdrängen hier keimzellenproduzierendes (gametogenes) Gewebe. Die Fortpflanzung wird eingeschränkt und unterbunden. Da auch endokrines (hormonproduzierendes) Gewebe verdrängt wird, verblassen die Tiere und werden farb- und antriebslos.

Vitamine und **Mineralien** sind bei Fütterung mit Lebendfutter kein zu berücksichtigendes Thema. Derartige Zuschläge müssen den Ersatz- und Kunstfuttermitteln, insbesondere dem industriell gefertigten Trockenfutter, beigemengt werden. Deshalb will ich sie auch dort und im Kapitel »Ernährung und Gesundheit der Fische« erörtern und hier nur kurz darauf verweisen.

Die essentiellen (mehrfach ungesättigten) **Fettsäuren** sind bei natürlicher Fütterung meist ausreichend vorhanden.

50

Machen sich jedoch Störungen im Fortpflanzungsverhalten, besonders Befruchtungs- und Geburtsdefekte bemerkbar, so kann man oft durch Anflugnahrung Abhilfe schaffen, denn Insekten sind reich an ungesättigten Fettsäuren. So verhindert etwa die Fütterung mit »Wiesenplankton« die Neigung zu Frühgeburten bei *Dermogenys pusillus* (Halbschnabelhecht).

Mit dem Futter läßt sich auch eine intensive Rotfärbung der Fische erlangen, wenn man es mit dem Farbstoff β-**Carotin** anreichert. Es handelt sich dabei um Provitamin A, das von Pflanzen produziert und bis zu den Fischen durch die Nahrungskette transportiert wird. Carotin ist der Farbstoff in den gelbroten Farbzellen der Haut (Xanthophoren, auch Lipophoren genannt, siehe Foto links unten).

Der schnelle Farbwechsel wird als Anpassung an Umweltbedingungen oder infolge sozialer Reize nervös und hormonell gesteuert. Die Farbstoffe konzentrieren sich in den Farbzellen (blaß) oder expandieren in ihre zahlreichen Ausläufer (intensiv). Dauerhafte, nicht augenblicklich reversible Farbänderungen werden durch eine Zunahme des Farbstoffs in den Farbzellen oder eine Vermehrung der Farbzellen erreicht.

Die schwarzen Melanophoren vermehren sich bei längerem Aufenthalt der Fische über dunklem Untergrund. Die Farbrohstoffe (Tyrosin) sind im Stoffwechsel in großen Mengen vorhanden und nicht essentiell. Eine Vermehrung der Xanthophoren kann bei den meisten Fischen durch Fütterung induziert werden. Bei der Vorstellung verschiedener Futtermittel wird dann auf spezielle Möglichkei-

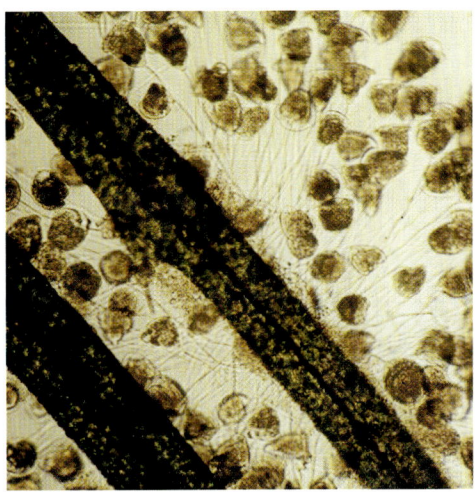

Zu dem von Aquarienfischen gefressenen Aufwuchs gehören auch Glockentierchen (Vorticella, Mikroskopaufnahme).

ten eingegangen. Wichtig ist, daß β-Carotin (Abbildung Seite 18) für alle Fische essentiell ist und daher mit der Nahrung zugeführt werden muß.

Futter ohne Fütterung

Jeder Aquarianer kennt das Suchen und Picken der Fische am Boden, an den Pflanzen und an den Scheiben. Das ist keineswegs immer ungerichtetes Appetenzverhalten. Gut besiedelte **Aufwuchsgesellschaften** werden von vielen Aquarienfischen gezielt abgeweidet. Glockentierchenkolonien (Foto oben), Trompetentierchen und auch junge Algenfäden werden gefressen.

Panzerwelse nehmen ganze Mulmpartikel auf, die von Flagellaten und Bakterien reich besetzt sind (Saprophagie). Dabei

51

werden auch Kotschnüre gefressen, die immerhin noch 30% der ursprünglichen Nahrungsenergie enthalten und bei der zweiten Darmpassage zwei Drittel davon an den Fisch abgeben (Coprophagie).

Die artenreiche Aufwuchsbesiedlung und ein arten- und individuenreiches Mikrozoobenthos sind Kennzeichen eines intakten Aquariums. Eine darauf gerichtete mikroskopische Kontrolle ist aussagekräftiger als so manche aufwendige chemische Wasseranalyse. Die Fische erhalten auf diesem Wege auch essentielle Aufbaustoffe, die im gereichten Futter eventuell nicht vorhanden sind. So kommt es, daß mit Ersatzfuttermitteln unterschiedliche Erfahrungen gemacht werden, da die mikrobielle Besiedlung der Aquarien unterschiedlich ist und bei einem übersteigerten »Pflegebetrieb« des Aquarianers fast ganz fehlen kann.

Das Oberflächenhäutchen der Gewässer birgt eine besondere Lebensgemeinschaft, das **Neuston**. Seine Grundlage ist ein Bakterienfilm mit einigen Millionen Zellen pro Quadratzentimeter (BREMER 1996; siehe auch Foto Seite 65). Solche **Bakterien-Kahmhäute** entstehen auch im Aquarium bei unbewegten Oberflächen und organischer Belastung des Wassers. Sie werden von verschiedenen Fischen regelmäßig abgeweidet. Wenn Schwertträger und Guppys an der Oberfläche hängen, muß es nicht am Sauerstoffmangel liegen.

Viel diskutiert wurde die Bedeutung der sogenannten **parenteralen Ernährung** der Fische. PÜTTER (1911) kam zu dem Schluß, daß die von ihm untersuchten Stichlinge etwa 25% mehr Energie verbrauchten als mit der Nahrung zugeführt wurde. Er erklärte das mit der Aufnahme gelöster niedrigmolekularer organischer Stoffe (Zucker und Aminosäuren) durch die Körperoberfläche, insbesondere durch die Kiemen. Man hat die Behauptung zu widerlegen versucht, doch Zweifel blieben immer.

Wir wissen heute, daß Zucker und Aminosäuren im Wasser nicht nur Reste des mikrobiellen Abbaus pflanzlicher und tierischer Abfälle sind, sondern daß auch lebendes Phytoplankton bereits einen erheblichen Teil seiner Assimilate (bis zu 70%) an das Wasser abgibt. Bei Wirbellosen wie Hohltieren und Asseln wurde die Aufnahme von Aminosäuren aus dem Wasser durch die Oberfläche der Tiere mit Hilfe radioaktiver Markierung nachgewiesen. Für Fische steht der Beweis noch aus, doch vieles spricht dafür, daß es sich bei ihnen ähnlich verhält.

Atmung und Ernährung

Im Kapitel »Grundlagen der Tierernährung« wurde der Vorgang der Energiegewinnung im Betriebsstoffwechsel als ein Vorgang erklärt, bei dem der aus den Nährstoffen stammende Wasserstoff mit Sauerstoff zu Wasser verbrannt wird (Zellatmung). Ohne Sauerstoff kann also die Zellatmung nicht funktionieren und kann im Betriebsstoffwechsel trotz guter Ernährungslage kaum Energie entstehen. **Unzureichende Sauerstoffversorgung in Aquarien macht gute Fütterung unwirksam.** Die O_2-Gewinnung aus dem Wasser ist für Fische auch bei hoher Sauerstoffsättigung aufwendig.

Sauerstoffgehalt (in mg/l)
bei 100%iger Sättigung

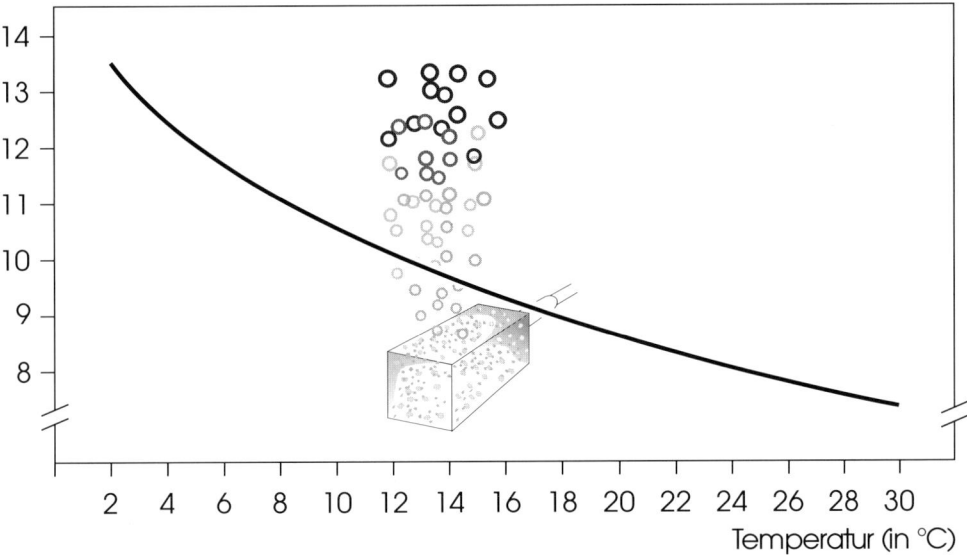

Temperatur (in °C)

Der maximal mögliche Sauerstoffgehalt des Wassers ist von der Temperatur abhängig.

Für die Sauerstoffaufnahme und Kohlendioxidabgabe (äußere Atmung) bestehen an der Luft hervorragende Bedingungen, da O_2 reichlich und CO_2 kaum vorhanden sind (Verhältnis 700 : 1). Atmung besteht hier aus einem Gasaustausch in Richtung des Konzentrationsgefälles. Das luftatmende Tier findet ausgezeichnete Bedingungen vor, um CO_2 abzugeben und O_2 aufzunehmen.

Im Wasser liegt das Verhältnis von Sauerstoff zu Kohlendioxid bei 25 : 1; nur durch starke Ventilation, durch intensive Wasserumwälzung im Kiemenbereich wird bedürfnisgerechte Atmung möglich. Nun ist aber Wasser erheblich dichter als Luft,

so daß die Ventilation viel Kraft erfordert. 15 bis 30% des Energieverbrauchs gehen auf Kosten der Atmung. Sauerstoffarmes Wasser erfordert vom Fisch schnellere Atembewegungen sowie einen höheren Energieeinsatz und verschlechtert so die Energiebilanz zum Nachteil anderer Funktionen.

Hinzu kommt, daß die Löslichkeit des Sauerstoffs mit steigender Temperatur abnimmt, der Sauerstoffbedarf der Tiere aber aufgrund der RGT-Regel steigt. Bei 100%iger Sättigung enthält das Wasser bei 20 °C etwa 9 mg/l Sauerstoff; bei 30 °C sind es nur noch 7 mg/l (siehe Abbildung oben). Der Bedarf steigt aber

53

um das Doppelte. Der Sauerstoffgehalt des Wassers begrenzt die Lebensmöglichkeiten mehr als das Nahrungsangebot.

So ist es nicht verwunderlich, daß Süßwasserfische, die in der Nähe der Wasseroberfläche leben, zum Teil den Sauerstoff der atmosphärischen Luft nutzen können. Fische mit leicht oberständigem Maul, wie Schwertträger und Guppys, aber auch Stichlinge und andere hängen an der Wasseroberfläche und atmen das Wasser der sauerstoffreichen obersten Wasserlamelle, wenn der normale O_2-Gehalt für ihren Bedarf nicht ausreicht. Goldfische pressen ein Gemisch von Luft und Wasser durch die Kiemen und können sich so zeitweilig behelfen. Die für Notatmung aufgewandte Zeit entfällt aber für die Futtersuche. So eskaliert das Problem.

Viele Fische haben im Verlauf der Evolution zusätzliche Atmungsorgane ausgebildet (Labyrinth, Darmabschnitte, Schwimmblase), wodurch sie den Sauerstoffgehalt der Atmosphäre nutzen können.

Es ist sowohl für die aquaristische Praxis als auch für die Fischwirtschaft bedeutungsvoll, Atmung und Ernährung als Einheit zu sehen. Mancher Mißerfolg trotz eines guten Nahrungsangebotes ist in unzureichender Sauerstoffversorgung begründet.

Der Sauerstoff des Wassers stammt aus der Photosynthese der Pflanzen und dem Kontakt mit der Atmosphäre. Sauerstoffverbraucher sind alle Lebewesen im Aquarium, Pflanzen, Tiere und Bakterien. Das Sauerstoffregime im Aquarium zu kennen und zu beeinflussen, ist letzlich auch eine ernährungsbiologische Aufgabe. Über Aspekte und Möglichkeiten wird im nächsten Kapitel zu reden sein.

Futter und Aquarien-wasser

Der besondere Reiz des Aquariums besteht in der weitgehenden Geschlossenheit des Systems. Das ist auch bei allen aquatischen Freiland-Biotopen der Fall. Die vorhandenen Wechselbeziehungen lassen sich besser überschauen als in terrestrischen Luftbiotopen. Deshalb wird auch der sogenannte Dorfteich (der eigentlich ein Tümpel ist, da Teiche künstliche Anlagen und ablaßbar sind) gern von Schülergruppen für ökologische Untersuchungen gewählt.

Die Geschlossenheit aquatischer Biotope gegenüber atmosphärischen Systemen ist in der unterschiedlichen Dichte der Medien begründet. Da Wasser etwa 800mal schwerer als Luft ist (ein Liter Luft wiegt 1,3 g, ein Liter Wasser 1000 g), sind spontane Übergänge von einem ins andere Medium physikalisch, chemisch, biologisch und technisch schwierig (vergleiche Kapitel »Atmung und Ernährung«). Deshalb ist der Schritt der Pflanzen und Tiere vom Wasser auf das Land im Erdaltertum einer der wichtigsten innerhalb der Evolution.

Die Bindung aller Stoffe und Organismen an den begrenzten Raum ist Mittelpunkt der aquaristischen Freude und der aquaristischen Probleme. Innerhalb des Aquariums teilt sich alles allem mit. Dadurch werden Futter, Fütterung, Ernährung und Ausscheidung der Fische über die tierphysiologische Rolle hinaus ein umfassendes ökologisches Problem. Futter und Futterrückstände, Exkrete und Exkremente beeinflussen viele physikochemische Parameter des Wassers sowie Qualität und Quantität der Mikroflora und Mikrofauna, die dann ebenfalls auf das Wasser einwirken. Alle Wasserveränderungen wirken schließlich auf die Fische ein und fördern oder hemmen ihr Wohlbefinden.

Die wesentlichen dabei ablaufenden Prozesse habe ich in ein Schema gefaßt, das den weiteren Ausführungen vorangestellt werden soll (Abbildung Seite 56). Viele Vorgänge sind denen in Freilandbiotopen ähnlich, andere verlaufen etwas anders. Bei der naturnahen Pflege und Zucht kommt es darauf an, den natürlichen Biotop nachzuahmen; dazu muß man die entsprechenden Vorgänge kennen. Es stimmt nicht, daß das nicht ginge, weil das Aquarienvolumen viel zu klein sei.

Die Fütterung der Fische im Aquarium ist ein Einfluß von außen. Beabsichtigt ist damit, intern Wachstum und Vermehrung der Fische zu erreichen und den Fischen Lebensenergie zu liefern (Bau- und Betriebsstoffwechsel). Unbeabsichtigt ist die immer mit der Fütterung einhergehende organische Belastung des Aquarienwassers. Dieser Last stellen wir Entlastungen

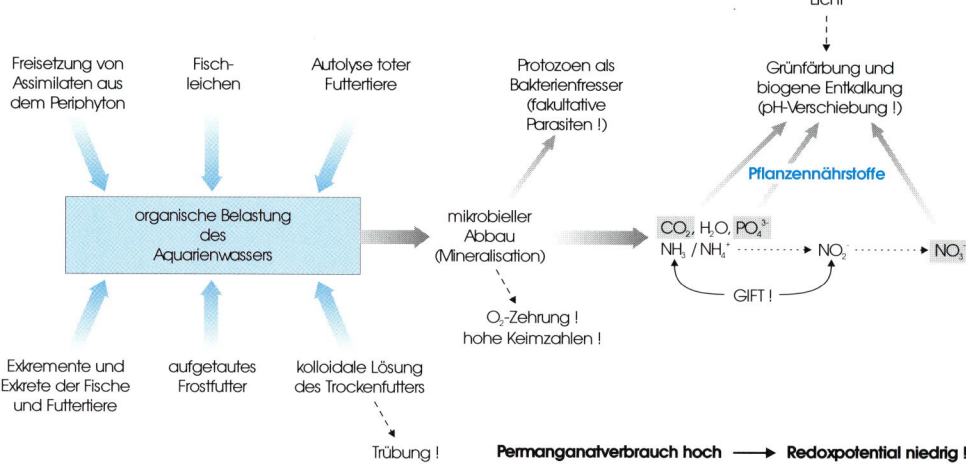

Im Aquarium treten vielfache Wechselwirkungen zwischen verschiedenen biologischen und chemischen Vorgängen auf.

gegenüber, die vor allem in Teilwasserwechseln bestehen. Sie müssen regelmäßig erfolgen, da die Belastung durch Fütterung auch regelmäßig stattfindet.

Wie im einzelnen organische Belastungen zustande kommen können, zeigen die ersten sechs Pfeile im Schema oben.

Wasserbelastung durch Abbaustoffe

Unentdeckte Fischleichen belasten das Aquarienwasser besonders stark. Wenn man mit lebenden Süßwasserfischen marine Raubfische füttert, können sie sich hinter Dekorationsaufbauten verklemmen, absterben und bakteriell zersetzt werden. Durch das Massenangebot von Eiweiß kommt es auch zur Massenvermehrung einiger Bakterienarten, die als Nebenprodukt ihres Stoffwechsels Gifte absondern.

Dadurch kann es schneller zur Schädigung der Aquarienbewohner kommen als durch die Abbauprodukte des Eiweißes.

Nicht substratgebundene Bakterien treiben im Wasser und treffen auf Abriebpartikel des Futters oder auch auf Fische, Pflanzen, Eier und Einrichtungsgegenstände des Aquariums. Mit ihren Exoenzymen versuchen sie ihre Unterlage zu zersetzen, um gelöste Nährstoffe zu gewinnen. Fischoberflächen und Kiemen können dabei empfindlich leiden.

Eiweiß besteht aus großen Molekülen, die durch die bakterielle Zersetzung über mehrere Zwischenstufen in kleinere Einheiten zerfallen. Zunächst entstehen Peptide, die die Viskosität des Wassers erhöhen und daher abschäumbar sind. **Schaumbildung** ist immer ein Warnzeichen. Über die Aminosäuren erfolgt der Eiweißabbau schließlich bis zu Ammoniak, Kohlendioxid und Wasser.

Alle Futtertiere, gleichgültig ob niedere Krebse, Würmer, Insektenlarven oder Fische, beginnen unmittelbar nach dem Absterben zu zerfallen **(Autolyse)**. Dieser Vorgang vollzieht sich ohne bakterielle Beteiligung unter Einwirkung der noch funktionierenden Enzyme der Leiche. Chemisch gesehen handelt es sich überwiegend um hydrolytische Prozesse. Die Autolyse betrifft bis zu 50% der Körpermasse. Zooplankton verliert unmittelbar nach dem Absterben bereits etwa 20% seiner Masse. Innerhalb von 24 Stunden gehen von *Tubifex* etwa 70%, von Daphnien 50%, von *Cyclops* 30% und vom Guppy ebenfalls 30% in Lösung.

Die gelösten organischen Stoffe, die, wie wir sehen werden, nicht nur aus toten Futtertieren stammen, stellen die Hauptfraktion der Wasserbelastung im Aquarium dar. Sie sind nicht abfiltrierbar und nur zum Teil und in dem Maße durch Abschäumung in Meeresaquarien zu beseitigen, wie sie die Viskosität des Wassers erhöhen. Es gibt bereits Versuche, Eiweißabschäumung auch im Süßwasseraquarium zu betreiben. Die **bakterielle Zersetzung** toter Futtertiere setzt erst nach der Autolyse (nach 24 Stunden) ein und verläuft wesentlich langsamer. Sie erreicht nach zehn Tagen etwa 75% der tierischen Masse (KRAUSE 1959, zitiert nach SCHWOERBEL 1993).

Im Aquarium vollzieht sich der Abbau partikulärer organischer Materie im Sediment (Bodenmulm). Die Mulmpartikel sind dicht mit aus Bakterien bestehenden Hüllen umgeben. Wenn Fische den Bodenmulm durchkauen und fressen, ist die zum Teil verdauliche Bakterienmasse der wichtigste Nahrungsanteil. Daß einige Bakterienarten im Fischdarm als Darmflora weiter wirken, die Verdauung fördern und Vitamine produzieren, ist ernährungsbiologisch nicht weniger wichtig.

In tiefen Seen läuft auch die bakterielle Zersetzung meist im freien Wasser ab, da die Sinkgeschwindigkeit organischer Partikel sehr gering ist. Absinkende Phytoplankter erreichen den Grund des Bodensees (200 m) erst nach ein bis zwei Monaten (GRIMM 1939, zitiert nach SCHWOERBEL 1993).

Wasserpflanzen geben einen Teil ihrer Assimilate an das Wasser ab, und zwar um so mehr, je größer ihre Oberfläche ist. Makrophyten, also Wasserpflanzen im aquaristischen Sinne, haben eine geringe Oberfläche. Anders verhält es sich mit dem Aufwuchs. Mikroskopisch kleine Algen besiedeln alle Oberflächen im Aquarium (Periphyton) und geben erhebliche Mengen ihrer Assimilationsprodukte an das Wasser ab. Dabei handelt es sich um Zucker, organische Säuren, Farbstoffe, Enzyme und Vitamine. Da diese Stoffe alle Kohlenstoff enthalten, wird ihre Konzentration auch als gelöster organischer Kohlenstoff (DOC – dissolved organic carbon) angegeben. Zur jeweiligen Menge findet man in der Literatur unterschiedliche Angaben. Sie reichen von 2 bis 5% des assimilierten Kohlenstoffs, das wären 5 bis 10% der Assimilate (Faktor 2,5) nach SCHWOERBEL (1993) bis 80% der Assimilate nach SPITTLER et al. (1978).

Die **Exkremente** (Kotschnüre, Fäkalpellets) der Fische und der Futtertiere belasten das Wasser verhältnismäßig wenig, da sie fast ausschließlich bakteriell zersetzt werden und kaum lösliche Stoffe

57

abgeben. Außerdem sind sie zunächst durch Schleimhüllen aus schwer abbaubaren sauren Mucopolysacchariden isoliert. Anders verhält es sich mit den Exkreten, deren wichtigstes das Ammoniak (beziehungsweise Ammonium) ist. Es wird sowohl von Protozoen wie von Mollusken, Anneliden, wasserlebenden Insektenlarven bis hin zu Fischen abgegeben (vergleiche Kapitel »Exkretion«).

Aufgetautes **Frostfutter** gibt einen Schwall gelöster organischer Stoffe an das Wasser ab, besonders wenn zwischen Tötung und Frostung einige Zeit zur Autolyse geblieben ist. Durch Frostung ist die chitinhaltige Cuticula der Futterinsekten vielfach gerissen; gefrostetes Material von Schlachttieren enthält blutige und lymphoide Flüssigkeiten, die sich beim Auftauen mit dem Wasser mischen.

Synthetisches **Flockenfutter** kann lösliche Komponenten enthalten, ohne daß sich das durch Wassertrübung (kolloidale Lösung) bemerkbar machen muß. Bleiben Flocken unbemerkt von Fisch und Pfleger im Aquarium liegen, so setzt meist nach mehreren Stunden die kolloidale Lösung des Futters ein, was eine erhebliche organische Belastung des Wassers bedeutet.

Bakterien verwerten organische Stoffe

Die Gesamtheit der gelösten organischen Stoffe (**DOM**, dissolved organic matter)

Da bei Diskusbuntbarschen die Haut zugunsten der Ernährung der Jungfische schlechter als bei anderen Fischen geschützt ist, sind sie gegenüber bakteriellen Einflüssen besonders anfällig.

und der partikulären organischen Substanz (**POM**, particle organic matter) steht den Bakterien als verwertbares Material zur Verfügung. Sie bilden daraus unter aeroben Bedingungen anorganische Ausgangsstoffe (Mineralisation) im Sinne biologischer Kreisläufe. Dadurch bauen sie gleichsam den Bakterienkörper auf, vermehren sich und dienen den Protozoen als Nahrung. So wird ein Teil der biologischen Abfälle wieder in den Kreislauf eingegliedert, bevor die Mineralisation abgeschlossen ist (microbial loop).

Die Anzahl der Bakterien in einem Wasserkörper (Gewässer oder Aquarium) wird von fördernden und hemmenden Faktoren beeinflußt. Förderlich ist für die Bakterienzahl eine große Menge gelöster organischer Stoffe (OVERBECK 1968). Das pH-Optimum der Bakterien liegt meist zwischen pH 6 und pH 8. Wachstumshemmend wirken Ionenarmut (weiches Wasser), Huminsäuren und Gerbstoffe (Torffilterung).

In durchschnittlichen Aquarien und europäischen Gewässern durchschnittlicher Belastung findet man Gesamtkeimzahlen von 10 000 bis 10 Millionen Bakterien pro Milliliter Wasser. Besonders keimarm sind südamerikanische Schwarzwässer und marine Riffbiotope. Eine Erhöhung der organischen Wasserbelastung erhöht auch die Keimzahl und verbessert die »Weide« für viele Protozoen, die bei Massenentwicklung (Wolkenbildung) fischparasitär wirken können, da sie auch die Kiemen stark besetzen (fakultative Parasiten). Die Fische hängen mit angeklemmten Flossen in den Aquarienecken an der Wasseroberfläche. Aber auch die Bakteri-

Organische Belastung des Wassers begünstigt das Wachstum von Blaualgen. Die hier gezeigte Gattung Oscillaria ist unter dem Mikroskop an ihren fädigen Strukturen zu erkennen (Mikroskopaufnahme).

en selbst können Fische schwer belasten, wenn die Tiere aus keimarmen Lebensräumen stammen.

Unabhängig von ihrer taxonomischen Zugehörigkeit und physiologischen Leistung leben Bakterien im Aquarium substratgebunden oder planktisch im freien Wasser. Die substratgebundenen Keime im Bodenmulm, auf Pflanzen, an Aquarienscheiben, in der Spritzzone der Deckscheiben und im Filter wirken überwiegend positiv auf den Fisch (biologische Selbstreinigung des Wassers). Wenn von Schadwirkung und saprobiontischer Indikation die Rede ist, sind es die frei im Wasser schwebenden, planktisch lebenden Formen, deren Substratbindung zu fördern auch eine Möglichkeit zur Verbesserung der ökologischen Situation im Aquarium ist. Die Substratbindung der Bakterien setzt ein Substratangebot voraus (Javamoos, Laub, geeignete Filtermasse).

Bakterien können organische Substanz nur in flüssiger Form (DOM) aufnehmen. Durch Ausscheidung von **Exoenzymen** werden auch partikuläre organische Reste (POM) verflüssigt (RHEINHEIMER 1991).

Dieser Einfluß der Exoenzyme auf die Oberfläche der Fische kann schädigend wirken, wenn Schutzstrukturen in ausreichender Menge und Qualität fehlen (Glykokalyx, leucocytäre Infiltration, BREMER 1993). Das ist in der Regel bei Larven und Jungfischen der Fall, wenn die Keimzahl das Erträgliche übersteigt. Das pathologische Bild wird als **Flossenfäule** bezeichnet und ist mit Antibiotika zu therapieren (AMLACHER 1992). Vor dem Einsatz von Antibiotika durch den Laien muß allerdings gewarnt werden.

Bei Fischen, denen die epidermalen Schutzstrukturen fehlen, um ernährenden (nutritiven) Einrichtungen für die Brut Platz zu machen (Diskus-Buntbarsch), besteht eine besondere Sensibilität für Keime im freien Wasser. Überhöhte Keimzahlen führen hier zu schweren Schädigungen der Oberfläche (Diskuskrankheit, BREMER 1997). Es ist auch daran zu denken, daß Bakterien toxische Nebenprodukte des Stoffwechsels abscheiden, wodurch bei Fischen subletale, schwer ursächlich zu bestimmende Erkrankungen auftreten können.

Aerobe Bakterien brauchen sehr viel Sauerstoff. Dieses Bedürfnis zeigen viele Arten, indem sie sich in die Lebensgemeinschaft des Oberflächenhäutchens (Neuston) eingefügt haben und die »berühmten« Kahmhäute bilden (Foto Seite 65). Sie sind immer Anzeichen hoher organischer Belastung.

60

Wo aerobe Bakterien tätig sind und organische Substanz abbauen, schwindet der Sauerstoff (Zehrung) und sinkt das Redoxpotential. O_2-Zehrung und Absenkung des Redoxpotentials sind folglich Meßgrößen für die Bakterientätigkeit und damit für die organische Belastung des Wassers. Im freien Aquarienwasser ist die O_2-Zehrung selbst kein Problem, da sie sich mit Durchlüftung und Wasserbewegung kompensieren läßt. Ist jedoch die Wasserbewegung im Bodengrund unzureichend und die organische Belastung im Interstitialwasser (in den Zwischenräumen befindliches Wasser) hoch, ist der Sauerstoff bald gebunden. Jetzt treten anoxische Bakterien auf, deren Stoffabbau bei Methan, Schwefelwasserstoff und anderen Verbindungen endet. Die in jedem Sand vorhandenen Eisenverbindungen werden reduziert und setzen sich mit dem Schwefelwasserstoff zu schwarzem Eisensulfid (FeS) um. Unter solchen Bedingungen werden die Wurzeln der Pflanzen zerstört. Hoher Bodengrund aus feinkörnigem Sand gleicher Korngröße begünstigt derartige Bodenverhältnisse.

Blaualgen sind ihrem Zellbau nach Bakterien (Cyanobakterien). Durch gelöste organische Stoffe wird ihr Wachstum stimuliert. Die sogenannten Schmieralgen sind ebenfalls Blaualgen, auch wenn einige rot aussehen können. Im Süßwasser überziehen tief grünschwarze Beläge der Gattung *Oscillaria* (Foto links) die Pflanzen, Steine und Aquarienwände.

Im Meerwasseraquarium wird *Oscillaria* oft durch die verwandte Gattung *Spirulina* vertreten, die abhängig vom Lichtangebot auch zuweilen rot erscheinen kann (rote

Schmieralge). Blaualgenüberzüge vernichten den Pflanzenwuchs und geben verschiedene Assimilate an das Wasser ab, die zuweilen auch giftig wirken können. Beimengungen von *Spirulina* zum Trockenfutter sind gefährlich und sollten unterbleiben.

Anorganische Endstufen
Die anorganischen Endstufen der Mineralisation sind hauptsächlich Kohlendioxid, Phosphate und Nitrate. Sie sind zunächst, einzeln betrachtet, im Aquarium unschädlich, zeigen aber die organische Last von gestern und vorgestern an, denn aus ihr sind sie ja hervorgegangen. Mit dem Nitrat gibt es noch einige besondere Probleme.

Im Abbauprozeß der organischen Abfälle (Eiweiße) entsteht zunächst als erste anorganische Stufe **Ammoniak** (NH_3), das bei Anwesenheit von Sauerstoff und nitrifizierenden Bakterien (*Nitrosomonas*, *Nitrobacter*) über die Nitritstufe in **Nitrat** umgewandelt wird. Nitrit ist giftig, Ammoniak nur unter den Bedingungen hochalkalischer pH-Werte (siehe Abbildung Seite 32). Der Weg vom Ammoniak zum Nitrat wird bei günstigen Bedingungen (Redoxpotential über 200 mV) schnell durchlaufen, so daß in einem funktionierenden Aquarium weder Ammoniak noch Nitrit nachzuweisen sind.

Bei Sauerstoffmangel ist der Prozeß gegenläufig (Denitrifikation); er kann bis zum molekularen Stickstoff (N_2) führen und damit zur Stickstoffelimination aus dem Gewässer (Nitratatmung). Der Vorgang ist beachtenswert, da sich Denitrifikation auch in schlecht betriebenen und wenig gereinigten Aquarienfiltern abspielen kann.

61

Die unzureichende Sauerstoffversorgung im Filter bricht den Prozeß auf halbem Wege ab, und der Filter tötet die Fische durch hohe Nitritkonzentrationen.

Eine durch die Fütterung beeinflußbare Größe ist die NH_3-Exkretion. Wird mehr Eiweiß verfüttert als für den Baustoffwechsel erforderlich ist, wird Eiweiß veratmet, das heißt der Energieerzeugung zugeführt. Vorher werden die Aminogruppen ($-NH_2$) abgetrennt und ausgeschieden. Das kann nur verhindert werden, wenn genügend Fett im Futter vorhanden ist, denn Fett ergibt beim Abbau nur Kohlendioxid und Wasser.

SCHRECKENBACH (1994) konnte am Karpfen nachweisen, wie sehr die Ammoniakabscheidung vom Eiweiß-Fett-Verhältnis des Futters abhängig ist. Es muß folglich im Interesse der Wasserqualität angestrebt werden, daß das verfütterte Eiweiß nur dem Baustoffwechsel dient und die Energie weitgehend aus dem Fett- und Kohlenhydratabbau bezogen wird. In vielen Fischnährtieren findet man dafür geeignete Durchschnittswerte.

Gleichgültig, welche Wirkungen organische und anorganische Abbaustufen der Eiweiße im einzelnen auch haben, immer sind sie bedrohlich, und ihre Verminderung muß ein pflegerisches Ziel bleiben.

Der Aquarianer, der sich einen Überblick über das Verhältnis aller oxidativen zu allen reduktiven Prozesse verschaffen möchte, mißt das **Redoxpotential**. Es ist die Waage zwischen allen Prozessen der einen und denen der Gegenseite.

In autotroph produktiven Gewässern dominieren Photosynthese und O_2-Reichtum; Reduzenten wie Pilze und Bakterien stehen an zweiter Stelle. Kommt es zum massenhaften Auftreten organischer Reste, dann dominieren die Reduzenten und die heterotrophen Prozesse. Das Gewässer »kippt um«, im Extremfall sterben alle Fische.

Der Gleichgewichtspunkt beider Prozesse wird in Aquarien durch ein Redoxpotential von +200 mV ausgedrückt und angezeigt. Bei höheren Werten neigt die Waage zur oxidativen Seite. Licht, Belüftung, Ozonisierung, Wasserbewegung und jeglicher Export organischer Lasten erhöhen das Redoxpotential. Dominanz reduzierender Prozesse fördert zahlreiche unspezifische Krankheitserreger und ver-

Abhängigkeit der Ammoniakausscheidung vom Eiweiß-Fett-Quotienten des Futters

verabreichtes Futter, Gramm pro Kilogramm Fisch täglich				NH_3-Ausscheidung Gramm pro Kilogramm Fisch täglich
gesamt	Fett	Eiweiß	Eiweiß/Fett-Verhältnis	
60	2,9	27,8	9,6 : 1	0,714
30	1,5	13,9	9,3 : 1	0,622
30	4,0	12,1	3,0 : 1	0,420
30	4,6	11,9	2,6 : 1	0,382
30	6,3	12,4	2,0 : 1	0,299

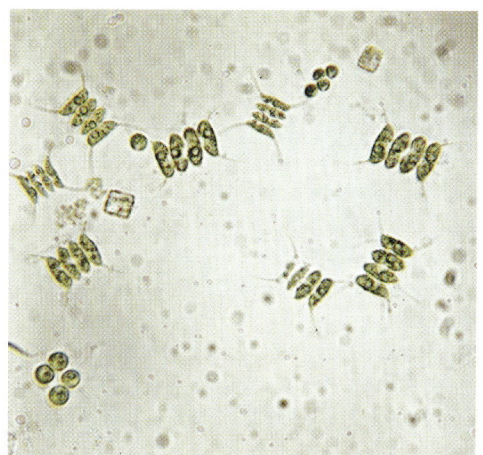

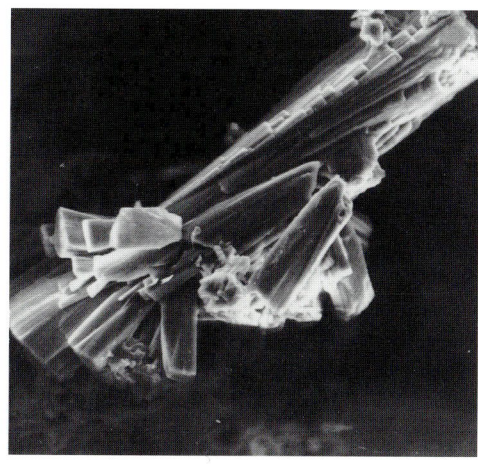

Unter dem Einfluß des Sonnenlichtes findet oft eine Massenvermehrung kleiner, im Wasser schwebender Grünalgen statt. Hier eine Alge der Gattung Scenedesmus (Mikroskopaufnahme).

Kommt es durch das pflanzliche Plankton zur biogenen Entkalkung, so fallen Calcitkristalle aus (rasterelektronenmikroskopische Aufnahme).

schlechtert das Wohlbefinden der Fische (vergleiche Kapitel »Ernährung und Gesundheit der Fische«).

Als Ergebnis organischer Belastung und aerober Mineralisation (biologische Selbstreinigung) ist das Wasser schließlich reich an Pflanzennährstoffen (eutroph). Unter solchen Bedingungen wird das Pflanzenwachstum (Algen sind auch Pflanzen!) hauptsächlich durch Menge und Qualität des Lichtes begrenzt.

Besonders unter dem Einfluß des Sonnenlichtes, seiner Intensität und seines Rotanteils findet im nährstoffreichen Wasser eine Massenentwicklung von schwebenden, mikroskopisch kleinen **Grünalgen** statt. Das Wasser färbt sich grün und ist durch Filterung nicht zu klären. Diese Planktonalgen sind sehr klein (5 bis 10 µm) und haben dementspre-

chend eine im Verhältnis zum Volumen große Oberfläche. So können sie durch den hohen Reibungswiderstand an den Wasserteilchen schweben und sinken im Aquarium nicht zu Boden (Foto oben).

Das Kohlendioxid für ihre Photosynthese stammt überwiegend aus dem gelösten Calciumbicarbonat (Calciumhydrogencarbonat) des Wassers. Dabei fällt schwer löslicher Kalk aus. Der Vorgang wird als **biogene Entkalkung** bezeichnet und ist auch bei höheren Wasserpflanzen zu beobachten.

Zunächst wird die freie Kohlensäure zur Photosynthese genutzt. Da bei intensiver Kohlenstoffassimilation der Nachschub aus dem Bicarbonatzerfall nicht ausreicht, wird die Bicarbonatreserve unmittelbar als Kohlenstoffquelle verwertet. Auf den Blättern der Wasserpflanzen lagern sich

63

die weißgrauen Kalkkrusten ab; im freien Wasser kommt es zur Ausfällung sehr kleiner Kristalle (Calcitfällung, Foto Seite 63), die das Wasser trüben können. Der Prozeß ist reversibel und stellt sich als Gleichung wie folgt dar:

$$Ca(HCO_3)_2 \Leftrightarrow CaCO_3 + CO_2 + H_2O$$

Der pH-Wert gut gepufferten kalkreichen Wassers schwankt dabei um pH 8. Eine hohe Intensität der Photosynthese, die sich bei starker Besonnung und Nährstoffüberfluß einstellt, kann durch die enzymatische Aktivität der Plankter (Hydrolyse) zur Laugenbildung führen, wenn dem Calciumbikarbonat ein weiteres Kohlendioxid-Molekül entzogen wird. Der pH-Wert stiege dann weit in den alkalischen Bereich bis pH 11.

$$Ca(HCO_3)_2 \Rightarrow 2\ CO_2 + Ca(OH)_2$$

Ist das Aquarienwasser ammoniakbelastet, kann es nach wenigen Stunden der Sonneneinstrahlung schlagartig zum Tod aller Fische kommen. Das hat einerseits in der Autintoxikation, im Unvermögen der Fische zur Exkretion seine Ursache; andererseits besteht die Schädigung in der Giftwirkung des Ammoniaks im Wasser, das bei neutralem pH-Wert in seiner ungiftigen Ammoniumform vorgelegen hat.

Kontrolle der Belastung des Aquarienwassers

Diese beiden Thesen vorangestellt, sollen einige Möglichkeiten der Wasserbeurteilung beschrieben werden, wie sie sich aus den Erörterungen des vorhergehenden Kapitels ableiten. Zur Wasserbeurteilung stehen biologische und chemische Methoden zur Verfügung, die sich in ihrer Aussage ergänzen. Biologische Methoden berücksichtigen Zeiträume; chemische Verfahren zur Beurteilung von Wasserproben sind Momentaufnahmen.

Indikatororganismen

Die Literatur kennt eine Fülle von Indikatororganismen, die für bestimmte Wasserzustände charakteristisch sein sollen. Dabei handelt es sich meist um **Mikroorganismen** (Protozoen, Algen, Pilze), deren Auffindung und Bestimmung Erfahrungen in Mikroskopie voraussetzen. Außerdem ist bei der Wichtung solcher Befunde zu berücksichtigen, daß »eine Schwalbe noch keinen Sommer macht«. Nur das gehäufte Auftreten der Organismen ist aussagekräftig.

Indikatororganismen müssen stenök sein, also nur bei ganz bestimmten Bedingungen vorkommen. Euryöke (anpassungsfähige) Organismen haben keinen Zeigerwert. Nun hat sich in den letzten Jahr-

- Befunde zur Wasserqualität sind wertlos, wenn Ursachen und Folgen nicht gefunden und berücksichtigt werden.
- Einzelbefunde sind wenig aussagekräftig, weil ein ökologischer Sachverhalt immer von mehreren Faktoren abhängig ist und immer mehrere Folgen beeinflußt (multifaktorielle Zusammenhänge).

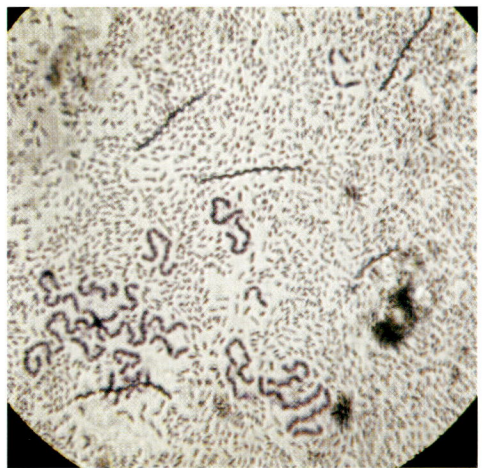

Die aus einer Vielzahl von Bakterien aufgebauten Kahmhäute sind ein Zeichen hoher organischer Belastung des Aquarienwassers (Mikroskopaufnahme, Färbung nach MAY-GRÜNWALD).

zehnten herausgestellt, daß im globalen Prozeß der Eutrophierung auch als nährstoffarm-stenök eingestufte Formen (Anzeiger für Oligotrophie) sich zusehends an einen höheren Trophiegrad (Nährstoffgehalt) des Wassers anpassen und somit ihren Indikatorwert einbüßen.

Aus all diesen Gründen sollen hier nur die bereits in den vorhergehenden Kapiteln genannten Indikationen erwähnt werden, die zweifelsfrei eine hohe organische Last anzeigen. Ihre Abwesenheit muß aber nicht unbedingt das Fehlen solcher Lasten bedeuten.

Geeignete Indikatoren sind Blaualgenüberzüge, Kahmhäute und überhöhte Keimzahlen. Die **Blaualgen** sind so auffällig und eindeutig, daß es hier keiner mikroskopischen Untersuchung bedarf, es

sei denn, man will Gattungen und Arten bestimmen. Die häufigsten Gattungen *Oscillaria* und *Spirulina* kommen in Süßwasser- wie auch in Meeresaquarien vor. Rote Überzüge in Meeresaquarien gehen oft auf *Spirulina* zurück. Der Indikatorwert für organische Belastung stimmt bei beiden Arten weitgehend überein.

Vor Vernichtung der Blaualgenbeläge mit chemischen Mitteln warne ich. Ein Symptom wird zerstört; die Ursache bleibt unbeeinflußt und wird vielleicht sogar gefördert. Die organische Last muß, beispielsweise durch verbesserte Fütterungsmethoden, verringert werden. Man kann die Last auch entfernen oder schneller mineralisieren. Darüber wird im Kapitel »Möglichkeiten zur Einschränkung und Beseitigung der Wasserbelastung« zu berichten sein.

Kahmhäute sind untrügliche Anzeichen hoher organischer Belastung, treten aber nur bei ruhiger Wasseroberfläche auf. Durch Wasserbewegung kann man sie zerstören, entlastet aber nicht in gleichem Maße das Wasser. Damit ist die Abwesenheit von Kahmhäuten nicht unbedingt der Nachweis von fehlender organischer Last.

Kahmhäute sind besonders von schräg unten gut sichtbar. Will man ihre Zusammensetzung untersuchen, so taucht man einen Objektträger in das Aquarienwasser; die Kahmhaut haftet beim Herausnehmen gut. Man stellt den Objektträger schräg zum Trocknen auf. Danach wird er, mit der Kahmhaut nach oben, einige Male durch eine Spiritus- oder Gasflamme gezogen (Hitzefixierung, 60 °C). Nach Abkühlung überschichtet man ihn mit dem handelsüblichen Farbstoff Eosin-Methylenblau nach

MAY-GRÜNWALD, läßt den Farbstoff zwei bis drei Minuten einwirken, spült den Objektträger erst mit Leitungswasser, danach mit destilliertem Wasser kurz ab und läßt ihn trocknen. Jetzt kann mit einem Objektiv 40facher Vergrößerung mikroskopiert werden (ohne Deckglas). *Bacillus subtilis* (Heubazillus) ist in Aquarienkahmhäuten fast immer dominant; vielfältig zusammengesetzte Kahmhäute weisen auf eine Vielfältigkeit der organischen Belastung hin (Foto Seite 65).

Keimzahlbestimmungen als Indikation organischer Belastung im freien Wasser gehören heute zu den aufschlußreichsten ökologischen Kontrollen im Aquarium und in natürlichen Gewässern. Die Notwendigkeit ist seit längerem bekannt, die Möglichkeit der Anwendung in der täglichen Praxis aber erst seit kurzem möglich. Direktzählungen am Licht- oder Elektronenmikroskop entfallen wegen des notwendigen Aufwandes und der erforderlichen Erfahrung bei der Untersuchung.

Seit Robert KOCH (1843–1910) ist bekannt, daß nur ein Teil der in Wasser, Luft und Boden vorhandenen Bakterien sofortige Keimbereitschaft aufweist, ein anderer jedoch unabhängig von den Bedingungen ruht. Gelangen die keimbereiten Bakterien oder ihre Sporen auf günstige Nährböden, bilden sie sichtbare Kolonien, und bei Verwendung einer bestimmten Wassermenge kann man sie zählen. Aus diesem Plattengußverfahren wurde der Meßwert **KBE/ml** (koloniebildende Einheit pro Milliliter) entwickelt. Voraussetzung ist jedoch die sterile Arbeitsweise, die nur in einem mikrobiologischen Labor möglich ist.

Mit zunehmender Kenntnis über die Rolle der Bakterien in unserer Umwelt, in der Lebensmittelindustrie und auf anderen Gebieten menschlicher Tätigkeit hat die Industrie Schnellprüfverfahren entwickelt, deren Anwendung auch in der Aquaristik ohne besondere Voraussetzungen möglich ist. Beim »Dipping Test« werden nährstoffbeschichtete Streifen (Paddel) einem Röhrchen entnommen, mehrmals in das Aquarium getaucht und anschließend im Röhrchen 24 bis 48 Stunden bei 30 °C inkubiert (etwa im Außenfilter eines Dis-

Zusammenhänge zwischen dem koloniebildenden Anteil (KBE) der Gesamtkeimzahl und der Qualität des Aquarienwassers.

1000 und weniger KBE/ml:	keimarmes Aquarienwasser. In der Natur bezeichnet man solche Wässer als oligosaprob bis β-mesosaprob und ordnet sie unter Verwendung weiterer Kriterien der Güteklasse II zu.
10 000 KBE/ml:	werden von den meisten Aquarienfischen toleriert.
100 000 und mehr KBE/ml:	schädigen die Fische und können sie töten. In der Natur werden solche Wässer als α-mesosaprob bis polysaprob bezeichnet und unter Anwendung weiterer Kriterien der Güteklasse III und IV zugeordnet.

kusfisch-Aquariums). Die entstandene Koloniedichte wird mit Hilfe einer Lupe ausgezählt und mit den Abbildungen auf den »Auswertungshilfen« der Lieferbetriebe verglichen.

Die Hersteller bieten Nährböden für verschiedene physiologische Bakterientypen an. Für aquaristische Zwecke ist nur die sogenannte »Gesamtkeimzahl« interessant. Damit wird die Gesamtheit aller keimbereiten Typen im freien Wasser erfaßt. Was schließlich mit KBE/ml ermittelt und registriert wird, ist nur ein kleiner Teil (1–10%) aller der Keime im Wasser, die durch lichtmikroskopische Zählungen zu ermitteln wären. Die mit dem Elektronenmikroskop ermittelte Zahl läge noch höher. Die »koloniebildenden Einheiten« machen höchstens ein Hundertstel der Gesamtheit der Keime im Wasser aus (REICHARDT 1978). Ferner muß darauf aufmerksam gemacht werden, daß die Ergebnisse von Präparaten verschiedener Hersteller nicht miteinander vergleichbar sind, da verschiedene Nährböden einen unterschiedlichen Anteil der Gesamtkeimzahl zur Koloniebildung anregen. Dennoch lassen sich allgemeine Zuordnungsregeln aufstellen (BREMER 1995).

Wasserchemische Daten

Wasserchemische Daten zur Bestimmung der Belastung des Wassers mit gelösten organischen Stoffen (DOM) gewinnt man am besten über den Sauerstoff. Die Sauerstoffsättigung ist hauptsächlich von der Temperatur abhängig. Andere Einflüsse (Druck, Meereshöhe, Wasserdampfsättigung) sind geringfügig und können hier vernachlässigt werden. Sie wirken sich

> Beispiel für die Berechnung des maximalen Sauerstoffgehaltes:
> Meerwasser von 35‰ Gesamtsalinität und 19‰ Chloridgehalt ist bei 22 °C schon mit 7,4 mg/l gesättigt, während Süßwasser unter gleichen Bedingungen 8,5 mg/l Sauerstoff aufnehmen kann. Für sehr genaue Werte sind die Tabellen in CZENSNY (1960) zu empfehlen.

meist nur auf die zweite Stelle hinterm Komma aus, erklären aber, warum der aufmerksame Leser in verschiedener Literatur geringfügige Abweichungen für die Sättigungswerte findet.

Die Tabelle auf Seite 68 gibt die Sauerstoffsättigungswerte für Süßwasser bei unterschiedlichen Wassertemperaturen an. Im Meerwasser wird die vollständige Sättigung schon früher erreicht; der O_2-Gehalt ist bei 100%iger Sättigung geringer als im Süßwasser (in Abhängigkeit vom Chloridgehalt). Bei im Aquarium üblichen Temperaturen multipliziert man den Chloridgehalt des Wassers in Promille mit 0,06 und zieht diesen Wert von der Süßwassersättigung ab. Der Chloridgehalt des Meer- oder Brackwassers kann durch Teilung des Gesamtsalzgehaltes durch den Faktor 1,8 ermittelt werden.

Durch Filterung und Belüftung durchschnittlicher Intensität wird wegen der organischen Belastung des Wassers meist nur eine 70%ige O_2-Sättigung erreicht. Höhere Werte werden bei geringer Belastung und starker Photosyntheseleistung der Pflanzen erzielt. Auf weitere Maßnahmen wird im Kapitel »Möglichkeiten zur

Sauerstoffsättigung im Süßwasser in Abhängigkeit von der Temperatur in mg/l O2; bei einem Druck von 760 Torr.

Nach TRUESDALE, DOWNING und LOWDEN aus SCHWOERBEL (1993).

t °C	0,0°	0,1°	0,2°	0,3°	0,4°	0,5°	0,6°	0,7°	0,8°	0,9°
0°	14,16	14,12	14,08	14,04	14,00	13,97	13,93	13,89	13,85	13,81
1°	13,77	13,74	13,70	13,66	13,63	13,59	13,55	13,51	13,48	13,44
2°	13,40	13,37	13,33	13,30	13,26	13,22	13,19	13,15	13,12	13,08
3°	13,05	13,01	12,98	12,94	12,91	12,87	12,84	12,81	12,77	12,74
4°	12,70	12,67	12,64	12,60	12,57	12,54	12,51	12,47	12,44	12,41
5°	12,37	12,34	12,31	12,28	12,25	12,22	12,18	12,15	12,12	12,09
6°	12,06	12,03	12,00	11,97	11,94	11,91	11,88	11,85	11,82	11,79
7°	11,76	11,73	11,70	11,67	11,64	11,61	11,58	11,55	11,52	11,50
8°	11,47	11,44	11,41	11,38	11,36	11,33	11,30	11,27	11,25	11,22
9°	11,19	11,16	11,14	11,11	11,08	11,06	11,03	11,00	10,98	10,95
10°	10,92	10,90	10,87	10,85	10,82	10,80	10,77	10,75	10,72	10,70
11°	10,67	10,65	10,62	10,60	10,57	10,55	10,53	10,50	10,48	10,45
12°	10,43	10,40	10,38	10,36	10,34	10,31	10,29	10,27	10,27	10,22
13°	10,20	10,17	10,15	10,13	10,11	10,09	10,06	10,04	10,02	10,00
14°	9,98	9,95	9,93	9,91	9,89	9,87	9,85	9,83	9,81	9,78
15°	9,76	9,74	9,72	9,70	9,68	9,66	9,64	9,62	9,60	9,58
16°	9,56	9,54	9,52	9,50	9,48	9,46	9,45	9,43	9,41	9,39
17°	9,37	9,35	9,33	9,31	9,30	9,28	9,26	9,24	9,22	9,20
18°	9,18	9,17	9,15	9,13	9,12	9,10	9,08	9,06	9,04	9,03
19°	9,01	8,99	8,98	8,96	8,94	8,93	8,91	8,89	8,88	8,86
20°	8,84	8,83	8,81	8,79	8,78	8,76	8,75	8,73	8,71	8,70
21°	8,68	8,67	8,65	8,64	8,62	8,61	8,59	8,58	8,56	8,55
22°	8,53	8,52	8,50	8,49	8,47	8,46	8,44	8,43	8,41	8,40
23°	8,38	8,37	8,36	8,34	8,33	8,32	8,30	8,29	8,27	8,26
24°	8,25	8,23	8,22	8,21	8,19	8,18	8,17	8,15	8,14	8,13
25°	8,11	8,10	8,09	8,07	8,06	8,05	8,04	8,02	8,01	8,00
26°	7,99	7,97	7,95	7,95	7,94	7,92	7,91	7,90	7,89	7,88
27°	7,86	7,85	7,84	7,83	7,82	7,81	7,79	7,78	7,77	7,76
28°	7,75	7,74	7,72	7,71	7,70	7,69	7,68	7,67	7,66	7,65
29°	7,64	7,62	7,61	7,60	7,59	7,58	7,57	7,56	7,55	7,54
30°	7,53	7,52	7,51	7,50	7,48	7,47	7,46	7,45	7,44	7,43
31°	7,42	7,41	7,40	7,39	7,38	7,37	7,36	7,35	7,34	7,33
32°	7,32	7,31	7,30	7,29	7,28	7,27	7,26	7,25	7,24	7,23
33°	7,22	7,21	7,20	7,20	7,19	7,18	7,17	7,16	7,15	7,14
34°	7,13	7,12	7,11	7,10	7,09	7,08	7,07	7,06	7,05	7,05
35°	7,04	7,03	7,02	7,01	7,00	6,99	6,98	6,96	6,96	6,95
36°	6,94	6,94	6,93	6,92	6,91	6,90	6,89	6,88	6,87	6,86
37°	6,86	6,85	6,84	6,83	6,82	6,81	6,80	6,79	6,78	6,77
38°	6,76	6,76	6,75	6,74	6,73	6,72	6,71	6,70	6,70	6,69
39°	6,68	6,67	6,66	6,65	6,64	6,63	6,63	6,62	6,61	6,60
40°	6,59	6,58	6,57	6,56	6,56	6,55	6,54	6,53	6,52	6,51

Einschränkung und Beseitigung der Wasserbelastung« verwiesen.

Sauerstoffsättigungen von 150% und mehr entstehen an sonnigen Sommertagen an der Oberfläche von planktonreichen natürlichen Gewässern. Dafür sinkt die Sauerstoffsättigung nachts durch die intensive Atmungstätigkeit der Plankter und durch den Ausfall der Photosynthese teils weit unter 100%. In belüfteten Aquarien sind die Tag-Nacht-Schwankungen gering und abhängig von der Bepflanzung und vom Licht.

Die **Sauerstoff-Bestimmung** nach WINKLER (technische Durchführung siehe Anhang) beruht darauf, daß bei der Analyse proportional zum O_2-Gehalt Jod freigesetzt wird, das durch Natriumthiosulfat in Jodid umgesetzt wird. Da Jodid farblos ist und außerdem Stärke nicht blau färbt, läßt sich der Endpunkt der Titration gut bestimmen. Der Thiosulfatverbrauch ist dann proportional zum Sauerstoffgehalt der Wasserprobe.

Sauerstoffbestimmungen auf potentiometrischem Wege mit Hilfe von O_2-sensitiven Elektroden können für die Aquaristik allgemein nicht empfohlen werden. Die Methode verblüfft zwar durch ihre unkomplizierte Handhabung, ist aber nur bei ständigem Gebrauch und regelmäßiger Eichung hinreichend zuverlässig. In Schauaquarien und Instituten, wo ein sachkundiger Mitarbeiter die Messung vornimmt, ist diese Art der O_2-Bestimmung natürlich möglich. Ihr Vorteil ist die schnelle Bearbeitung einer größeren Anzahl von Wasserproben oder auch die Messung im Aquarium. Dennoch empfehle ich aus Erfahrung, auch unter solchen Bedingungen hin und wieder eine Kontrolle nach der WINKLER-Methode vorzunehmen.

Wenn trotz guter Belüftung die O_2-Sättigung im Aquarium oft nur bei 70% liegt, ist das ein erster Hinweis auf organische Belastung (niedriges Redoxpotential). Die Quantifizierung dieser Last ist durch die Bestimmung des **Biochemischen Sauerstoffbedarfs** (BSB) möglich. Dabei werden zwei WINKLER-Flaschen mit dem zu untersuchenden Aquarienwasser gefüllt. Bei der einen erfolgt eine Sofortbestimmung des Sauerstoffgehaltes. Die zweite bleibt ohne irgendwelche Zusätze fünf Tage lang bei etwa 20 °C verschlossen und wird im Dunkeln verwahrt. Danach wird die Sauerstoffbestimmung durchgeführt. Die Differenz des O_2-Gehaltes beider Flaschen ist der **BSB$_5$**. Der Unterschied beruht auf dem bakteriellen Sauerstoffverbrauch in Abhängigkeit von der Menge der abzubauenden organischen Last. Werte bis 1,5 können als wenig belastet interpretiert werden. Aquarienwässer mit mehr als 3 mg O_2/l Differenz sind bedenklich.

Eine andere Methode der Quantifizierung der organischen Belastung ist der **Chemische Sauerstoffverbrauch** (**CSV**, auch **CSB** genannt). Sie beruht darauf, daß sich organische Substanz durch Oxidation abbauen läßt (technische Durchführung siehe Anhang). Je mehr Sauerstoff dazu notwendig ist, desto mehr organische Substanz enthält die Probe.

Zur oxidativen Zerstörung der organischen Last benötigt man einen Sauerstoffspender und verwendet üblicherweise bei gering belasteten Wässern Kaliumpermanganat ($KMnO_4$). Die Methode ist für Aquarianer attraktiv, weil auf ihrer Grundlage

69

ein semiquantitatives Schätzverfahren erarbeitet wurde (HÖLL et al. 1979), das in vielen Fällen zur Orientierung ausreicht.

Die CSV-Werte sind in der Regel höher als die des BSB. Das hängt damit zusammen, daß eine Reihe organischer Stoffe im Aquarienwasser, wie diejenigen, die die gelbliche Farbe des Altwassers ausmachen, bakteriell kaum abbaubar sind. Der BSB erfaßt lediglich die Sauerstoffzehrung durch Bakterientätigkeit. Von dem Oxidationsmittel Kaliumpermanganat werden jedoch auch diese Großmoleküle oxidativ zerstört und in die Reaktion einbezogen.

Hat man wenig gewechseltes Altwasser im Aquarium, kann der CSV über 20 mg/l O_2-Verbrauch liegen, der BSB_5 dagegen um 1 mg/l. Die im Wasser gelösten organischen Stoffe sind hier nicht nur schwer bakteriell abbaubar, sondern hemmen außerdem die bakterielle Aktivität. Das ist der Grund für die Bevorzugung von Altwasser in früheren Zeiten. Biologische Aktivität wird gehemmt, leider nicht nur für Bakterien und Algen, sondern auch für Fische.

Die BSB-Werte sind folglich integrierte Werte der saprobiellen Valenz (fäulnisfähige Stoffe) und der saprobiellen Potenz (bakterielle Aktivität). Zusammen mit den CSV-Werten machen sie das saprobielle Geschehen im Aquarium sichtbar. Dabei sind drei Varianten denkbar:

- BSB und CSV hoch – schneller Abbau im belasteten Wasser
- BSB und CSV niedrig – geringer Abbau im gering belasteten Wasser
- BSB niedrig und CSV hoch – geringer Abbau bei belastetem Wasser

Die dritte Variante entsteht ursächlich aus zwei Bedingungen. Entweder sind die im Aquariumwasser enthaltenen organischen Stoffe bakteriell schwer abbaubar oder die Bakterientätigkeit wird physikalisch beziehungsweise chemisch gehemmt.

Hohe organische Belastung findet in einem niedrigen **Redoxpotential** ihren Ausdruck. Diese Angabe macht das Verhältnis aller reduzierenden zu allen oxidierenden Prozessen im Wasserkörper deutlich. Oxidation im weiteren Sinne ist jede Form der Elektronenabgabe und Reduktion jede der Elektronenaufnahme. Diese Elektronenwanderung vollzieht sich immer zwischen zwei Stoffen. Der eine Stoff gibt Elektronen ab und wird oxidiert, der andere nimmt Elektronen auf und wird reduziert (Redoxprozesse). Überwiegen reduzierende Vorgänge, sinkt das positive Redoxpotential und wird schließlich negativ.

Für die Belange der Aquaristik stellen Werte unter +200 mV ungünstig niedrige Redoxpotentiale dar. Wasserwerte um +300 mV sind günstig, wobei die unterschiedlichen Bedürfnisse der Fische aus verschiedenen Lebensräumen zu berücksichtigen sind (in Meeresaquarien zwischen +300 und +350 mV; im Süßwasser um +250 mV). Der aquaristisch sinnvolle Redoxbereich liegt zwischen +200 und +400 mV, wobei die Grenzwerte zu meiden sind. Höhere Redoxpotentiale sind wegen der negativen Wirkung auf Mikroben unvorteilhaft. Bei einem Redoxpotential von +50 mV und darunter beginnen Denitrifizierung oder unvollständige Nitrifizierung, und es besteht die Gefahr

70

der Nitritvergiftung (vergleiche Kapitel »Anorganische Endstufen«).

Die Messung des Redoxpotentials erfolgt mit entsprechenden Geräten, deren Verwendung in den Gebrauchsanleitungen beschrieben wird. Mit manchen pH-Meßgeräten kann man auch das Redoxpotential messen, benötigt aber eine gesonderte Redox-Elektrode und entsprechende Eichlösungen. Solche Geräte haben ihren Preis. Von Billigangeboten sollte man sich nicht beeindrucken lassen.

Haben die organischen Abfälle aus Futter, Fütterung, Tierernährung und Algenproduktion die Mineralisierung durchlaufen, liegen sie als Kohlendioxid, Nitrat und Phosphat in meßbaren Mengen vor. Abgesehen von der negativen Wirkung auf Wirbellose in der Meeresaquaristik, erhöht Nitrat die Gefahr der Stimulierung von Wasserblüten (Grünfärbung des Wassers) und Bildung grüner Algenwatten bei entsprechender Beleuchtung.

Lange und intensive Beleuchtung mit Rotanteil (um 665 nm) fördert das Grün-algenwachstum, aber auch das Wachstum vieler Aquarienpflanzen. Ohne die Aufbaustoffe Kohlenstoff (C), Stickstoff (N) und Phosphor (P), die von den Pflanzen im Verhältnis von etwa 100 : 10 : 1 benötigt werden, bewirkt auch eine starke Beleuchtung kein Grünalgenwachstum.

Aus diesem Bedarfsverhältnis resultiert , daß weder der Stickstoff noch der Phosphor allein bioproduktive Wirkung erzeugen können. Ein hoher Gehalt an Phosphatphosphor bleibt produktionsbiologisch unwirksam, wenn nicht gleichzeitig Ammoniak und Nitrat für die zehnfache Stickstoffkonzentration sorgen. Die Eliminierung eines Faktors schaltet alle übrigen aus, die mit ihm zusammenhängen (Gesetz vom Minimum, LIEBIG 1840, zitiert nach MITSCHERLICH & DÜHRING 1926).

Da die Pflanzen den Kohlenstoff überwiegend dem Calciumhydrogenkarbonat ($Ca(HCO_3)_2$) entnehmen, verändern sie den pH-Wert (vergleiche Kapital »Anorganische Endstufen«). Der Grad der Erhöhung des pH-Wertes ist Maßstab für

pH-Wert-Abhängigkeit von der Alkalität im Gleichgewichtswasser (zugehöriger pH-Wert); aus CZENSNY (1960)

Alkalität*	,0	,1	,2	,3	,4	,5	,6	,7	,8	,9
0,	8,30	8,30	8,30	8,29	8,27	8,25	8,23	8,22	8,19	8,18
1,	8,16	8,15	8,14	8,12	8,11	8,09	8,07	8,06	8,04	8,02
2,	7,98	7,96	7,94	7,92	7,88	7,85	7,83	7,81	7,79	7,77
3,	7,76	7,75	7,73	7,71	7,70	7,68	7,66	7,63	7,62	7,59
4,	7,56	7,53	7,52	7,49	7,47	7,44	7,42	7,39	7,37	7,34
5,	7,32	7,30	7,28	7,26	7,24	7,22	7,20	7,18	7,17	7,15
6,	7,13	7,12	7,11	7,10	7,09	7,07	7,06	7,04	7,03	7,02
7,	7,01	6,99	6,99	6,98	6,97	6,95	6,94	6,93	6,92	6,91
8,	6,90	6,90	6,89	6,88	6,87	6,87	6,86	6,85	6,84	6,83
9,	6,83	6,82								

* [ml 0,1 N Salzsäure]

71

die **biogene Entkalkung**, also für die Entnahme von Kohlenstoff aus der Bikarbonatreserve des Wassers. Man muß folglich den vorliegenden pH-Wert messen und gleichzeitig die Alkalität bestimmen. Aus der **Alkalität** (Säurebindungsvermögen, SBV) ergibt sich der pH-Wert des Gleichgewichtswassers (zugehöriger pH-Wert), also der pH-Wert, den das Wasser ohne photosynthetische und andere Beeinflussung aufweisen würde. Die Überschreitung des zugehörigen pH-Wertes durch den gemessenen pH-Wert ist danach auch Maßstab für die autotrophe Produktion im Wasserkörper. Ein Verfahren zur Messung des Säurebindungsvermögens finden Sie im Anhang.

Den aktuellen pH-Wert bestimmt man mit einem pH-Meßgerät und einer Glas-Einstab-Elektrode nach Eichung mit Standardpuffern. Die kolorimetrische Methode – die Verwendung von pH-Papieren oder dergleichen – ist für diesen Zweck unbrauchbar. Die Handhabung des Gerätes ist der Gebrauchsanweisung des Herstellers zu entnehmen. Weicht der aktuelle pH-Wert vom dazugehörigen pH-Wert nach oben ab, so ist das ein Maß der aktuellen Photosyntheseleistung, die sich in der biogenen Entkalkung ausdrückt. Unterschiede von weniger als 0,5 pH sind annehmbare Werte. Abweichungen nach unten sind Anzeichen biogener Kalkung.

Das weite Feld von Alkalität und Acidität (Titration mit 0,1 n NaOH) ist hier nur soweit beschrieben, wie Algenbildung und Nährstofflast sich in kalkhaltigen Wässern auswirken. Wo die Kohlenstoffquelle (Bikarbonat) fehlt (Karbonathärte 0 °dKH), fehlt auch die Basis für Grünalgenentwick-lung trotz Nitrat- und Phosphatvorkommen. Kalk in Form des löslichen Bicarbonats ist für Grünalgen als Kohlenstoffquelle ein Nährstoff, ein wichtiger Wachstumsfaktor. Das Gesetz vom Minimum (LIEBIG) besagt, daß derjenige Wachstumsfaktor das Wachstum begrenzt, der in geringster Konzentration vorliegt.

Nitrat- und Phosphatbestimmung im Wasser ist dem Aquarianer nur qualitativ oder semiquantitativ durch im Handel erhältliche Schnelltests möglich. Quantitative Verfahren sind schwieriger, verlangen aber vor allem sehr teure Geräte zur Photometrie. Wer sich trotzdem dafür interessiert, sei auf »Ausgewählte Methoden der Wasseruntersuchung«, Bd. I, Gustav Fischer Verlag, Jena 1986, verwiesen.

Angesichts der geringen Bedeutung von Nitrat und Phosphat in der Aquaristik (abgesehen von der Wirkung auf Wirbellose im Meeresaquarium) lohnt sich eine genaue Messung auch nicht. Ein hoher Nitrat-/Phosphat-Spiegel ist lediglich ein Nachweis für vergangene organische Belastung, für nachlässige Pflege und für die Gefahr der Grünalgenbildung in Anwesenheit von Karbonaten und Licht mit starkem Rotanteil. Qualitativ lassen sich Nitrate mit TILLMANNs Reagenz (Methode siehe Anhang) nachweisen.

Möglichkeiten zur Einschränkung und Beseitigung der Wasserbelastung

Verminderung des Eintrags

Vorbeugen ist besser als Heilen! Jede Fütterung ist notwendigerweise ein Stoffeintrag. Somit ist die Minimierung zusätzlicher Wasserbelastung bei Optimierung der Bedarfsdeckung der Fische das Maß für Qualität, Menge und Häufigkeit der Fütterung.

Futtertiere müssen noch lebendig sein. Auch eine geringe Menge toter Tiere belastet das Wasser in kurzer Zeit stark (Autolyse, vergleiche Kapitel »Wasserbelastung durch Abbaustoffe«). Das Wasser, in dem die Futtertiere aufbewahrt worden sind, darf nicht ins Aquarium gelangen. Es ist organisch und manchmal darüber hinaus toxisch belastet. Auch bei Lebendfutter gilt eine strenge Mengenbeschränkung bei jeder Fütterung. **Nie darf mehr gefüttert werden, als in kurzer Zeit aufgefressen wird.** Der Stoffwechsel der Futtertiere belastet ebenfalls das Wasser. Läßt die Freßlust der Fische nach, werden einzelne Futtertiere verletzt und wieder ausgespien. Die wenigen kleinen Tierleichen bleiben meist unbemerkt.

Frostfutter ist immer eine Gefahr für das Wasser. Wenn alle Regeln einer guten Zubereitung beachtet worden sind (vergleiche Kapitel »Gefrostetes Lebendfutter«), kann man die Abdrift löslicher Inhalte verringern, indem man Futterbrocken ins Aquarium bringt, ohne sie aufzutauen. Die Fische fressen die Futterteilchen im Augenblick des Tauens. Keine Angst! Sie erkälten sich nicht dabei.

Synthetisches Flockenfutter enthält einen Schutz gegen schnelle Lösung von Bestandteilen. Von manchen Herstellern wird darauf hingewiesen, daß das Futter nicht trübt und daß es in kleinen Mengen verabreicht werden sollte. Das ist beides richtig. Der Lösungsschutz hält nur einige

Stunden. Danach gehen erhebliche Anteile kolloidal in Lösung (Trübung) und belasten das Wasser. 10 mg/l eines guten Flockenfutters belasten das Wasser nach 24 Stunden mit einem Chemischen Sauerstoffverbrauch (CSV) von etwa 3 mg O_2 (vergleiche Kapitel »Wasserchemische Daten«).

Erhöht man die eingebrachte Futterenergie durch häufige, reichliche und hochwertige Fütterung, so nehmen die Fische weniger Energie des Futters auf; dafür steigt der in den Fäkalien enthaltene Teil. Die Kotschnüre fallen zu Boden, bilden einen Teil des Mulms und belasten zusätzlich das Wasser. Überhöhter Eiweißgehalt des Futters erhöht die Ammoniak-Exkretion der Fische (vergleiche Kapitel »Exkretion«). Die Empfehlung früherer Jahre, die Fische müßten »im Futter stehen«, ist in zweifacher Hinsicht falsch. Sie führt zur Wasserbelastung und verfehlt die optimale Ernährung. Für Fischbrut können andere Regeln gelten. **Sparsame Fütterung hält die Wasserbelastung in Grenzen, ohne die Bedürfnisse der Fische einzuschränken.**

Die Besatzdichte im Aquarium wird meist nicht in erster Linie von der Futter-Wasser-Problematik bestimmt. Verhaltensbiologische und ästhetische Gesichtspunkt werden zunächst berücksichtigt, und das ist auch richtig. In zweiter Linie sollte man aber immer daran denken, daß die Fische in dem Wasser stoffwechseln, in dem sie schwimmen; sie können nicht »lüften«. Wird ein hoher Besatz gewünscht, weil das aus bestimmten Gründen geboten erscheint, ist damit immer ein verstärkter Stoffeintrag verbunden, dem ein hochwirksamer Austrag entgegenstehen muß.

Schließlich gibt es in Aquarien auch so etwas wie Stoffimport aus der Atmosphäre. Zimmerstaub ist überwiegend organisch und eiweißreich. Gelangt er ins Aquarium, stimuliert er das Wachstum des eiweißzersetzenden Heubazillus (*Bacillus subtilis*), der ein Kahmhautbildner ist. Deckscheiben können diesen Stoffeintrag ins Aquarienwasser leicht verhindern.

Teilwasserwechsel

Der regelmäßige Teilwasserwechsel ist hoch wirksam und bedarf keiner Technik. Das gilt auch für Meerwasseraquarien, wenn die Möglichkeit des Wasserwechsels besteht. Die regelmäßige Rückführung auf eine Teilbelastung des Wassers verhindert eine Schädigung durch Überlastung sowie einen abrupten Wechsel der Wasserqualität. Das ausgetauschte Volumen sollte ein Fünftel des Aquarieninhalts nicht überschreiten.

Die Häufigkeit des Wasserwechsels richtet sich nach der Höhe der Belastung. Normal wäre ein wöchentlicher Austausch etwa eines Zehntels des Aquarieninhalts. Das Wasser sollte abgestanden und temperiert sein. Werden bestimmte Wasserwerte im Aquarium gewünscht (Härte, pH-Wert), muß das frische Wasser durch Vorbehandlung den eingestellten Wasserwerten entsprechen. Mit dem Teilwasserwechsel werden alle Formen der Belastung erfaßt, ausgetragen und verdünnt, kolloidale und echt gelöste organische Stoffe wie auch Nitrat und Phosphat. **Jeder Stoffaustrag ist der Stoffumwandlung vorzuziehen.** Deshalb sollte man entstehende Fadenalgenwatten regelmäßig entfernen. Sie haben Pflanzennähr-

stoffe aufgenommen, die mit ihrer Entfernung aus dem Kreislauf des Aquariums ausscheiden.

In Bodenmulden sammelt sich der Mulm. Er besteht aus organischen Resten verschiedenster Art, die nur noch sehr langsam bakteriell weiter abgebaut werden. Dazu gehören Fäkalpellets von Futtertieren, Kotschnüre der Fische, Futtertierreste wie Exuvien, abgestorbenes Periphyton und vieles andere. Die Oberfläche der Mulmpartikel ist mit Bakterien dicht besetzt. Im Lakunensystem zwischen ihnen leben zahlreiche Protozoen und niedere Metazoen (Vielzeller). Der Mulm und seine Besiedler sind eine natürliche Zusatznahrung der Fische und fördern deren Darmflora.

Der Mulm gibt wenig an organischer und anorganischer Last an das Wasser ab, vor allem, wenn er nicht ständig umgeschichtet wird. Seine Entfernung ist aber ein echter Austrag, und so halten sich die Argumente für und gegen sein Absaugen die Waage. Ich empfehle einen Kompromiß. Mit jedem Wasserwechsel wird ein Teil des Bodenmulms abgesaugt; er wird jedoch nie restlos entfernt. Dabei sind die natürlichen Bedingungen der Lebensräume zu berücksichtigen, die simuliert werden sollen.

Belüftung und Wasserbewegung müssen gleichfalls den natürlichen Bedingungen entsprechen. Wo man sie einsetzt, fördern sie die Mineralisation und beschleunigen den Abbau aller organischen Lasten zu Kohlendioxid, Nitrat und Phosphat. Da diese Endprodukte harmloser als ihre Ausgangsstoffe sind, sind Belüftung und Wasserbewegung vorteilhaft für die biologische Selbstreinigung. Diese Maßnah-

74

men verbessern das Redoxpotential und fördern die Nitrifizierung. Es ist jedoch immer möglich, daß hinter Dekorationsaufbauten anaerobe Mikrohabitate entstehen, die dann durch Denitrifikation Nitrit freisetzen können.

Filterung

Filtertypen haben zu allen Zeiten die Gemüter der Aquarianer erregt. Befragt nach dem besten Filter, gibt es nur eine Antwort. **Der beste Filter ist der, der am häufigsten gereinigt wird.**

Filter gleich welcher Bauart, mit Ausnahme der anaeroben Nitratfilter und der Algenfilter, stimmen in ihrer Wirkung weitgehend überein. Zunächst sind sie mechanische Partikelfilter. Die große Oberfläche der umspülten oder umtropften Partikel fördert die Bakterientätigkeit. So findet man Besiedlungsdichten von 10^9 bis 10^{10} Zellen pro Gramm Trockenmasse des Filterrückstands. Die Bakterien bauen die organischen Partikel ab, bauen Bakterienmasse auf und setzen anorganische Stickstoff- und Phosphorverbindungen frei (biologische Filter). Zwischen den Bakterienrasen siedeln sich Bakterienfresser (Protozoen, Rotatorien) an und stimulieren durch Ausdünnung Wachstum, Vermehrung und Aktivität der Bakterien. Im Filter entstehen Mikrohabitate mit eigenen Nahrungsketten und Biomassefraktionen. Das Auswaschen der Filter ist also ein realer Stoffaustrag in Form der zurückgehaltenen Partikel und der aufgebauten Bakterienmasse einschließlich ihrer Verwerter.

Wird der Filter nicht ausgewaschen, wird die organische Last in anorganische

überführt und bleibt als solche im Aquarium. Dieser Vorgang kann natürlich auch eine wasserverbessernde Wirkung haben, wenn die Sauerstoffversorgung und der Wasserdurchsatz im Filter ausreichen. Das Ammoniak (Ammonium), das im Filter entsteht oder im Aquarienwasser gelöst ist, wird hier im Dunkeln in mehreren Schritten schnell zu Nitrat oxidiert, ohne daß nennenswerte Konzentrationen von giftigen Zwischenprodukten (Nitrit) entstehen. Eine Förderung der nitrifizierenden Bakterien (*Nitrosomonas*, *Nitrobacter*) durch Beimpfung mit käuflichen Kulturen ist dabei vollkommen überflüssig. Bei frisch eingerichteten Becken kann die Übertragung einiger Liter Wasser aus eingefahrenen Aquarien nützlich sein.

Die Vernichtung der Bakterien durch einfaches Auswaschen der Filtermasse mit Leitungswasser ist nicht zu befürchten. Die Bakterienreste, die beim Auswaschen immer übrig bleiben, vermehren sich bei erneutem Betrieb so schnell, daß kein Nachteil zu befürchten ist. Schließlich teilt sich eine Bakterienzelle unter günstigen Bedingungen im 20-Minuten-Takt; aus einer Zelle sind in zehn bis zwölf Stunden bereits Milliarden geworden. Das Resultat der biologischen Filterwirkung ist aber immer eine Zunahme der anorganischen Last (Nitrat, Phosphat). Die Wasserpflanzen sind nicht annähernd in der Lage, diesen Überschuß aufzunehmen.

Nachlässigkeit in der Filterreinigung führt zunehmend zu schlechterem Wasserdurchsatz und zur Leistungsminderung. Besonders gefährlich ist der bereits erwähnte Sauerstoffmangel aufgrund einer starken Sauerstoffzehrung im Filter. Da-

75

durch entstehen nach und nach gute Lebensbedingungen für die anaeroben Denitrifizierer. Die Denitrifizierung wird jedoch nur im Ansatz verwirklicht, und so wird mit dem gefilterten Wasser Nitrit ins Aquarium gepumpt, was zum Verlust des gesamten Fischbestandes führen kann. **Filter dürfen nicht stillgelegt und danach wieder angefahren werden (Denitrifikation!).** Wurde eine Unterbrechung des Wasserstroms notwendig, muß das Filtermaterial gründlich gereinigt und ausgewaschen oder erneuert werden.

Sogenannte **Algenfilter** lassen das gefilterte Wasser über eine stark beleuchtete Wanne fließen. Die sich hier entwickelnden Algen nehmen anorganische Nährstoffe auf, wachsen und vermehren sich. Wenn man die Algen von Zeit zu Zeit entfernt (erntet), so ist das ein echter Austrag von Lasten. Algenfilter werden in der Meeresaquaristik verwendet, in der Nitrat bei der Pflege von Wirbellosen besonders stark stört.

Aktivkohle als Filtermasse absorbiert organische Stoffe aufgrund ihrer großen Oberfläche, verändert sie jedoch nicht. Zusätzliche Wirkung hätte solch eine Kohlefilterung nur, wenn die Kohle in kurzen Zeitabständen erneuert würde.

Nitratfilter ermöglichen einen echten Stoffaustrag durch Denitrifikation. Es handelt sich um biologische Filter, die unter anaeroben Bedingungen betrieben werden. Vollständige Denitrifikation verläuft von Nitrat über Nitrit, Stickoxide oder Ammoniak bis zum molekularen Stickstoffgas (N_2), das an die Atmosphäre abgegeben wird. Das anaerobe Milieu wird durch den langsamen Wasserdurchsatz

geschaffen (vier bis acht Stunden Verweilzeit im Filter).

Denitrifikation ist ein Vorgang, der sich auch in natürlichen Gewässern abspielt und als Nitratatmung bekannt ist. Die technische Abwasseraufbereitung nutzt solche Vorgänge schon seit langem. Bei Anwesenheit von organischen Kohlenstoffverbindungen und Abwesenheit von Sauerstoff können einige Bakterien (beispielsweise *Nitrococcus denitrificans*) den Nitratsauerstoff zur Energiegewinnung nutzen. Übrig bleibt flüchtiges Stickstoffgas, das ohnehin fast 80% der Atmosphäre ausmacht.

Ein funktionierender Nitratfilter wirkt durch Stickstoffaustrag wasserverbessernd, doch ist die Gefahr erheblich, durch Unterdosierung der Kohlenstoffquelle und beschleunigten Wasserdurchsatz eine Teildenitrifikation einzuleiten und so zu einer Nitritvergiftung der Fische beizutragen. Überdosierung der Kohlenstoffquelle führt zur Bakterienüberflutung im ganzen Aquarium (Trübung) und zur Schwefelwasserstoffbildung (SCHLÜTER 1991).

Nitratfilter sollten nur in Meeresaquarien bei der Pflege von Wirbellosen und unter Kontrolle des Redoxpotentials im Filter und im Aquarienwasser verwendet werden. Denitrifikation verläuft optimal bei −100 bis −200 mV. Fehlt Kohlenstoff und wird der Wasserdurchlauf im Filter beschleunigt, steigt das Redoxpotential bis in den positiven Bereich. Die Denitrifikation wird unvollständig und gefährlich.

Abschäumung

Die Abschäumung, eine weitere Möglichkeit zum Stoffaustrag, ist bisher nur in der

Meeresaquaristik anwendbar. Sie erfaßt Proteine, Polypeptide, Farbstoffe und organische Partikel (DOM und POM). Sie ahmt den natürlichen Vorgang der Ausschäumung an Meeresküsten nach (Schaumbildung nach organischer Belastung, Planktonsterben). Möglichst kleine Blasen (kleiner als einen Millimeter) mit großer Oberfläche und geringer Steiggeschwindigkeit (etwa fünf Zentimeter pro Sekunde) sind anzustreben. Die Steiggeschwindigkeiten sind wesentlich vom Salzgehalt des Aquarienwassers abhängig. Je geringer die Salinität ist, desto schneller steigen die Blasen. Eine Geschwindigkeit von fünf bis zehn Zentimeter pro Sekunde ist nur im Salinitätsbereich von 35 bis 15‰ bei Bläschengrößen um einen Millimeter zu erzielen. Nur in diesem Bereich ist effektive Abschäumung möglich. Im Süßwasser steigen die Blasen viel zu schnell und sind viel zu groß.

Technische Ausführungen und Betriebsanleitungen entnehme man den Hersteller-Informationen; sie sollen hier nicht erläutert werden. Das Funktionsrohr des Abschäumers muß maximal mit Blasen gefüllt sein. Ozonisierte Luft ist im Abschäumer nicht empfehlenswert, da sonst eine vorzeitige Mineralisierung abschäumbarer Lasten einsetzt, die dann nicht mehr zu erfassen sind (DE GRAAF 1970). Das Aquarienwasser hat durch Eiweißbelastung an Viskosität zugenommen. Dadurch zerplatzen die Blasen nicht, wenn sie die Wasseroberfläche erreichen.

Der Schaum und die nach Schaumrückbildung daraus entstehende eiweißreiche Flüssigkeit wird kontinuierlich abgeleitet oder in Abständen entnommen und so aus dem Wasserkreislauf entfernt. Moderne Abschäumer arbeiten nach dem Gegenstromprinzip und funktionieren fast ohne Seewasserverlust (Trockenschaum).

Der Einsatz von **Ozon** (O_3) ist eine Möglichkeit, mit organischen und zum Teil auch anorganischen Lasten fertigzuwerden. Das erfolgt auf dem Wege einer schnellen Endoxidation. Mit modernen Ozonisatoren kann man Ozon gut dosieren. SANDER (1988) empfiehlt eine durchschnittliche Leistung von 10 mg O_3 auf 100 l Aquarienwasser.

Ozon ist ein starkes Oxidationsmittel. Seine oxidierende Wirkung findet in einem Anstieg des Redoxpotentials seinen Ausdruck und ist in dieser Form meßbar. Ozon leistet schnell, was Bakterien nur langsam schaffen und arbeitet ohne den negativen Effekt der Sauerstoffzehrung. Hochmolekulare, schwer abbaubare organische Belastungen aus dem Futter und aus dem Stoffwechsel der Fische (wie Gelbstoffe) werden oxidativ gespalten und verlieren ihre ungünstige Wirkung. Anorganische Stickstofflasten werden schnell bis zum Nitrat umgewandelt.

Diesen günstigen Wirkungen des Ozons müssen einige einschränkende Bemerkungen folgen. Ozon tötet 90% aller Bakterien schon bei einer Erhöhung des Redoxpotentials von 200 auf 300 mV. Es wird zwar vielfach betont, daß nitrifizierende Bakterien davon nicht betroffen sind und daß besonders die fakultativen Anaerobier (coliforme Bakterien) nach Ozonisierung vermindert auftreten, aber was macht das schon. Die Gesamtheit der Bakterienflora, ihre Arten- und Funktionsmannigfaltigkeit bewirkt die Stabilität im Aquarium, und ein

77

keimarmer Lebensraum entsteht unter natürlichen Bedingungen in erster Linie durch geringe Belastung. Im Aquarium kann dieses Ziel nur durch geringen Besatz und sparsamste Fütterung erreicht werden.

Die organische Last nimmt zwar bei Ozoneinsatz ab, scheinbar aber nicht im gleichen Verhältnis wie die Keimzahl. Die Korrelation zwischen beiden Wirkungen wäre eine lohnenswerte Aufgabe für kommende Versuchsreihen. Der Rückgang der Zehrung (BSB) nach Ozoneinsatz (SANDER 1988) muß kein Beweis für den Rückgang der organischen Last (DOM) sein. Dieser Effekt kann auch in einem Rückgang der zehrenden Bakterien begründet sein. Der chemische Sauerstoffverbrauch (CSV) wäre hier aussagekräftiger (vergleiche Kapitel »Wasserchemische Daten«).

Man tut gut daran, Ozon als Hilfsmittel, als wirksames ökologisches Heilmittel einzusetzen, vorsichtig zu dosieren, seine Wirkung zu messen und zu beobachten. Man sollte Ozon wie ein hochwirksames Medikament behandeln und darauf achten, daß das Aquarium nicht »tablettensüchtig« wird. Daß in Schauaquarien andere Prioritäten gesetzt werden müssen, ist verständlich und soll hier nicht kritisiert werden.

Futterkunde

Lebendfutter aus der Natur

Wo es noch Dorftümpel gibt, sollte man stets mehrere auf Fangmöglichkeiten kontrollieren, denn die Entwicklung der Futtertiere findet nicht überall gleichzeitig statt. Feld-, Wald- und Wiesentümpel bieten oft ausgezeichnete Möglichkeiten zum Fang von Hüpferlingen, Mückenlarven und anderen Futtertieren. Überschwemmte Wiesen und Bruchwälder können im zeitigen Frühjahr recht ertragreich sein.

Im vorliegenden Buch werden die Vorteile des Lebendfutters immer wieder hervorgehoben. Ich fasse sie hier in acht Punkten zusammen.

- Lebendfutter, das dem nahrungsbiologischen Typ des Fisches entspricht, fördert und stabilisiert artspezifisches Verhaltensinventar und trägt dadurch zur arterhaltenden Nachzucht in Aquarien bei.
- Der Darm der Futtertiere enthält Verdauungsenzyme, die die Verdauung im Fischdarm unterstützen.
- Die Darmflora der Futtertiere belebt die Darmflora der Fische, was verdauungsfördernd und vitaminbildend ist.
- Der Darm der Futtertiere enthält angedaute pflanzliche Nahrung und liefert den Fischen verdauliches »Gemüse«.
- Der Darm der Futtertiere enthält einzellige Algen und Protozoen in konzentrierter Form und erschließt diese auch solchen Fischen, die derartige Partikelgrößen selbst nicht aufnehmen können.
- Lebende Futtertiere werden lebend gefressen. Alle postmortalen Stofffreisetzungen an das Wasser entfallen.
- Biologische Regulatoren und Effektoren hormonaler und vitaminähnlicher Wirkungsweise werden in biologisch zuträglichen Mengen und Proportionen verabreicht. Sie unterstützen die gesunde Entwicklung der Fische, da sie hochgradig wirkungsspezifisch und wenig artspezifisch sind. Fortpflanzungsprozesse werden davon besonders beeinflußt.
- Unzuträgliche Bestandteile der Nahrung (wie Kollagen) sind in lebenden wirbellosen Futtertieren kaum enthalten, können also Verdauung und Ernährung kaum negativ beeinflussen.

Schwarze Mückenlarven findet man oft in Kleinstgewässern wie Regentonnen und wassergefüllten Radspuren auf Waldschneisen.

Bäche mit Pflanzenwuchs bieten die Möglichkeit, auf Eintags- und Köcherfliegen-Larven Jagd zu machen. Man streift einfach die Unterwasserpflanzen mit dem Kescher ab. Bachflohkrebse lassen sich auf gleiche Weise fangen. Seen und Altarme der Flüsse haben oft ein gut entwickeltes Krebsplankton. Das gilt auch für große Seen in Bayern, Mecklenburg und Brandenburg, die zur Zeit für den Futterfang kaum erschlossen sind. Klärwasserbecken enthalten oft ergiebige Populationen besonders kleiner Arten der Wasserflöhe, ebenso in Löschwasserbecken.

Wer an der Nord- oder Ostsee wohnt, kann besonders an Buhnen und Kaimauern Schwebegarnelen fangen. Es lohnt sich, bei Flachwasser auf Schlickboden zu graben und ihn mit einem Drahtsieb durchzuwaschen. Meeresringelwürmer und Schlickkrebschen bleiben darin zurück. An Steinen und Buhnen siedelt die Miesmuschel, ein hervorragendes Futter für Meerestiere. Schüttelt man Blasentangbüschel oder andere Wasserpflanzen im Kescher unter Wasser aus, bleiben Flohkrebse und Asseln im Netz.

Wo organische Abwässer von Zuckerfabriken und Molkereien in Fließgewässer eingeleitet werden, entwickeln sich umfangreiche Rasen von Bachröhrenwürmern (*Tubifex*). Die Schlammschichten vieler nährstoffreicher Gewässer sind mit roten Mückenlarven besiedelt. Wenn wir ein Schmetterlingsnetz durch die Gräser von

Wiesen und Weiden ziehen, erhalten wir eine Fülle von Kleininsekten, besonders am Wiesenrand und in Heckennähe. Als »Wiesenplankton« ist solch ein Fang in der Vivaristik bekannt geworden. Terrarianer schätzen das Futter seit langem. Bei den Aquarianern hätte es eine stärkere Beachtung und Verbreitung verdient.

Manch ein Leser, der noch Beziehungen zu natürlichen Lebensräumen der Heimat unterhält, mag nun denken: »Ich habe alles schon versucht – die Ausbeute ist zu gering«. Ich meine, daß der Futterfang sich trotzdem lohnt und zwar aus zwei Gründen. Bei den meisten Fischen treten positive Effekte auch dann ein, wenn nur von Zeit zu Zeit fangfrisches Lebendfutter verabreicht wird. Zweitens ist es ein großer aquaristischer Gewinn, wenn die Liebhaberei nicht an den vier Scheiben des Aquariums ihre Grenzen findet.

Krebse

Krebse sind zunächst einmal Gliederfüßer (Arthropoda) und tragen die Merkmale dieses artenreichsten Tierstammes, zu dem auch die Insekten gehören. Auffällig ist ihr Exoskelett, der Panzer aus chitinverstärkten Eiweißen, der nach der Erhärtung nicht mehr wächst. So muß er von Zeit zu Zeit abgestreift werden (Häutung). Die abgestreifte »Haut« heißt **Exuvie**.

Der neue Panzer ist noch weich und kann sich dehnen. Jetzt sind die Tiere durch Freßfeinde stark bedroht. Sie verkriechen sich und warten das Aushärten ihres neuen Panzers ab. Damit ist das Wachstum zunächst wieder unterbrochen. Die Häutung wird durch Hormone gesteuert und ist störanfällig. Umweltschäden und Haltungsfehler machen sich oft hier zunächst bemerkbar. Ein häutungsgestörter Gliederfüßer stirbt.

Krebse haben kauende Mundwerkzeuge, an erster Stelle die meist recht kräftigen Mandibeln. Die Tiere atmen mit Hilfe von Kiemen und besitzen zwei Paar Antennen. Ihr Lebensraum ist das Wasser, von der Regentonne bis zum Ozean. Nur wenige haben sich an feuchte Landbiotope angepaßt (beispielsweise Mauer- und Kellerassel).

In der Gruppe »**Niedere Krebse**« sind Gruppen mit einigen gemeinsamen Merkmalen zusammengefaßt. Kennzeichnend sind der gegabelt (Furca) endende Hinterleib (Abdomen) der Tiere (siehe Abbildung Seite 93) und die mit drei Paar Gliedmaßen ausgerüstete Larve, der Nauplius (Foto Seite 95). Bei »**Höheren Krebsen**« endet der Körper mit einer Schwanzplatte (Telson); die typische Larve heißt Zoëa. Diese Merkmale sind oft verändert oder reduziert, so daß der Grundtyp nicht mehr erkennbar ist. Bei vielen Krebsgruppen, besonders denen des Süßwassers, wird das Larvenstadium im Ei als embryonale Phase durchlaufen.

Die Brustregion der Krebse bildet rückenseitig einen besonderen Schutzschild (Carapax) aus. Seine Gestalt und Größe ist bei vielen Krebsen ein systematisches Kennzeichen. Die Kiemen befinden sich an bestimmten Beinabschnitten. Ausbildung und Anzahl der Extremitäten und der Sinnesorgane sind weitere Bestimmungsmerkmale und ermöglichen teilweise auch die Unterscheidung der Geschlechter. Verschiedene Einrichtungen zur

Brutpflege und zur Brutfürsorge, Fortpflanzungszyklen, Diapausestadien (Ruhestadien) und Cyclomorphosen (jahreszeitliche Formveränderungen) machen Krebse über ihre Nutzung als Futtertiere hinaus zu interessanten Beobachtungsobjekten.

Anostraca sind, entsprechend der wörtlichen Übersetzung ihres zoologischen Namens, schalenlose Krebse. Sie besitzen keinen Carapax und sind schutzlos weichhäutig. Den Aquarianern ist das Salzkrebschen (*Artemia salina*) aus dieser Gruppe bekannt. Die Erbrütung der handelsüblichen »Eier« (eigentlich handelt es sich um Cysten) wird im Kapitel »Lebendfutter aus Futtertierzuchten« beschrieben. Salzkrebschen leben in abgeschlossenen, oft temporären Gewässern mit sehr hoher Salzkonzentration (Binnenlandsalinen), in denen Fische und viele andere Freßfeinde nicht leben können. Sie ernähren sich filtrierend von Bakterien und Algen.

Zu den **Phyllopoda** (Blattfußkrebse) gehören die Wasserflöhe (Cladocera), die überwiegend ruhige Süßgewässer aller Größen besiedeln. Ihr Carapax besteht aus einer zweiklappigen Schale, die den Kopf freiläßt. Das große Komplexauge ist durch Fusion der paarigen Augen entstanden. Die Fortbewegung erfolgt mit der zweiten Antenne. Ein Generationswechsel vom Typ der Heterogonie ist typisch für die Gruppe. Die Tiere ernähren sich überwiegend durch Filtration von Bakterien und Kleinstalgen. Weitere Einzelheiten, wie Technik des Fangs, Hälterung und Verfütterung finden Sie im Kapitel »Wasserflöhe«.

Ostracoda (Muschelkrebse) werden von dem zweiklappigen Carapax vollstän-

81

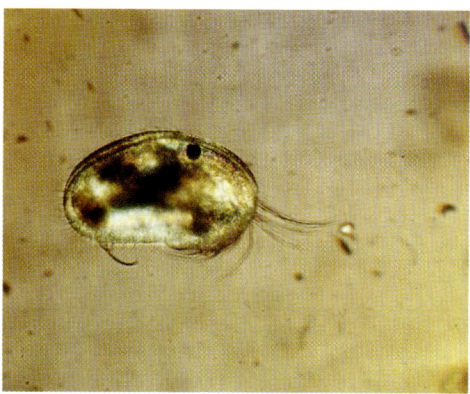

Aufgrund der harten Schalen werden Muschelkrebse (Ostracoda) von Fischen meistens verschmäht (Mikroskopaufnahme).

dig eingeschlossen (Foto oben). Aufgrund ihrer Schalenhärte werden sie von den meisten Fischen als Futter verschmäht.

Copepoda sind als Fischnährtiere in Süß- und Seewasser von hervorragender Bedeutung. Sie besitzen keinen Carapax. Das unpaarige Naupliusauge bleibt erhalten, Komplexaugen fehlen. Verwachsungen des Kopfes mit Teilen der Brust (Thorax) zum Cephalothorax sind charakteristisch. Das erste Antennenpaar ist groß und auffällig, das zweite unscheinbar. In der Gruppe gibt es stark abgewandelte parasitische Formen. Die heute lebenden Copepoden sind Partikelfresser oder Filtrierer. Die Entwicklung beginnt mit einem planktischen Nauplius (vergleiche Kapitel »Ruderfußkrebse«).

Mysidacea haben ein garnelenartiges Aussehen und sind einen bis zwei Zentimeter lang. Sie besitzen einen Carapax, der den Cephalothorax überspannt, aber nur teilweise mit ihm verwachsen ist. Der Hinterleib (Pleon, Abdomen) endet mit einem fünfteiligen Schwanzfächer, der aus den Uropoden und dem Telson gebildet wird. Die Endopoditen (Innenäste) der Uropoden enthalten je eine Statocyste zur Regulierung des Gleichgewichts. Die meisten Arten gehören zum Meeresplankton. Einige bevorzugen Ästuare, Buchten, Hafenanlagen. Nur wenige leben im Süßwasser. Die Thoraxextremitäten bilden ein Marsupium (Bruttasche) aus. Mysiden sind Partikelfiltrierer und Detritusfresser (vergleiche Kapitel »Verschiedene Futtertiere«).

Amphipoda und Isopoda zeigen äußerliche Ähnlichkeiten und wurden früher auch in eine systematische Gruppe gestellt. Den ein bis zwei Zentimeter langen Tieren fehlt ein Carapax. Die den ganzen Körper einbeziehende, fast gleichmäßige Gliederung ist Ursache dieser Ähnlichkeit. Dabei sind Flohkrebse überwiegend kompreß, also seitlich zusammengedrückt. Asseln sind oft depreß, das heißt dorsiventral abgeflacht.

Die Gruppe der **Decapoda** vereinigt alle Krebse, die volkstümlich als solche erkannt werden. Der Name leitet sich von den fünf Paar Schreitbeinen ab. Die wirkliche Anzahl der Gliedmaßen ist wesentlich höher. **Natantia** (Garnelen) sind die Schwimmenden gemäß der wörtlichen Übersetzung ihres zoologischen Namens. Sie schwimmen mit den Pleopoden, den Extremitäten des Hinterleibs. **Reptantia** können nicht schwimmen. Ihre Hinterleibsbeine dienen der Fortpflanzung. Wörtlich übersetzt heißen sie die Kriechenden. Zu ihnen gehört der Hummertyp (Astacura) mit kräftig entwickeltem Hinterleib, dem »Krebsschwanz«, der so-

gar zu kurzen rückwärtigen Schwimm-
stößen eingesetzt werden kann. Bei den
Anomura, den Einsiedlerkrebsen, bleibt
der Hinterleib weichhäutig und wird in
einem leeren Schneckenhaus versteckt.

Bei den »Krabben«, den **Brachyura**, ist
der Hinterleib stark zurückgebildet und
bleibt unterhalb des Cephalothorax verborgen. Das sichtbare Kopf-Bruststück
wird von einem Carapax bedeckt. Krabben bewegen sich mit ihren kräftigen fünf
Paar Schreitbeinen überwiegend seitwärts
kriechend, weshalb die Strandkrabbe
(*Carcinus maenas*) der Nord- und Ost-
seeküsten mundartlich als Dwarslöper
(Querläufer) bezeichnet wird.

Wasserflöhe

Mancher Junge, der seine Guppys oder
Stichlinge lebend füttern möchte und von
Freunden gelernt hat, wie man aus einem
alten Strumpf oder aus Gardinenresten
einen Kescher baut und wo man Wasserflöhe fängt, wird von den Eltern barsch
zurückgewiesen: »Flöhe kommen mir nicht
ins Haus!« Was nützen alle Beteuerungen
und naturwissenschaftlichen Erklärungs-
versuche; Floh bleibt Floh!

Der Name stammt von dem Amsterda-
mer Arzt und Naturforscher Jan SWAM-

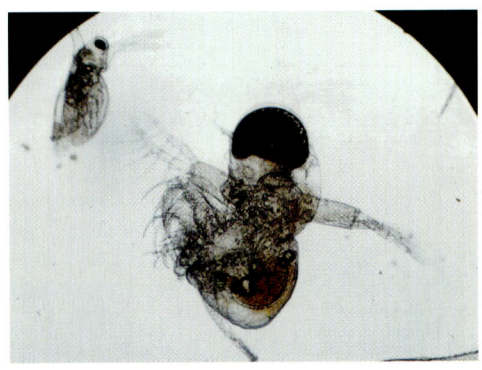

Raubwasserflöhe (hier *Polyphemus pediculus*)
fallen durch ihre großen Augen auf (Mikroskopaufnahme).

MERDAM, der 1669 zum ersten Mal einen
»getackten Watervloy« (Wasserfloh mit
Schale) abbildete. Francesco REDI führte
1684 die deutsche Bezeichnung »Wasserfloh« in die Literatur ein (VOLLMER 1951).
Diese späte Begriffsbildung hängt mit dem
Beginn der Entwicklung der Mikroskopie
im 17. Jahrhundert zusammen, und damit,
daß Wasserflöhe niemandem schaden.
Flöhe waren dagegen schon den Römern
bekannt, denn sie machten sich bemerkbar. Daß Wasserflöhe nicht wie Flöhe
Insekten sind, hat auch SWAMMERDAM
schon gewußt, doch die hüpfende Bewe-

Systematik der Wasserflöhe.

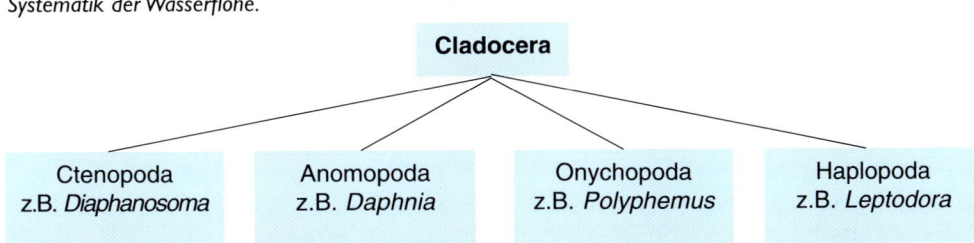

Cladocera			
Ctenopoda z.B. *Diaphanosoma*	Anomopoda z.B. *Daphnia*	Onychopoda z.B. *Polyphemus*	Haplopoda z.B. *Leptodora*

83

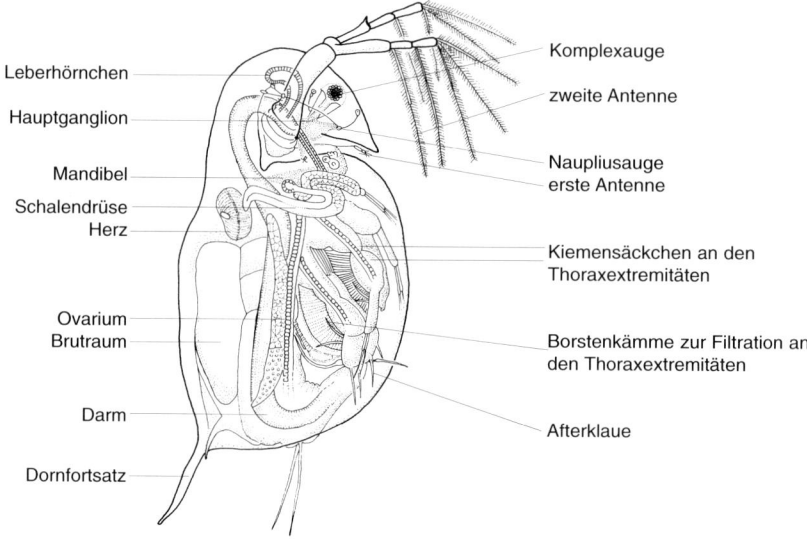

Leberhörnchen

Hauptganglion

Mandibel

Schalendrüse

Herz

Ovarium
Brutraum

Darm

Dornfortsatz

Komplexauge

zweite Antenne

Naupliusauge
erste Antenne

Kiemensäckchen an den
Thoraxextremitäten

Borstenkämme zur Filtration an
den Thoraxextremitäten

Afterklaue

Weiblicher Wasserfloh (nach STORCH aus VOLLMER 1951).

gung unter Wasser hat ihn offenbar zur Wortbildung angeregt.

Man muß schon etwas genauer hinsehen, um die verwandtschaftliche Zugehörigkeit der Wasserflöhe zu erkennen. Nach allem, was wir wissen, gehören sie zu den Krebsen. Sie weisen alle anatomischen und physiologischen Merkmale eines Krebses auf. Die Gruppe der Wasserflöhe ist in sich nicht einheitlich. Den Aquarianern sind vornehmlich Wasserflöhe bekannt, die sich filtrierend von Bakterien und Algen ernähren. Die Filterborsten sitzen an ihren Beinen. Andere Wasserflöhe leben räuberisch und sind mit gegliederten Fangbeinen ausgerüstet.

Die Grobsystematik der Wasserflöhe ist in der Abbildung auf Seite 83 dargestellt. Zu den **Ctenopoda** gehören nur wenige Arten, die ursprüngliche Filtrierer sind.

Die »typischen« Wasserflöhe gehören zu den **Anomopoda. Onychopoda** und **Haplopoda** sind Gruppen von Raubwasserflöhen. Mit ihren gegliederten Beinen ergreifen sie filtrierende Wasserflöhe und Hüpferlinge. Ihr riesiges Stirnauge verrät ihre Lebensweise, da der Räuber sinnesschärfer als die Beute sein muß (Foto auf Seite 83).

Diese Krebschen leben im freien Wasser von Weihern und Seen, sind zum Teil recht groß (*Leptodora* erreicht eine Länge von einem Zentimeter) und doch nicht leicht zu erkennen. Sie sind glasartig durchsichtig, denn ihr Gewebe hat den Brechungsindex des Wassers. Auffällig wird ihre Anwesenheit in einer Planktonprobe nur durch die Bewegung, die sie in ihrer Umgebung erzeugen, und durch das große schwarze Auge.

84

Da sie die wichtigsten Futtertiere stellen, sollen hier die Anomopoda genauer besprochen werden. *Daphnia* dient uns als Beispiel für einen typischen Wasserfloh. Schwache bis mittelstarke mikroskopische Vergrößerung offenbart den äußeren und inneren Bau (Abbildung links). Die Transparenz dieser Tiere hat sie zu beliebten Objekten der Mikroskopie gemacht. Zuweilen sind sie aber derart von autotrophen und heterotrophen Einzellern bewachsen, daß kaum eine Bestimmung möglich ist.

Krebse hat man auch als **Diantennata** bezeichnet, da sie die einzigen Gliederfüßer mit zwei Paar Antennen sind. Die erste Antenne, auch **Antennula** genannt, ist bei *Daphnia* klein, unterhalb des Rostrums gelegen und in beiden Geschlechtern unterschiedlich entwickelt. Daran sitzen Sinnesborsten für die Geruchswahrnehmung. Die Antennulae der Männchen sind deutlich größer als die der Weibchen. Die **zweiten Antennen** sind in Form und Funktion abgewandelt und dienen der »hüpfenden« Fortbewegung.

Das unpaarige **Komplexauge** ist mit vielen Linsen versehen (Kristallkegel der Ommatidien) und beweglich. Das embryonal angelegte **Naupliusauge** ist auch bei adulten Tieren erkennbar. Zwischen Komplexauge und »Gehirn« stellt das Ganglion opticum eine neuronale Verbindung her.

Der **Carapax** ist zu einer zweiklappigen Schale geworden, die dorsal geschlossen, ventral geöffnet ist, den Kopf frei läßt, aber ansonsten den ganzen Körper umhüllt. Die Schale endet in einem Dornfortsatz. Bei mittelstarker Vergrößerung erkennt man, daß die Schale polygonale Fel-

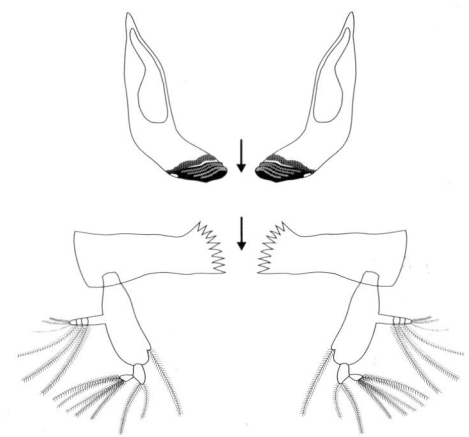

Entsprechend der Ernährungsweise weisen Mandibeln von Daphnia (oben) eine Reib- und Mahlfläche, die von Cyclops (unten) eine Beißfläche auf.

der aufweist. Die Felder entsprechen den Zellen der darunter gelegenen Epidermis, von denen sie gebildet worden sind.

Die fünf Paar **Beine** (Thoraxextremitäten) dienen der Nahrungsbeschaffung wie der Atmung. Die dritten und vierten Beinpaare tragen Borstenkämme. An allen fünf Beinpaaren befinden sich Kiemensäckchen. Der **Darm** ist wenig gewunden und wird bei der Verdauung von dem paarigen Leberhörnchen unterstützt. Mit kräftigen **Mandibeln** beginnt der Verdauungstrakt. Er endet mit dem After am Postabdomen vor der Furcakralle, auch Afterklaue genannt. Das **Herz** schlägt schnell und temperaturabhängig 100- bis 300mal pro Minute. Es treibt die farblose Körperflüssigkeit mit ihren farblosen Zellen (Amoebocyten) in Richtung des Kopfes und nimmt sie nach Durchströmung des Lakunensystems des Körpers

85

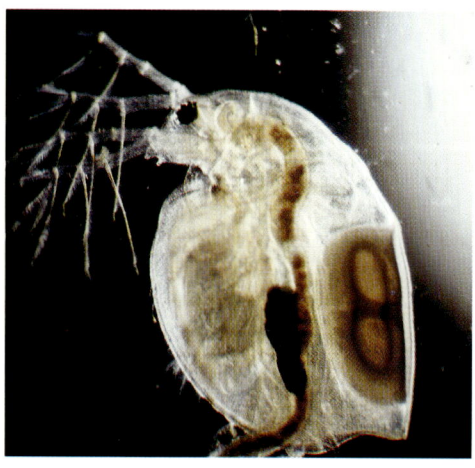

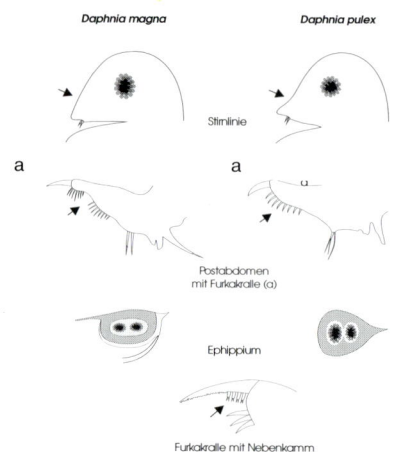

Daphnia-magna-Weibchen mit zwei Dauereiern im Ephippium (Mikroskopaufnahme).

Unterscheidungsmerkmale der häufigsten Tümpelwasserflöhe Daphnia magna und Daphnia pulex.

wieder auf (offener Kreislauf). **Ovarium** und **Schalendrüse** gehören zum weiblichen Geschlechtsapparat. Die unbefruchteten Eier entwickeln sich im Brutraum.

Daß sich *Daphnia* und Verwandte durch Filtration ernähren, wurde schon mehrfach erwähnt. Die **Borstenkämme** am dritten und vierten Thoraxbein ermöglichen diese Ernährungsweise. Die Beine heben und senken sich schnell (200- bis 300mal pro Minute). Die Borsten sind dicht gestellt (bei *Daphnia cucullata* in etwa drei Mikrometer Abstand) und erzeugen einen Wasserstrom von vorn nach hinten. Dadurch wird der Gasaustausch an den Kiemensäckchen ermöglicht. Nano- und Ultraplankton (Kleinstalgen und Bakterien) werden in eine Bauchrinne geleitet, die den Partikelstrom in Gegenrichtung zu den Mandibeln führt. Die kräftigen Mandibeln (Abbildung auf Seite 85) zerreiben die

Nahrung gründlich. So ist später im Darm kaum noch zu erkennen, was gefressen worden ist. Das Zerreiben der Nahrungspartikel verbessert die Verdauung des schwerverdaulichen Phytoplanktons.

Die **Fortpflanzung** der Wasserflöhe ist an ihre recht unterschiedlichen Lebensräume angepaßt. Viele Arten, besonders die aquaristisch interessanten, leben in Kleingewässern. Dort ändern sich die Bedingungen schnell und wesentlich. Die Überlebensstrategie der Wasserflöhe ist darauf eingestellt. Die Hauptform der Vermehrung vollzieht sich als Parthenogenese (Jungfernzeugung). Die **diploiden unbefruchteten Eier** (Sommereier, Subitaneier, amiktische Eier) entwickeln sich im Brutraum des Weibchens (siehe Abbildung Seite 84) in wenigen Tagen. Die Nachkommen sind wiederum Weibchen und werden nach einer Woche und fünf

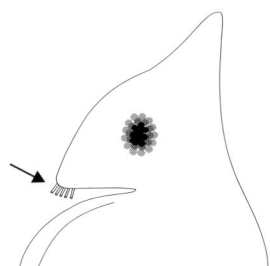

Daphnia cucullata ist am runden Rostrum und den darüber hinausragenden Sinnespapillen zu erkennen.

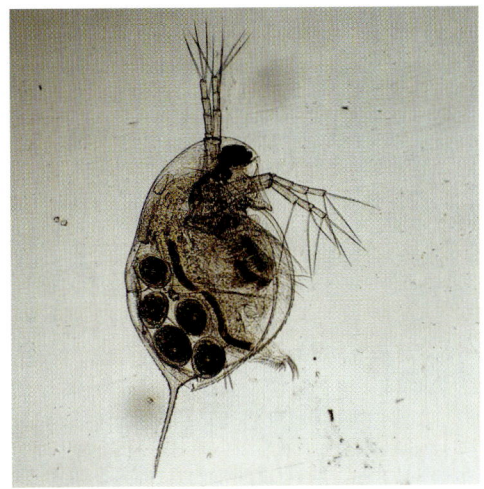

Daphnia longispina lebt im freien Wasser größerer Gewässer (Mikroskopaufnahme).

Häutungen wieder fortpflanzungsfähig. Sie leben 50 bis 100 Tage und können 10 bis 20 Brutraumfüllungen erleben. Diese hohe Vermehrungsrate hilft günstige Bedingungen (Futter, Temperatur) gründlich zu nutzen. Populationsdichten von 20 000 Tieren pro Liter Wasser und mehr kommen vor.

Durch Kälte, Überhitzung und Austrocknung des Tümpels, aber auch durch die Wirkung der Besiedlungsdichte (Überbevölkerung) können sich die Lebensbedingungen schnell verschlechtern. Der Kahlfraß des Phytoplanktons ist die Ursache von Klarwasserstadien der Gewässer. Hunger der Wasserflöhe ist die Folge. Massenhafte Exkretion von Ammoniak und durch biogene Entkalkung verursachte pH-Verschiebungen in den alkalischen Bereich lassen lebensfeindliche Bedingungen entstehen.

Solche Zustände führen zur Schädigung der Subitaneier, die prinzipiell mit bisexueller Potenz angelegt sind. Chromosomen spielen hier bei der Festlegung des Geschlechts keine Rolle. Phänotypische Geschlechtsbestimmung heißt bei den amiktischen Eiern der Wasserflöhe, daß unter optimalen Lebensbedingungen Weib-

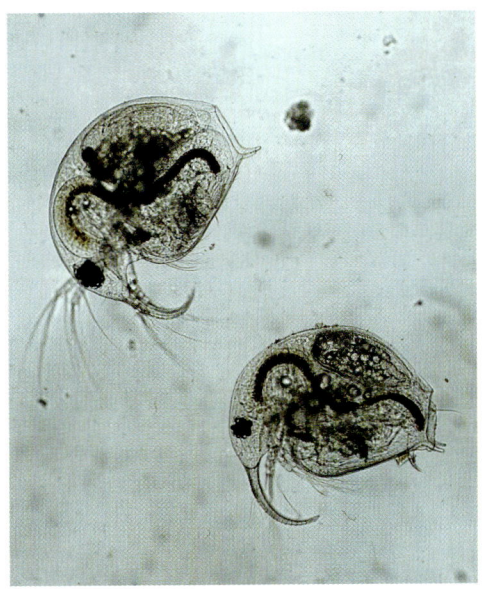

Das Rüsselkrebschen Bosmina longirostris eignet sich sehr gut als Jungfischfutter (Mikroskopaufnahme).

87

chen entstehen und ansonsten Männchen. Gleichzeitig (oder von der Existenz der Männchen stimuliert?) wird bei der Ei-bildung die Meiose durch eine Redukti-onsteilung zu Ende geführt. Das Ergebnis sind **haploide Eier**, die befruchtet wer-den müssen. Die kleineren Männchen be-sitzen Kopulationseinrichtungen am ersten und zweiten Beinpaar und begatten ihre Schwestern, Mütter und Großmütter.

Nach der Befruchtung beginnt die Furchung, die jedoch stagniert und zur Bildung von Dauereiern (Wintereier, La-tenzeier) führt. Sie sind wasserarm, nähr-stoffreich und hartschalig. Ein Stück der Rückenschale im Brutraumbereich färbt sich dunkel und umgibt die Dauereier als **Ephippium** (Sattel). Anzahl und Lage der Eilogen im Ephippium sind artspezifisch (Foto Seite 86).

Nach kürzeren oder längeren Ruhezei-ten (Diapause, Anabiose, Dormanz) schlüpfen aus den Latenzeiern wieder Weibchen; die parthenogenetische Mas-senentwicklung kann erneut beginnen. La-tenzeier in ihren Ephippien können weit vertragen oder verweht werden. Ihre glo-bale Verbreitung ist so zu erklären (Ubi-quisten). Vielfach stirbt nach der Latenzei-bildung die ganze lebende Generation.

Bei Tümpeldaphnien findet solch ein Zyklus mit Parthenogenese und Gonocho-rismus (Elternzeugung) mehrmals im Jahr statt; sie sind polyzyklisch. Arten des Seenplanktons sind meist monozyklisch; gelegentlich fällt die Männchenbildung ganz aus. Die Anzahl der Zyklen ist zunächst artspezifisch, also genetisch bedingt, aber auf dieser Grundlage umweltreguliert. Diese Art des Generationswechsels ist im Tierreich weit verbreitet (beispielsweise auch bei Rädertierchen) und wird als He-terogonie bezeichnet.

Die aquaristisch bekanntesten Wasser-flöhe sind die **Tümpeldaphnien** *Daphnia magna* (Foto Seite 86) und *Daphnia pulex*. Die Abbildung auf Seite 86 stellt ihre unterschiedlichenMerkmale dar. Die Farbe dieser Daphnien ist gelb bis rot und hängt von ihrer Nahrung ab. Ernährung von autotrophem Phytoplankton führt zur verstärkten Ablagerung von β-Carotin und Rotfärbung, während Bakteriennahrung gelbliche Farbtöne hervorbringt.

Daphnia magna und *D. pulex* sind zwei polyzyklische Arten aus Kleingewässern, die aber auch in völlig anderen Biotopen wie Weidetümpeln, Überschwemmungs-gebieten und Stauseen gefunden werden können. *Daphnia magna* findet man außer-dem in Strandseen und Felstümpeln von bis zu 7‰ Salinität. In solchen Fällen ist zur Bestimmung zumindest zu prüfen, ob die für diese Arten charakteristischen Ne-benkämme an den Furkakrallen (Abbil-dung Seite 86) vorhanden sind.

Häufiges Vorkommen, weite Verbreitung, Massenvermehrung und gute Hälterungs-chancen haben *D. magna* und *D. pulex* zu dem Wasserfloh des Aquarianers gemacht. Dabei ist *D. magna* ernährungsbiologisch wertvoller, länger hälterbar und meist ohne populationssynchronen Zyklusver-lauf, was eine Fangmöglichkeit über mehrere Monate bedeutet. Massenver-mehrung entsteht bei guter Nahrungs-grundlage, die Stickstoff- und Phosphorzu-führung (Düngung) voraussetzt. Deshalb sind Dorftümpel mit Enten und Gänsen besonders ertragreich. Die Exkrete und

Exkremente des Wassergeflügels sorgen für eine gute Bakterien- und Algenvermehrung.

Wird durch regelmäßigen Futterfang extreme Individuendichte verhindert, vermindert sich auch die »Gefahr« einer massenhaften Latenzei-Bildung und des Zusammenbruchs der Population. Haben Sie also keine Angst, eine gute Futterquelle zu verraten. Außerdem ist die Ausdünnung von Populationen bei intakten Bedingungen der stärkste Wachstumsfaktor.

Beginnt dennoch die Entwicklungsruhe, kündigt sie sich dem Fänger an. Die Ausbeute wird geringer; statt Wasserflöhen findet man viele schwarze Punkte, die Ephippien, im Kescher. Werden Wasserpflanzen eingeschleppt, ist es auch meist aus mit der Futterquelle. Wasserlinsen und Hornblatt sind besonders gefährlich. Wird der Tümpel ausgebaggert, verändert sich der Charakter des Gewässers und die Daphnien verschwinden.

Die Einleitung von Jauche aus nahen Stallungen kann zunächst sogar die Entwicklung der Wasserflöhe fördern. Bald aber verändert sich die Wasserfarbe. Das produktive, trübe Graugrün (Bakterien und Kleinstalgen) ändert sich zu einem tiefen Dunkelgrün, das durch die jaucheliebenden Euglenophyten (Augentierchen) verursacht wird. Sie sind zu groß als Nahrung für Wasserflöhe und stellen außerdem zum Teil noch Nahrungskonkurrenten dar.

Im freien Wasser größerer Teichanlagen, Weiher und Seen leben *Daphnia cucullata* (Abbildung Seite 87) und *D. longispina* (Foto Seite 87). Sie sind etwas kleiner als die zuvor beschriebenen Arten und als

typische Limnoplankter glasartig durchsichtig. Der Nebenkamm an der Furkakralle fehlt diesen Arten. Viele Wasserflöhe, die zwischen Wasserpflanzen in Ufernähe und am Boden leben, kommen vereinzelt oder in kleinen Trupps vor, spielen also für den Futterfang keine Rolle. *Daphnia cucullata* wird oft Helmkrebschen genannt, obwohl die spitz ausgezogene Kopfform nicht unbedingt vorhanden sein muß und auch bei *D. longispina* auftreten kann. Da die oberflächenvergrößerten Köpfe vornehmlich im Sommer gefunden wurden, hat man die Kopfformen mit unterschiedlichen Temperaturen und Dichten des Wassers in Zusammenhang gebracht und die Kapuzen als Schwebefortsätze gedeutet. Da aber rund- und spitzköpfige Individuen gleichzeitig nebeneinander auftreten, ist diese Deutung nicht überzeugend. Es besteht auch die Theorie, daß die Helmbildung ein Schutz vor Räubern sei und durch die Gegenwart weißer Mückenlarven angeregt wird.

Als sichere Bestimmungsmerkmale für *Daphnia cucullata* gelten das abgerundete Rostrum und die darüber hinausragenden Sinnesborsten der ersten Antenne. Bei *Daphnia longispina* handelt es sich möglicherweise um eine Formengruppe, da nicht sicher ist, ob *D. hyalina* und *D. galeata* Modifikationen von *D. longispina* sind. Typische *D. longispina* tragen einen langen Dornfortsatz in der Medianachse des Körpers und haben im Gegensatz zu *D. cucullata* ein spitzes Rostrum. Die Sinnesborsten der Antennulae überragen das Rostrum nicht (BREMER 1992).

Zu den kleinen Wasserflöhen zählen die der Familie **Bosminidae** (Rüsselkrebs-

89

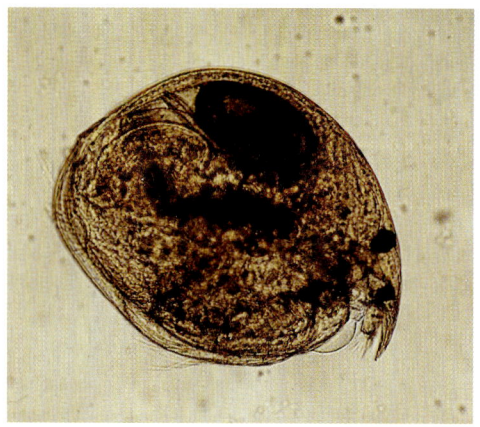

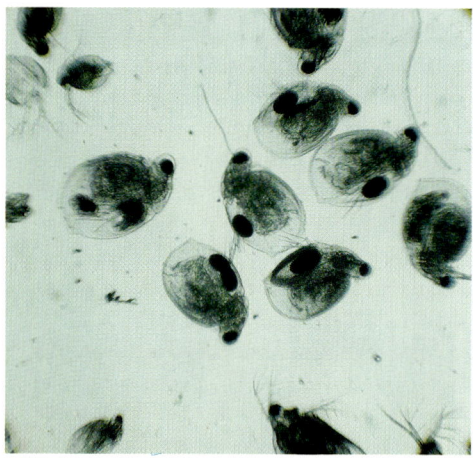

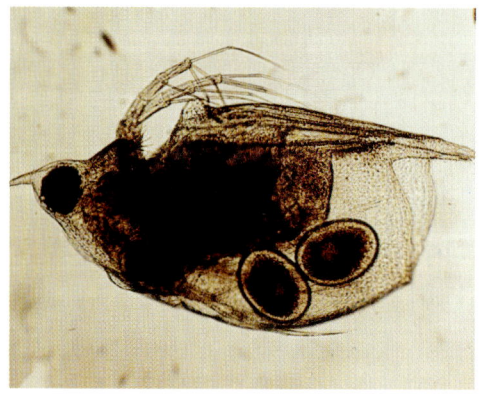

chen). *Bosmina longirostris* und *B. coregoni* sind zwar nach einiger Übung mikroskopisch zu unterscheiden (Foto Seite 87), doch ist das ökologisch wie auch aquaristisch von geringer Bedeutung. Beide Arten kommen meist nebeneinander in Teichen, Weihern und Seen vor. Sie eignen sich hervorragend als Jungfischfutter, das nach den Nauplien gereicht werden kann. Wenn zuweilen der Futterwert der *Bosmina*-Arten in Abrede gestellt wird, liegt vielleicht eine Verwechslung mit *Chydorus sphaericus* vor (Foto links). Nur die mikroskopische Kontrolle bringt Sicherheit. Chydoriden sind hartschalig und werden kaum gefressen.

Nährstoffbelastete, flache, manchmal auch leicht bewegte Gewässer wie Klärbecken werden von zwei Arten der Gattung *Moina* besiedelt. Als Futter für kleinere Fische sind sie gut zu gebrauchen. Sie liegen in der gleichen Größenkategorie wie *Bosmina* (Foto links).

Hat man an der Oberfläche von Teichen, Weihern, Seen oder Kanälen, vielleicht auch im Schilfgürtel gekeschert, sind oft einige besonders interessante Wasserflöhe ins Netz gegangen. *Scapholeberis mucronata*, der Kahnfahrer (Foto links) hängt mit seiner geraden Bauchseite am Ober-

Oben: Chydorus sphaericus, das Linsenkrebschen, wird leicht mit Bosmina-Arten verwechselt, ist jedoch hartschalig und wird kaum gefressen.

Mitte: Der Tümpelfloh, Moina rectirostris, kommt in nährstoffreichen Gewässern vor.

Unten: Der Kahnfahrer, Scapholeberis mucronata, ernährt sich von Bestandteilen der Kahmhaut (Mikroskopaufnahmen).

flächenhäutchen und ernährt sich von Bakterien und Partikeln der Kahmhaut. Er gehört zur Lebensgemeinschaft des Neustons, kann sich aber auch von der Oberfläche lösen und abtauchen.

Wasserflöhe und Hüpferlinge werden in gleicher Weise mit dem bekannten Daphnienkescher (Abbildung unten) gefangen. Der runde Netzbügel hat einen Durchmesser von etwa 30 Zentimetern. Mit rostfreien Ringen ist daran ein Netzbeutel von etwa 40 Zentimeter Tiefe befestigt. Er besteht aus Gaze von 0,1 bis 0,2 Millimeter Maschenweite. Der Stiel hat eine Länge von etwa 1,50 Meter und sollte durch Schiebehülsen verlängerbar sein. Beim Fang bewegt man den Kescher langsam durchs Wasser. Schnelle Kescherzüge verschlechtern das Ergebnis. Das Wasser muß Zeit haben, durch die Maschen zu fließen, sonst wird die Wassersäule mit den Futtertieren vor dem Kescher her geschoben. Je enger die Maschen sind, desto höher ist der Staudruck. Dementsprechend langsamer muß der Kescher bewegt werden.

Beim Fang in Kleingewässern hält man den Kescher in einem Winkel von etwa 45° zum Wasserspiegel geneigt und bewegt ihn in Bahnen, die die Form einer Acht haben. Dabei werden *Cyclops* und Daphnien hochgespült, die sich an trüben Tagen oft in Bodennähe aufhalten. Wird Bodenmulm dabei aufgewirbelt, sind die Fangzüge zu schnell gewesen.

Fängt man in Seen, montiert man den Kescher nach Art eines Planktonnetzes (Abbildung unten) und zieht ihn vom Boot aus bei langsamer Fahrt hinter sich her. Der Fang vom Ufer oder Steg aus ist oft nicht erfolgreich (Uferflucht des Planktons). Die höchste Planktonkonzentration befindet sich hier tagsüber meist in einer Tiefe von 1,50 bis 2 Metern. An Wehren und Staumauern kann man versuchen, den Kescher in den Wasserstrom zu halten. Planktongehalt und Strömungsgeschwindigkeit entscheiden über den Erfolg.

Der Futterfang an fischereilich genutzten Gewässern muß die Ansprüche der Fischereiberechtigten berücksichtigen. Der rechtliche Rahmen wird durch die Fische-

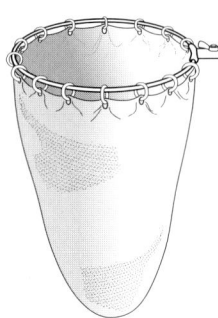

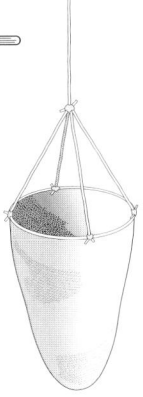

Der Netzbügel des Daphnienkeschers hat einen Durchmesser von etwa 30 Zentimetern.

Zum Wasserflohfang vom Boot aus montiert man den Kescher nach Art eines Planktonnetzes.

91

reigesetze der Bundesländer vorgegeben. Eine Absprache mit den Pächtern oder Eignern ist immer zu empfehlen. Bei Eisbedeckung müssen Fanglöcher geschlagen werden. Daß die nach dem Fang ausreichend gesichert werden, ist eigentlich selbstverständlich, soll aber trotzdem erwähnt werden. In Überwinterungsteichen und Intensivanlagen muß das Schlagen von Eislöchern unterbleiben. Die Beunruhigung der Fische führt sonst zu schweren Verlusten.

Tümpel mit massenhaftem Futtervorkommen sollten nicht zu übermäßigem Fang verleiten. Wer mehr fängt, als die Transportbedingungen zulassen, wird nichts nach Hause bringen. Besonders an warmen Tagen kann der Transport verlustreich sein.

Die **Transportgefäße** sollten bei flachem Wasserstand eine große Oberfläche haben, um den Gasaustausch optimal zu gestalten. Kühle Unterbringung und Wasserbewegung sind gleichfalls förderlich. Man kann den Fahrtwind auf dem Dachgepäckträger des Pkw nutzen oder die Kannen mit nassen Tüchern bedecken (Verdunstungskälte).

Etwas problematisch, aber bei größeren Fängen am erfolgreichsten ist der **Trockentransport**. Dabei ist wichtig, daß das Wasser vom Futter gut abtropft. Die feuchten, aber nicht nassen Futtertiere werden in dünnen Lagen auf Gazeflächen gebracht, die auf Holzrahmen gespannt sind. Die Rahmen kommen nach Art von Schubladen in einen luftigen Kasten und können so bequem transportiert werden.

Das Wasser im Futterbecken sollte zur Hälfte aus dem Transportwasser bestehen.

Im übrigen nimmt man abgestandenes Leitungswasser. Flache Schalen sind besonders geeignet. Schwache Durchlüftung kann vorteilhaft sein, wobei der Ausströmer sich in halber Wasserstandshöhe befinden sollte. Dann können sich tote Futtertiere und andere Abfälle am Boden sammeln, um dort täglich entfernt zu werden.

Das Wasser wird durch abgestandenes Leitungswasser ergänzt (Teilwasserwechsel auch im Futterbecken). Kühle, aber frostfreie Aufstellung der Futterschalen ist empfehlenswert. Im Winter kann man den Balkon nutzen und die Futterbecken mit einer schwachen Heizung frostfrei halten. Tote Wasserflöhe und Hüpferlinge verlieren ihr Speicherfett, das dann als ölige Schicht auf dem Wasser schwimmt und täglich mit einer alten Zeitung abgezogen werden sollte.

Wasserpflanzen sind im Futterbecken fehl am Platze, da sie nachts Sauerstoffkonkurrenten darstellen. Unter Berücksichtigung dieser Hinweise kann man *Daphnia pulex* und *D. magna* etwa eine Woche hältern. Wasserflöhe und Hüpferlinge aus dem Seenplankton sind etwas empfindlicher.

Der Nährwert der Wasserflöhe für Aquarienfische ist unterschiedlich zu beurteilen. Zunächst bieten sie alle Vorteile, die eingangs im Kapitel »Futterkunde« genannt worden sind. Insbesondere Verhaltensstimulation und Verdauungsförderung tragen zur erfolgreichen Pflege vieler Aquarienfische bei, die in ihren natürlichen Biotopen in Schwärmen oder Trupps das freie Wasser besiedeln. Dazu brauchen Wasserflöhe nicht unbedingt als

Hauptfutter eingesetzt zu werden. Zweimal wöchentlich gereicht, regen sie
schnelles Wachstum, harmonische Entwicklung und sexuelle Aktivität an. Das
Speicherfett der Wasserflöhe ist durch
seine chemische Struktur und Inhaltsstoffe
besonders wertvoll. Leider sind Wasserflöhe mit weniger als einem Prozent Fettgehalt in der Frischsubstanz meist sehr
fettarm.

Das Hauptproblem bei der Verwendung
der Wasserflöhe als Alleinfutter ist ihr
Mangel an Eiweiß oder, anders ausgedrückt, ihr hoher Wassergehalt von 95%.
Ihre Trockensubstanz hat zwar einen
Eiweißanteil von 50%, doch in Beziehung
zur Frischsubstanz sind es nur 2,5%. Ähnlich verhält es sich mit dem Fett. 0,5%
Fettgehalt in der Frischsubstanz entsprechen 10% in der Trockensubstanz. Aufgenommen wird jedoch die Frischsubstanz,
und die Magen- oder Darmfüllung begrenzt daher die Aufnahme der verwert-
baren Eiweiße und Fette. Zu empfehlen ist
die Daphnienfütterung im Wechsel mit
einem guten Flockenfutter.

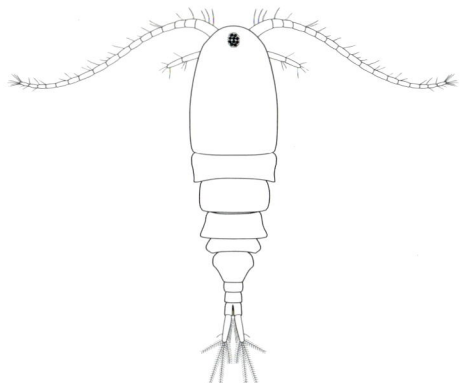

*Die Gattung Cyclops gehört zur Gruppe der
Ruderfußkrebse (Copepoda).*

Ruderfußkrebse

Einige Hauptmerkmale der Gruppe der
Ruderfußkrebse und ihre Stellung im
System der Crustaceen habe ich im Kapitel »Krebse« bereits erläutert. Ihr äußerer
Bau ist oben dargestellt worden. Da uns
die parasitischen Formen im Rahmen
dieses Buches nicht interessieren, ist die
Systematik der übrigen Gruppen verhältnismäßig einfach. Drei Taxa sind zu be-

Merkmale zur Unterscheidung der beiden wichtigsten Copepoden-Gruppen

Calanoidea	Cyclopoidea
erste Antenne körperlang oder länger, mehr als 17 Glieder	erste Antenne kürzer als der Körper, weniger als 17 Glieder
ein Eiersäckchen	zwei Eiersäckchen
mit Herz	ohne Herz, Körperflüssigkeit wird durch die Darmperistaltik bewegt
Männchen ergreifen Weibchen mit rechter erster Antenne	die ersten Antennen sind beim Männchen beide zu Greiforganen umgebildet (Foto Seite 94)
Filtrierer	Räuber, Aas- und Algenfresser
bevorzugt in größeren Gewässern	in größeren und kleinen Gewässern

93

Eudiaptomus sp., ein Vertreter
der Calanoidea.

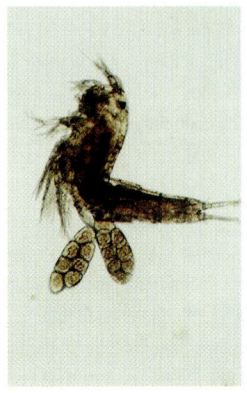

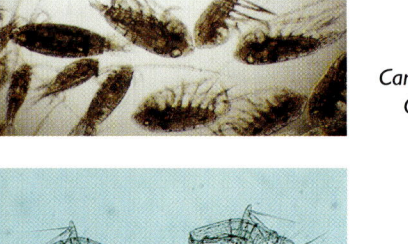

Der Raupenhüpferling,
Canthocamptus sp., gehört zur
Gruppe der Harpacticoidea.

Die ersten Antennen der
Cyclops-Männchen dienen zum
Ergreifen der Weibchen.

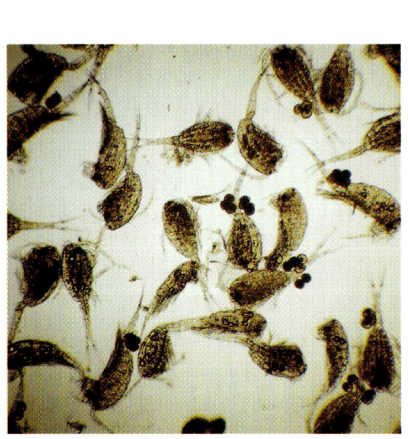

Der Gemeine Hüpferling,
Cyclops strenuus, ein
Cyclopoide.

Bei allen Fotos auf dieser Doppelseite handelt es sich um
Mikroskopaufnahmen.

94

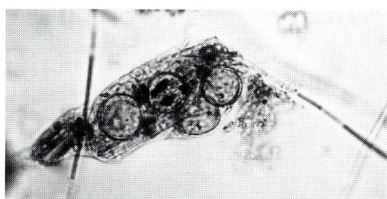

Fäkalpellets (Kotballen) von Cyclops strenuus mit leeren Kieselalgenschalen (oben Stephanodiscus hantzschii, unten Melosira granulata).

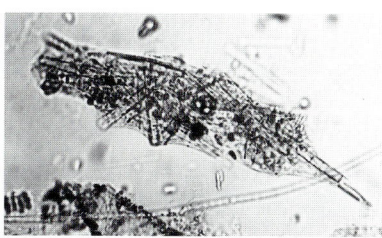

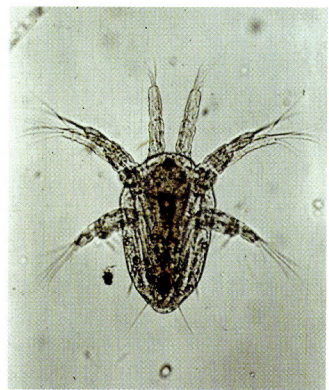

Naupliuslarve eines Copepoden.

Gemeiner Hüpferling, Cyclops strenuus; ungesättigte Fettsäuren durch Osmiumtetroxid geschwärzt.

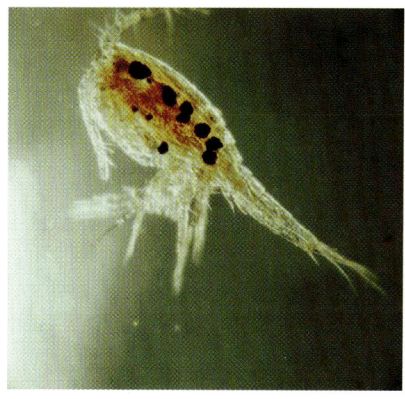

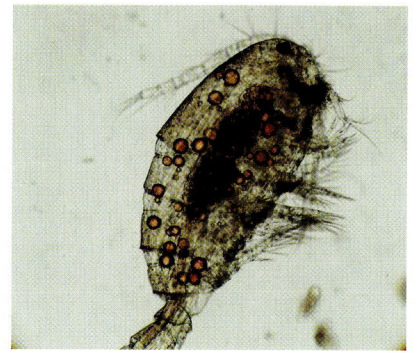

Kieselalge (Amphora ovalis); die beiden Fetttropfen enthalten ungesättigte Fettsäuren (Schwarzfärbung durch Osmiumtetroxid).

Ruderfußkrebs (Cyclops sp.) mit carotinrotem Speicherfett.

95

rücksichtigen: Calanoida (mit *Calanus* und *Diaptomus*), Harpacticoida (*Canthocamptus*) und Cyclopoida (*Cyclops*).

Cyclops, *Diaptomus* und *Eudiaptomus* sind dem Futterfänger im Binnenland zugänglich. *Calanus* und Verwandte leben im Meer oder Brackwasser. Die Harpacticoidea bewegen sich kriechend am Boden oder zwischen Wasserpflanzen und vermögen sich in guten Biotop-Aquarien sogar den Fischen zu entziehen. Man kann sie nur einzeln fangen, weil sie auch vereinzelt leben, ohne Schwarm- oder Truppbildung.

Der Körper der Copepoda ist in Cephalothorax, Thorax und Abdomen gegliedert. Kopf und ein bis zwei Brustsegmente bilden das Kopf-Brust-Stück (Cephalothorax); die folgenden Brustsegmente sind frei. Das Abdomen, der Hinterleib, besteht aus zwei verwachsenen und drei freien Segmenten; es endet mit der Furca. Das einzige **Stirnauge** hat *Cyclops* (Foto Seite 94) in Anlehnung an die einäugigen Riesen, die Zyklopen der griechischen Sagenwelt, den Namen gegeben. Es enthält keine Linse und ermöglicht lediglich ein Richtungssehen.

Die **ersten Antennen** dienen im weiblichen Geschlecht der Sinneswahrnehmung und als Balancierstangen. Sie sind auffällig lang und haben bei den Männchen eine Funktionserweiterung zum Ergreifen der Weibchen erfahren (Foto Seite 94).

Die **zweiten Antennen**, unscheinbar kurz, dienen meistens schon dem Nahrungserwerb. Die **Mundwerkzeuge** (ein Paar Mandibeln, zwei Paar Maxillen, ein Paar Maxillipeden) sind der Art der Nahrungsaufnahme entsprechend gestaltet. Die Thoraxextremitäten dienen als Ruderfüße der Fortbewegung.

Der **Hinterleib** besitzt keine Extremitäten. Während bei den Calanoidea und Cyclopoidea der Thorax vom Abdomen deutlich abgesetzt ist, fehlt bei den Harpacticoidea (Foto Seite 94) eine äußere Körpergliederung. Calanoidea und Cyclopoidea sind durch eine Reihe gut sichtbarer Merkmale gut zu unterscheiden. In der Tabelle auf Seite 93 werden sie einander gegenübergestellt.

Die Artbestimmung ist schwierig, erfordert die Arbeit am Mikroskop und setzt eine längere Einarbeitungszeit voraus. Sie ist jedoch aus aquaristischer Sicht nicht notwendig. Calanoidea, insbesondere *Diaptomus* und *Eudiaptomus* (Foto Seite 94) machen in der Bewegung größere »Sprünge« und schweben danach mit weit abgestellten ersten Antennen. Die Cyclopoidea »hüpfen« in kleineren, ruhelosen »Sprüngen«.

Während die Filtrierer Bakterien, Kleinstalgen und schwebende Partikel fressen, nehmen die *Cyclops*-Arten auch größere Brocken an. Bei den Algenfressern findet man oft Kieselalgenreste von etwa 40 µm Durchmesser in den Fäkalpellets (Foto Seite 95). Die Räuber und Aasfresser zerstückeln größere Nahrung, die nicht auf einmal heruntergewürgt werden kann, oder saugen sie aus. Deshalb sollten *Cyclops* nie in Zuchtbecken gesetzt werden. Sie können Fischbrut anfallen und zeitlebens schädigen.

Copepoden entwickeln sich aus befruchteten Eiern. Mit Hilfe der gelenkigen ersten Antennen erfaßt das Männchen ein Weibchen und füllt dessen Samenbehälter im ersten Abdominalsegment (Receptaculum seminis) mit Sperma. Vielfach wird eine Spermatophore an die Öffnung des Behälters geklebt. Die Spermien suchen sich dann selbst den Weg in das Receptaculum seminis (*Diaptomus*) und stehen zur Befruchtung der Eier jederzeit zur Verfügung. Da die Eier beim Austritt aus den paarigen Eileitermündungen zusammen mit einem Sekret die Oberfläche erreichen, bilden sich am Hinterleib zwei Eisäckchen. Liegen die Eileitermündungen dicht beieinander, entsteht nur ein Säckchen.

Aus den Eiern schlüpft der Nauplius (Foto Seite 95), eine ei- bis birnenförmige Larve mit drei Paar Gliedmaßen: der ersten und zweiten Antenne und den Mandibeln. Wachstum und Entwicklung des Nauplius vollziehen sich durch Anlage weiterer Segmente und Gliedmaßen im Verlauf von sechs Häutungen. Damit hat der Metanauplius das Copepodit-Stadium erreicht. Nach sieben weiteren Häutungen ist er geschlechtsreif. Damit enden Wachstum und Entwicklung. Es gibt keine weiteren Häutungen.

Die Lebensdauer eines Ruderfußkrebses kann bis zu einem Jahr betragen. In diesem Zeitraum können die Weibchen mehr als zehn Eisäckchen oder Eisäckchenpaare zur Entwicklung bringen. Da es bei Copepoden nur die bisexuelle Fortpflanzungsweise gibt, entfällt auch ein Generationswechsel.

Obwohl sich Hüpferlinge im Copepodit-Stadium gelegentlich einkapseln und am Boden Ruhephasen absolvieren, ist eine Diapause der Population wie bei den Wasserflöhen nicht damit verbunden. So kommt es, daß die Copepoden im Winter die Nische der Cladoceren zusätzlich belegen und bei den futterfangenden Aquarianern als Winterfutter bekannt sind.

Cyclops und *Diaptomus* sind bei guter Ernährung fettreich, was den Tieren das Schweben im Wasser erleichtert. Die Fette enthalten mehrfach ungesättigte Fettsäuren, woraus sich auch die ernährungsbiologische Bedeutung der Ruderfußkrebse herleitet. Kieselalgen sind die ursprünglichen Produzenten der Fette; über die Copepoden gelangen sie durch die Nahrungskette zu den Fischen (Fotos Seite 95). Das in diesen Fetten gelöst gespeicherte β-Carotin fand bereits als Provitamin A und Lipophoren-Farbstoff der Fische in den Kapiteln »Vitamine und Nährstoffe« und »Futter muß die Bedürfnisse decken« Erwähnung (Foto Seite 95). Auch andere Farbstoffe können im Copepoden-Fett gespeichert sein, wie beispielsweise das blaue Diaptomin bei den Calanoidea.

Die weitere chemische Bestandsaufnahme beschreibt die Ruderfußkrebse als ideales Fischfutter. Mit 80% Wasser, 9% Eiweiß und 2 bis 3% Fett in der Frischsubstanz können sie die Bedürfnisse des Bau- und Betriebsstoffwechsels der Fische decken. Da Copepoden bei hoher Vermehrungsrate und weltweiter Verbreitung im Süßwasser wie im Meer auch von der Masse her ideale Voraussetzungen bieten, ist es nicht verwunderlich, daß sie für viele Fische Hauptnährtiere sind. Ihre frühen Entwicklungsstadien, die Nauplien und Metanauplien, sind von sehr geringer Größe und spielen daher eine wichtige Rolle bei der Jungfischernährung.

Die Heringe der nördlichen Halbkugel ernähren sich beispielsweise hauptsächlich

97

von *Calanus finmarchicus* und anderen Calaniden und verdanken ihnen das gesundheitsfördernde Fett. Da Heringe in Europa etwa 50% des gesamten Fischereiaufkommens ausmachen, wird auch die ökonomische Rolle der Ruderfußkrebse allein aus diesem Blickwinkel deutlich.

In bezug auf Fang, Transport, Aufbewahrung und Fütterung können Hüpferlinge wie Wasserflöhe behandelt werden (vergleiche Kapitel »Wasserflöhe«).

Höhere Krebse

Höhere Krebse werden als Lebendfutter für Fische in Zimmeraquarien nur wenig genutzt und sind aufgrund ihrer Größe und Hartschaligkeit auch nur begrenzt einsetzbar. In Schauaquarien, wo auch bevorzugt größere Fische gezeigt werden, können die Verhältnisse anders sein.

Eine Ausnahme davon stellen die **Schwebegarnelen** (Mysidacea) dar (Abbildung unten, Foto Seite 99). Für viele Meerestiere sind sie als Hauptfutter unerläßlich, werden im Binnenland aber meist als Frostfutter verwendet. An den Küsten der Nord- und Ostsee sind die Gattungen *Neomysis* und *Praunus* am häufigsten vertreten. Im Flachwasser, an Buhnen und Kaimauern bilden sie große Schwärme und können dort erfolgreich gefangen werden. Dazu benutzt man einen Kescher, dessen Bügel vorn begradigt und der etwa 60 Zentimeter breit ist. Das Netz sollte 1 bis 2 Millimeter Maschenweite haben und etwa 40 Zentimeter tief sein. Man schiebt den Kescher entlang der Buhnen über den Boden oder fängt auf Sicht im Flachwasser oder in Hafenanlagen.

Schwebegarnelen sind je nach Art glasartig durchsichtig oder pigmentiert und in Cephalothorax und Abdomen gegliedert. Der Cephalothorax wird vom Carapax überdeckt, ist aber nur frontal mit ihm verwachsen. Die großen Komplexaugen sind gestielt; die zweite Antenne trägt einen schuppenartigen Anhang. Die Thoraxextremitäten bilden mit ihren Oostegiten einen Brutraum (Marsupium). Die Hinterleibsextremitäten sind verkümmert; der Körper endet mit einem Schwanzfächer, in dessen Mitte das Telson liegt. Telson und Antennenschuppe enthalten die wichtigsten Merkmale zur Bestimmung der Arten, die bei schwacher Vergrößerung leicht nach der Exkursionsfauna von STRESEMANN (Band 1, 1992) durchzuführen ist.

Schwebegarnelen sind für viele Meerestiere als Futter kaum zu ersetzen.

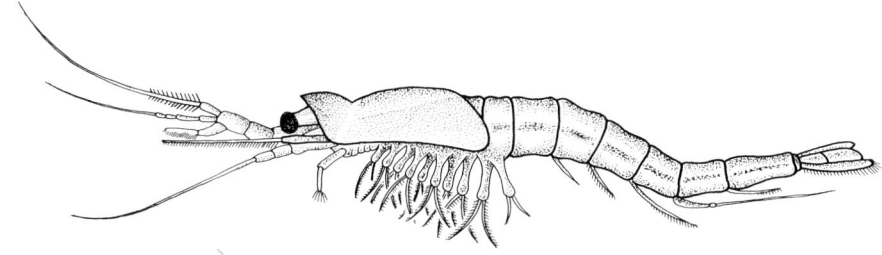

Neomysis ist als Futter besser geeignet als *Praunus*. Häufiger Teilwasserwechsel und kühle Aufbewahrung bei mäßiger Belüftung ermöglichen eine Hälterung von bis zu einem Monat. Schwebegarnelen können springen. Dann kleben sie oberhalb des Wasserspiegels an der Wand der Futterwanne, sterben und verfaulen. Das Sprühwasser der Durchlüftung spült ihre Abbauprodukte in die Futterwanne zurück, belastet das Wasser und tötet den oft schwer erworbenen Futtervorrat. Das Springen läßt sich durch eine aufgelegte Folie größtenteils verhindern. Tote Tiere müssen täglich aus der Futterwanne und von deren Rand entfernt werden.

Ein unangenehmer Nebeneffekt bei der *Mysis*-Verfütterung ist, daß oft Embryonen aus der Bruttasche der Weibchen fallen, wenn sie gefressen werden, wegen ihrer Kleinheit keine Beachtung finden und so als Futterrückstand das Wasser belasten. Das ist bei der Syngnathiden-Pflege regelmäßig der Fall. Leben im Bodengrund einige Nereiden (räuberische Meeresringelwürmer), wird nachts wieder für Ordnung gesorgt.

Praunus flexuosus hat einen Wassergehalt von 80%, 13% Eiweiß und 1% Fett in der Frischsubstanz. Die erfolgreiche Pflege und Zucht von Syngnathiden (Seenadeln, Seepferdchen, Meerdrachen) ist an Mysiden-Fütterung gebunden. Die Därme der Garnelen enthalten angedaute Pflanzenteile und versorgen dadurch die rein karnivoren Arten mit dem notwendigen »Gemüse«.

Flohkrebse (Amphipoda) der Gattung *Gammarus* sind hartschalig und werden von vielen Fischen zunächst angenommen,

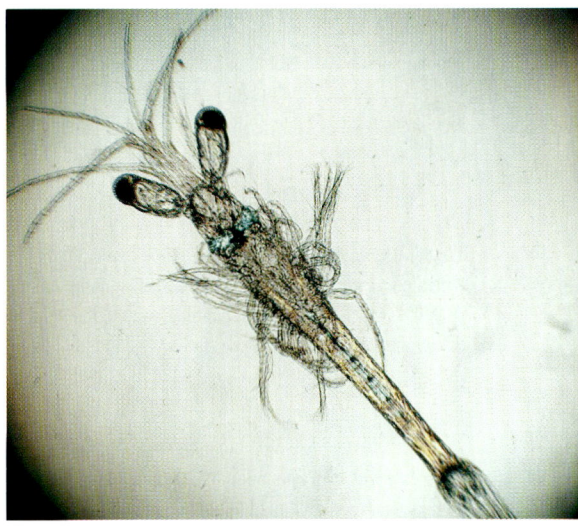

Mikroskopaufnahme einer Schwebegarnele (Mesopodopsis slabberi) in polarisiertem Licht.

dann aber wieder ausgespuckt. Nur Tieren mit scharfem Gebiß (*Tetraodon, Diodon*) kann man Flohkrebse anbieten. Die Zusammensetzungen der Süßwasserarten und die der fünf Arten an deutschen Meeresküsten sind weitgehend übereinstimmend (86% Wasser, 7% Eiweiß und 1% Fett in der Frischsubstanz).

Weichschaliger als *Gammarus* ist das Schlickkrebschen *Corophium*, das man an der Küste auf weichem Schlickgrund durch Graben und Aussieben erbeuten kann. Flohkrebse ernähren sich überwiegend von faulenden Pflanzenteilen. Die marinen Arten findet man zuweilen massenhaft zwischen Algen und Seegras, unmittelbar vor dem Spülsaum. Um *Gammarus pulex* zu erbeuten, durchkeschert man Pflanzenbestände in der strömungsschwächeren Randzone der Bäche.

99

Marine **Asseln** (Isopoda) sind wegen ihrer Hartschaligkeit als Futter ungeeignet. Süßwasserasseln (*Asellus aquaticus*) stellen für größere Aquarienfische jedoch ein gutes Futter dar.

Garnelen eignen sich als Lebendfutter für größere Raubfische, wo sie oft Futterfische ersetzen können. Rotfeuerfische kann man erfolgreich mit Garnelen ernähren. Da sich Garnelen in der Küstenfischerei leicht in größerer Menge beschaffen lassen und in kühlen, belüfteten Wannen besser als marine Futterfische zu hältern sind und da Süßwasser-Futterfische in der Meeresaquaristik immer problematisch sind (vergleiche Kapitel »Wasserbelastung durch Abbaustoffe«), ist das ein nicht zu unterschätzender Vorteil.

Die Ostseegarnele (*Palaemon squilla*) ist als Futter besser geeignet als die Nordseegarnele (*Crangon crangon*), da sie sich nicht eingräbt. Man kann sie auch in der Süßwasseraquaristik großen Barschen anbieten. Garnelen überdauern in kühlen, belüfteten Becken mehrere Monate, wenn man tote Tiere sorgfältig entfernt und sehr kleine Fischfleischstückchen einmal wöchentlich als Futter anbietet. Auch Enchyträenfütterung ist geeignet. Gelegentlicher Teilwasserwechsel ist im Futterbecken sehr vorteilhaft.

Aquatische Insektenlarven

Im großen Strom der Stoffe und Energien auf der Erde spielen die Insekten eine bedeutsame Rolle. Sie sind, zumindest in terrestrischen Biotopen, die wirksamsten Konsumenten erster Ordnung, das heißt die Hauptverzehrer der autotroph entstandenen Pflanzenmasse, und sie liefern hier auch die Hauptnahrung der Konsumenten höherer Ordnung in der Nahrungskette. Insekten stellen durch ihre Inhaltsstoffe, Nährstoffe wie Wirkstoffe, ein hervorragendes Futter dar. Deshalb muß ihre Verbreitung als Futtertiere in der Aquaristik verstärkt werden.

Die einzelne Insektenart kann in Form unbeweglicher Stadien, wie Eiern und Puppen, langsam beweglicher Larven, schnell beweglicher, laufender oder fliegender Tiere verwendet werden, die zudem nachts oder tagsüber aktiv sind, im Wasser oder auf dem Lande leben.

Massen von Insekten regnen von den Bäumen, wenn wolkenbruchartige Niederschläge über den tropischen Regenwäldern niedergehen. Milliardenfach stürzen Insekten ins Wasser, wenn sie nach vollzogenem Hochzeitstanz im oder auf dem Wasser oder an Wasserpflanzen ihre Eier ablegen. Ufer-Aas nennt man die angespülten Eintagsfliegen an der Theis, die zusammengekehrt als Dünger Verwendung finden.

Insekten nutzen das Nahrungsangebot der aquatischen Lebensräume, fressen oft mehrere Jahre im Wasser, um sich schließlich nur zur Paarung in die Lüfte zu erheben. Trotz allem ist ihnen die Anpassung an das Leben im Wasser nicht richtig gelungen, da sie über Tracheen atmende Gliederfüßer und somit dem Land und der Atmosphäre verhaftet und in ihrer Größe beschränkt sind.

Als Gliederfüßer müssen sie sich häuten, solange sie wachsen. Die letzte Häutung (Imaginalhäutung) leitet die Geschlechtsreife ein. Für viele Arten ist damit das Freßstadium beendet; zumindest wird das Fressen zu einem zweitrangigen Bedürfnis. Die Larven fressen ausschließlich, häuten sich und wachsen. Bei einer Insektengruppe, den Hemimetabolen, vollzieht sich mit jeder Häutung auch ein Stück Entwicklung. Sie werden von Häutung zu Häutung dem Imago, dem Geschlechtstier, ähnlicher. Zu den Hemimetabolen gehören auch die Eintagsfliegen. Bei anderen, den Holometabola, wächst nur die Larve. Entwicklung als qualitative Veränderung vollzieht sich in einem hochspezialisierten und abgegrenzten Zeitabschnitt, der Puppenruhe. Zu dieser Gruppe gehören die Mücken und Köcherfliegen. Auf die komplizierte Hormonsteuerung der Häutung bin ich schon bei den Krebsen eingegangen.

Insekten atmen mit Hilfe der Tracheen, einem Röhrensystem, das mit Öffnungen in der Körperoberfläche (Stigmen) beginnt und die sauerstoffhaltige Luft bis zu den sauerstoffbedürftigen Geweben und Organen leitet. Kohlendioxid nimmt den umgekehrten Weg; beide Gase diffundieren in Richtung des Konzentrationsgefälles. Je größer die Tiere, desto länger wird der Weg. Rhythmische Bewegungen (Pumpen, Zählen) erleichtern den Gasaustausch.

So wird verständlich, daß zum Leben unter Wasser ganz besondere Probleme zu lösen sind. Eine Gruppe von Insekten und Insektenlarven atmet im Wasser nach dem Schnorchelprinzip. Kürzere oder längere, teils teleskopartig ausfahrbare Atemrohre durchstoßen das Oberflächenhäutchen und ermöglichen trotz untergetauchter Lebensweise den Zugang zur Atmosphäre. Wird solchen Tieren der Zugang zur Wasseroberfläche verwehrt, sterben sie.

Einige aquatische Insektenlarven besitzen Tracheenkiemen: häutige Körperanhänge, Ausstülpungen der Oberfläche, die von reich verzweigten Tracheen durchzogen sind und blind enden. Der Gasaustausch muß hier durch die Tracheenwandung erfolgen. Eine dritte Gruppe von Insektenlarven hat ein reduziertes Tracheensystem und atmet nur durch die Körperoberfläche, teilweise mit schlauchartigen Ausstülpungen, den Blutkiemen.

Für alle drei Lösungen gibt es Beispiele unter den Futtertieren. Tracheen- und Blutkiemen werden überhaupt erst leistungsfähig, wenn ständiger Kontakt mit unverbrauchtem Wasser besteht. Das ist auf zwei Wegen zu erreichen. Entweder bewegen sich die Kiemen (Eintagsfliegen) oder die Larven erzeugen einen Wasserstrom, der an den Kiemen vorbei geleitet wird (Zuckmücken).

Eine hervorragende Bedeutung als Futtertiere für Aquarienfische kommt den **Mückenlarven** zu. Mücken (Nematocera) gehören zu den Dipteren (Zweiflügler) innerhalb der holometabolen Insekten. Larven und Puppen der Mücken leben im Wasser. Drei Familien liefern gut verwertbares Fischfutter.

Als **schwarze Mückenlarven** werden Larven der Familie Culicidae (Stechmücken) bezeichnet (Foto Seite 102). Nach Analyse und Erfahrung stellen sie optimale Futtertiere für alle Aquarienfische des Süßwassers dar, da die Fische sie von der Größe her annehmen und im Oberflächenbereich fressen können. Zu den Stechmücken zählen in Deutschland

Die Larven der Stechmücken (Familie Culicidae) werden als schwarze Mückenlarven bezeichnet (Mikroskopaufnahme).

fünf Gattungen mit etwa 40 Arten. Davon sind aber nur die Mücken zweier Gattungen als Futtertiere von Bedeutung.

Die meisten Stechmücken leben vereinzelt, und ihre Larven und Puppen besiedeln versteckte Habitate und treten außerdem in geringer Zahl auf. Stechmücken bilden keine Schwärme; nur die Weibchen stechen. Die einzeln fliegenden Weibchen sind an ihrem Stechrüssel und den fädigen Antennen zu erkennen. Männchen können kleine Trupps bilden und haben federartige Antennen, deren Oberfläche größer ist und damit mehr Sinneszellen Platz bietet.

Für den Aquarianer sind nur die Gattungen *Culex* und *Aedes* interessant. *Culex*-

Weibchen überwintern in frostfreien Räumen, müssen danach Warmblüterblut saugen und legen ihre Eischiffchen an der Oberfläche kleinster, organisch verunreinigter, aber dauerhafter Gewässer ab. Regentonnen, alte Autoreifen und abwasserbelastete Chausseegräben sind häufige Brutgewässer.

Meist handelt es sich bei den hier vorgefundenen Larven um die der Art *Culex pipiens*, die auch als Hausmücke bezeichnet wird, da sie regelmäßig im Bereich menschlicher Siedlungen auftritt. Die Larven hängen mit einem schlanken, mehrfach locker beborsteten Atemrohr am Hinterende ihres Körpers an der Wasseroberfläche (Schnorchelprinzip). Bei Beunruhigung purzeln sie in die Tiefe, um kurz darauf wieder zur Oberfläche aufzusteigen. Sie ernähren sich von kleinpartikulären organischen Resten und wachsen in vier Häutungen zur Verpuppungsreife heran.

Die Puppen sind beweglich und zeigen ein ähnliches Verhalten wie die Larven. Sie hängen mit zwei Atemrohren am Oberflächenhäutchen. Die Entwicklung vom Ei bis zum flugfähigen Insekt (Imago) dauert im Sommer zwei bis drei Wochen.

Häufiger als *Culex* findet man Larven und Puppen der Gattung *Aedes* (Überschwemmungsmücken). Deren Weibchen legen die Eier auf feuchte Böden. Füllt sich die Bodendelle im zeitigen Frühjahr oder im Sommer mit Wasser (Hochwasser, Schneeschmelze, Niederschlagswasser), so entwickelt sich ein Teil der ruhenden Eier. Die Anpassung an temporäre Gewässer geht so weit, daß immer Eiserserven für die nächste Wasserfüllung übrigbleiben. Das Austrocknen des Kleinstgewässers vor

Abschluß der Larvalentwicklung ist hier artspezifisch »eingeplant«.

Larven und Puppen sind denen von *Culex* ähnlich. Das kürzere, dickere Atemrohr weist nur in der Mitte ein Borstenbüschel auf. Man findet *Aedes*-Larven und - Puppen in Feld- und Wiesenlachen, wassergefüllten Waldschneisen oder an ähnlichen Orten.

Der Fang aller schwarzen Mückenlarven vollzieht sich in gleicher Weise. An dem Daphnienkescher wird ein grobmaschiges Netz (etwa 1 Millimeter Maschenweite) angebracht und damit, möglichst ohne Störung, die Wasseroberfläche einmal durchgehend abgefischt. Nach Kescherleerung macht man ein bis zwei Minuten Pause und wiederholt den Netzzug. Beim Transport ist darauf zu achten, daß die Transportkanne nicht überfüllt wird und alle Larven und Puppen Platz an der Oberfläche finden (Foto rechts oben). Das gilt um so mehr für die Hälterungswannen nach dem Transport.

Aus den Puppen schlüpfen ständig Stechmücken. Das ist bei der Aufstellung der Futterwannen zu berücksichtigen. Will man die Puppen zuerst verfüttern, gibt man in die Futterschale einige Eisstücke. Die Larven sinken daraufhin zu Boden, und man kann die Puppen von der Oberfläche abkeschern. Durchlüftung ist in den Futterwannen der Stechmücken-Larven nicht nur überflüssig, sondern wegen der Wasserbewegung sogar nachteilig. Die Tiere atmen atmosphärische Luft. Je wärmer das Hälterungswasser ist, desto schneller geht die Entwicklung zum Imago vonstatten. Deshalb ist kühle Aufbewahrung auch hier geraten.

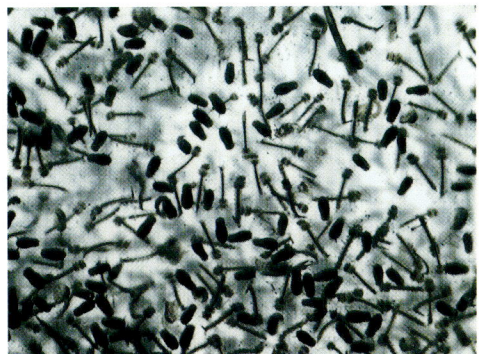

Oben: Stechmückenlarven und ihre Puppen halten sich an der Wasseroberfläche auf.
Mitte: Weibliche Chironomiden (Zuckmücken) haben sich zur Eiablage auf einen feuchten Wischlappen verirrt.
Unten: Der Blutfarbstoff der roten Mückenlarven ermöglicht ihnen das Überleben in Gewässern mit geringem Sauerstoffgehalt.

103

Die chemische Analyse der schwarzen Mückenlarven ergibt bei 82% Wassergehalt einen Eiweißanteil von etwa 10% und einen Fettgehalt von 4% in der Frischsubstanz. Durch die meist fischfreien Brutgewässer der Stechmücken sind sie für die Fischerei ohne Bedeutung.

Ganz anders verhält es sich mit den **Zuckmücken**, den Chironomidae. Zuckmücken bilden riesige Hochzeitsschwärme und orientieren sich dabei an erhöhten Punkten in der Landschaft. An Kirchtürmen und Baumwipfeln stehen die Schwärme an warmen Sommerabenden wie Rauchfahnen und werden zuweilen auch dafür gehalten. Die Geschlechtstiere leben nur kurze Zeit in Abhängigkeit von der Witterung. Es erfolgt keine Nahrungsaufnahme. War der Hochzeitsflug erfolgreich, sterben die Männchen sofort nach der Begattung. Die Weibchen suchen zielgerichtet nach Wasseroberflächen zur Eiablage. Auch feuchte Stellen in der Nähe einer Wasserpumpe, sogar feuchte Wischlappen werden dabei irrtümlich angenommen (Foto Seite 103).

Als Futter für Aquarienfische ist nur *Chironomus plumosus* von Bedeutung. Die **roten Mückenlarven** enthalten in ihrer Körperflüssigkeit Hämoglobin, den roten Blutfarbstoff (Foto Seite 103), der ihnen in Lebensräumen mit geringem Sauerstoffgehalt von Nutzen ist. Sie bauen sich aus Sekret und Schlammpartikeln eine Wohnröhre und leben am Grund der Gewässer. Hier tritt zeitweilig extremer Sauerstoffmangel ein. Zu dieser Zeit gewinnen die Larven ihre Energie aus der Vergärung von Speicherstoffen (partielle Anoxibiose). Später müssen sie die

Sauerstoffschuld durch intensive Atmung wieder abtragen.

Als Tiere des Benthals (Bodenzone) leben sie filtrierend vom Leichenregen (Kieselalgen) aus der produktiven, lichtdurchfluteten Oberfläche des Sees. Sie erzeugen in ihrer Wohnröhre durch wellenförmige Bewegungen einen Wasserstrom, der ihnen neben Nahrungspartikeln Frischwasser für die Atmung zuführt. Der Gasaustausch erfolgt mit der ganzen Körperoberfläche und durch zwei Paar schlauchartige Anhänge an den hinteren Segmenten (Blutkiemen).

Die Besiedlungsdichte durch rote Mückenlarven ist in nährstoffreichen Seen ein Maßstab für die fischereiliche Produktivität des Gewässers. Ab 20 g/m², also 200 kg/ha, kann man von einer guten Nahrungsgrundlage sprechen. Ist das Larvenstadium beendet, erfolgt die Häutung zu einer beweglichen Puppe mit federbuschartigem Kopfteil. Die Puppen steigen auf und schlüpfen an der Wasseroberfläche. Dort massenhaft treibende Nymphenhäute zeugen von einem Massenschlupf, einer Emergenz. Eine bis drei Emergenzen sind in deutschen Gewässern möglich.

Chironomiden überwintern als Larven. Da im Winter keine Emergenz erfolgt, ist ihr Fang zu dieser Zeit am erfolgreichsten. In flachen Gewässern kann man oberflächlich den Schlamm abtragen und durch ein Sieb mit 0,5 Millimeter Maschenweite spülen. Das Abheben der obersten Schlammschicht gelingt mit einer Schaufel oder mit einem stabilen Kescher mit flachem Netzbeutel und gerader Vorderkante (Schiebehamen). In tieferen Gewäs-

104

sern lohnt sich der Einsatz eines Boden-
greifers nach EKMAN-BIRGE vom Boot aus.
Legt man in Teichen und Weihern alte
Säcke oder ähnliches auf den Schlammbo-
den und beschwert sie mit Steinen, so
wird das Substrat gern von den Mückenlarven als Unterlage zum Bau ihrer
Wohnröhren angenommen.

Beim Transport der roten Mückenlarven
ist unter anderem daran zu denken, daß
die Tiere auf den im Wasser gelösten
Sauerstoff unbedingt angewiesen sind.
Niedrige Temperaturen sind vorteilhaft.
Bei hohen Außentemperaturen muß die
Menge der Larven eingeschränkt werden,
oder man entscheidet sich für den
Trockentransport auf Gazerahmen (vergleiche das Kapitel »Wasserflöhe«). Für
die Aufbewahrung gibt man die Larven in
einen Gazebeutel mit Maschen um
100 μm Weite, der in ein Gefäß mit
Wasserdurchfluß gehängt wird. Mit 88%
Wassergehalt, 6,5% Eiweiß und 2% Fett
(MANN 1935) ist der Futterwert zwar
geringer als der von Stechmückenlarven,
aber immerhin noch recht günstig, vor
allem für größere Aquarienfische, die sich
von Bodentieren ernähren.

Weiße Mückenlarven (Glasmückenlarven) gehören zur Familie der Chaobori-
dae; diese sogenannten Büschelmücken
stechen nicht. Die Larven der Mücken der
Gattung *Chaoborus* stecken mit ihrem Vorderende am Tage im Faulschlamm; nachts
schweben sie waagerecht im freien Wasser und ernähren sich räuberisch von
Copepoden und Cladoceren (Foto Seite
106). Die waagerechte Haltung wird durch
je zwei Tracheenblasen am Vorder- und am
Hinterende ermöglicht. Diese Luftreserve

hilft auch bei der Überbrückung kurzfristi-
gen Sauerstoffmangels.

Weiße Mückenlarven sind besonders in
Winternächten in Waldseen und -tümpeln
zu erbeuten. Man verwendet einen Daphnienkescher mit weitmaschigem Netzbeutel. Dadurch vermindert sich der Staudruck. Man kann diese Mückenlarven in
Kannen oder trocken transportieren.

Glasmückenlarven werden von vielen
Aquarienfischen gern gefressen, aber
wegen ihrer harten Cuticula schlecht
verdaut. Ich habe beobachtet, wie Seenadeln, die sonst schwer an Ersatzfutter zu
gewöhnen sind, die Larven gierig fraßen,
bis die ersten den After wieder lebendig
verließen. Seenadeln haben einen geraden
ungegliederten Darm ohne Magen.

Rote und weiße Mückenlarven kann
man in flachen Schalen längere Zeit hältern. Voraussetzung ist eine niedrige Temperatur zwischen 4 und 6 °C. Wo die Möglichkeit besteht, empfiehlt sich die Aufbewahrung im Kühlschrank.

Außer Mückenlarven können die Larven
der **Eintagsfliegen** (Ephemeroptera) gelegentlich als Futter für Aquarienfische
eine Rolle spielen (Foto Seite 106). In
größeren Mengen (300 Individuen pro
Quadratmeter) besiedeln sie meist
Fließgewässer. Dabei sind sie recht
empfindlich gegen landwirtschaftliche und
industrielle Abwässer.

Die Larven sind an den drei fädigen
Hinterleibsanhängen leicht zu erkennen.
Zuweilen findet man auch Steinfliegenlar-
ven mit zwei Abdominalanhängen (Foto
Seite 106). Die Bestimmung der Gattun-
gen und Arten ist schwierig und nur mit
Spezialliteratur möglich. Bei Eintagsfliegen

105

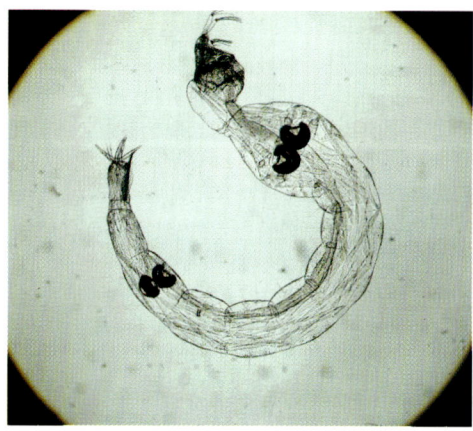

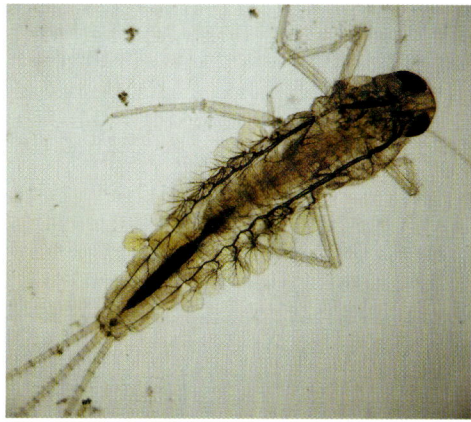

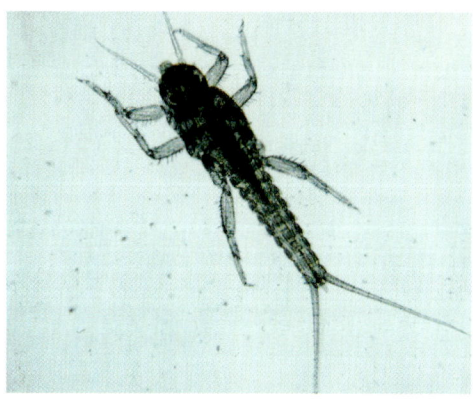

in stehenden Kleingewässern handelt es sich meist um die Gattung *Baetis*. Für die Futterkunde ist die Gattungs- und Artzugehörigkeit bedeutungslos.

Eintagsfliegenlarven sind Filtrierer oder Partikelfresser. Auch dort, wo sie häufig auftreten, findet man sie nur durch die Kescherprobe. Dafür eignet sich am besten ein grobmaschiger, größerer Aquarienkescher am langen Stiel. Die Tiere sitzen zwischen Wasserpflanzen, am Gewässerboden oder an Totholzteilen. Scheucht man sie auf, legen sie kurze Strecken mit schnellen delphinartigen Bewegungen zurück. Eintagsfliegen leben als Larven je nach Art ein bis drei Jahre im Wasser. Nach dem Schlupf sterben die geflügelten Insekten dagegen schon nach ein bis drei Tagen, wenn sie sich fortgepflanzt haben.

Die Imagines sind wie die Larven an drei fädigen Abdominalanhängen zu erkennen. Bei Massenschlupf beobachtet man auffällige Hochzeitsflüge. Die Männchen ergreifen die Weibchen, begatten sie und sterben sofort danach. Die Weibchen bringen die Eier ins Wasser und sterben ebenfalls. Die Larven wachsen langsam, wobei 20 und mehr Häutungen, jedoch keine Puppenruhe stattfinden (Hemimetabolie).

Oben: Corethra-Larven werden als weiße Mückenlarven oder Glasstäbchen bezeichnet.
Mitte: Eintagsfliegenlarven besiedeln meistens Fließgewässer, die nicht durch Abwässer verunreinigt sind.
Unten: Steinfliegenlarven besitzen im Gegensatz zu Eintagsfliegenlarven nur zwei Abdominalanhänge. Bei den Fotos auf dieser Seite handelt es sich um Lupenaufnahmen.

106

Eintagsfliegen müssen sorgfältig, unter Berücksichtigung ihres Sauerstoffbedürfnisses, transportiert und gehältert werden. Mit ihren Tracheenkiemenblättchen können sie nur den im Wasser gelösten Sauerstoff veratmen. Die Kiemenblättchen werden zur besseren Ventilation von Zeit zu Zeit vibrierend bewegt.

Die Analyse ergibt für Ephemeriden-Larven einen Gehalt von 87% Wasser, 8% Eiweiß und 2% Fett in der Frischsubstanz. Die besondere Bedeutung als Futter für Aquarienfische liegt aber nicht in den chemischen Komponenten. Die Larven werden von vielen Fischen bevorzugt gefressen, weil sie den Jagdtrieb besonders stimulieren. So bieten sie eine wertvolle Möglichkeit bei der Fütterung und Eingewöhnung von »Problemfischen«.

Blickt man von einer Brücke in das schwach fließende, flache Wasser eines Baches oder eines Grabens, oder auch vom Steg in das flache Wasser der Uferzone eines Sees, so scheinen sich einige Schilfhalmstückchen kriechend zu bewegen. **Köcherfliegenlarven** haben sich aus Pflanzenteilen, aus Sandkörnchen oder Schneckenschalen mit Hilfe eines Sekrets der Unterlippendrüsen eine Schutzhülle, einen Köcher, gebaut. Ihr Vorderkörper schaut mit drei Paar Beinen vorn aus dem Köcher hervor, kann sich aber auch in ihn zurückziehen. Hinten ist die Larve im Köcher mit einem Hakenpaar verankert.

Köcherfliegenlarven sind überwiegend Pflanzenfresser oder ernähren sich von pflanzlichem Detritus. Ihr im Köcher geschützter Hinterleib ist mit fädigen Tracheenkiemen versehen. Die Larven kommen nicht zur Wasseroberfläche,

müssen also ohne Stigmen den im Wasser gelösten Sauerstoff atmen. Nach einer Puppenruhe im Köcher (Holometabolie), der beidseitig locker verschlossen wird, schlüpfen die Imagines und bleiben zeitlebens in Wassernähe. Sie sind ungeschickte Flieger mit behaarten und meist dunkel gefärbten Flügeln (Pelzflügler – Trichoptera), die in Ruhe dachartig gefaltet sind.

Die Nahrungsaufnahme ist bei den Geschlechtstieren unbedeutend. Nach der Paarung werden die Eier am oder im Wasser abgelegt. Die meisten Arten kommen im Oberlauf der Flüsse vor, doch das Einsammeln zu Futterzwecken ist im langsam bewegten Wasser oder in flachen Stillgewässern am einfachsten, da man hier die sich bewegenden Tiere besser sieht und zielgerichtet erbeuten kann. Hat man keine Sicht, muß man Pflanzenbestände und Bodenzone blind abkeschern und den Fang aussammeln.

Die in flachen Schalen aufbewahrten Larven werden vorsichtig aus dem Köcher gezogen und einzeln verfüttert. Für große Cichliden und auch für größere Welse sind die einen bis zwei Zentimeter langen, meist drehrunden, hell gefärbten Larven eine besondere Delikatesse. Daß Köcherfliegenlarven ohne Köcher von Fischen gern gefressen werden, haben auch die Angler entdeckt; sie verwenden sie bevorzugt als Köder.

Verschiedene Futtertiere

Was hier zusammengestellt und dem Lebendfutter aus freier Natur nachgetragen werden soll, stammt aus verschiedenen Gruppen des Tierreichs. Von größerer

107

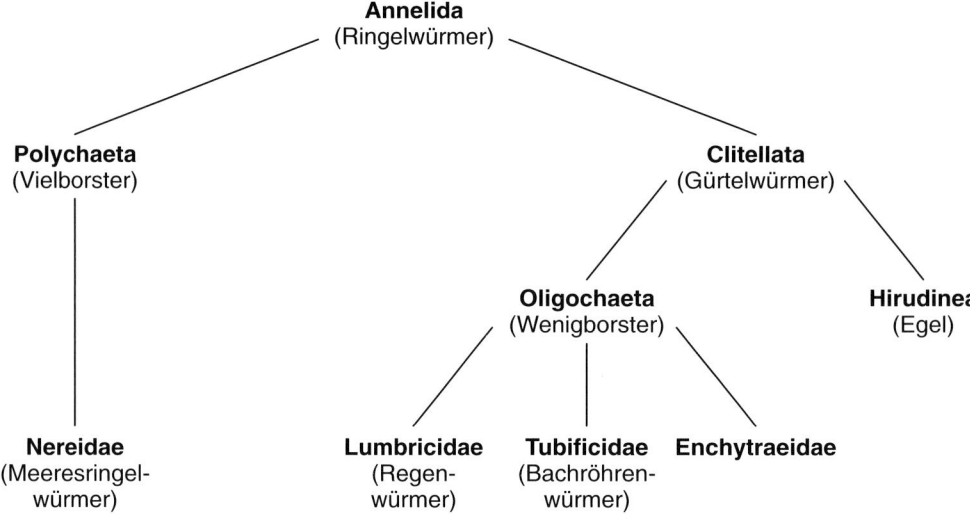

Verwandtschaftsbeziehungen der verschiedenen Gruppen der Ringelwürmer (Annelida).

Bedeutung sind in diesem Rahmen die **Ringelwürmer** (Annelida). Sie werden mit den Gliederfüßern zu einer Stammgruppe, den Gliedertieren (Articulata), zusammengefaßt und sind als deren stammesgeschichtliche Vorläufer aufzufassen.

Ringelwürmer sind weitgehend gleichmäßig gegliedert (Name!). Diese sogenannte homonome Metamerie ist die ursprüngliche Form, die ungleichmäßige heteronome Metamerie der Insekten ist als Ableitung anzusehen. Die inneren verwandtschaftlichen Beziehungen der Ringelwürmer gehen aus der oben abgebildeten Übersicht hervor.

Allen Gürtelwürmern gemeinsam ist das **Clitellum**, eine wulstige Segmentgruppe im vorderen Drittel des Körpers. Es dient der wechselseitigen Spermaübertragung und der Eikonbildung der zwittrigen Tiere. Die Familien der Oligochaeta, die

hier zu besprechen sind, leben im Schlamm der Gewässer oder gehören zum Edaphon (Bodenlebewelt). Sie sind Geophagen (Erdfresser) oder ernähren sich von Schlammpartikeln. Damit sind sie an der Mineralisation, der Umsetzung biologischer Abfälle, wesentlich beteiligt. Atmungsorgane fehlen; der Gasaustausch erfolgt durch die ganze Körperoberfläche.

Tubifex sind den meisten Aquarianern bekannt. Die Bachröhrenwürmer leben am Grunde organisch belasteter Fließ- und Stillgewässer. Besonders reich besiedelt sind langsam fließende Bäche und Kanäle, die Abwässer von Molkereien und Zuckerfabriken aufgenommen habe. Freier Schwefelwasserstoff, der nicht durch Eisen zu Eisensulfid gebunden werden kann, wird von den Würmern gemieden.

In geeigneten Gewässern bilden *Tubifex* rote, bewegte Schlammoberflächen. Sie

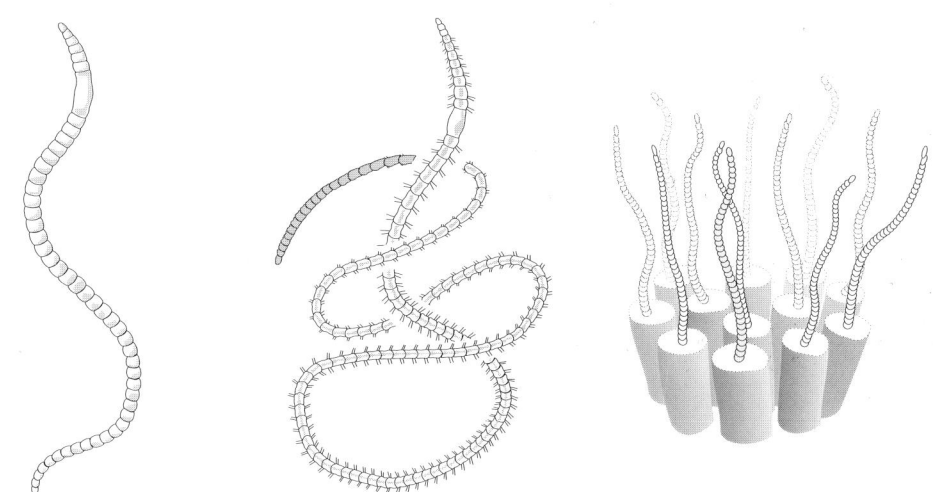

Tubifex (Mitte und rechts) gehören ebenso wie die Enchyträen (links) zu den Ringelwürmern (Annelida).

stecken mit ihrem Vorderende meist zwei bis vier Zentimeter tief im Boden und ragen mit dem kürzeren Ende ungefähr zwei Zentimeter weit daraus hervor. Wellenförmige Bewegungen der Hinterenden der in dichten Beständen siedelnden Tiere sorgen für die Zufuhr sauerstoffhaltigen Wassers aus höheren Schichten, denn der Schlamm ist meist durch Zehrung sauerstofffrei. Bei Erschütterungen des Bodens ziehen sich die Würmer blitzschnell in ihre senkrecht in den Schlamm führenden Röhren zurück.

Am Röhrenrand bauen *Tubifex* nach und nach einen »Schornstein« aus Hautschleim auf (Abbildung oben). Die rötliche Farbe ist auf den Farbstoff Erythrocruorin, eine Variante des Hämoglobin, zurückzuführen, der durch die weitgehend unpigmentierte Körperwand hindurchscheint. Die Farbstoffe ermöglichen den Bachröhrenwür-

mern wie den roten Mückenlarven das Leben in sauerstoffarmen Bereichen, denn durch sie kann auch bei niedrigen O_2-Partialdrücken eine Sauerstoffsättigung des Blutes erreicht werden.

Hat man eine Stelle mit reichlichem *Tubifex*-Vorkommen ausgemacht, sind die oberen fünf Zentimeter des Bodenschlamms mit einer flachen Schaufel zu entnehmen und in einen Eimer zu geben. Der Schlamm wird mit grobem Sand überschichtet, und der Eimer danach mit Wasser aufgefüllt. Die Würmer verlassen, vom Sauerstoffmangel getrieben, den Schlamm und sammeln sich auf dem Sand als Klumpen (Foto Seite 110). So kann man sie sauber entnehmen.

Sollen *Tubifex*-Klumpen transportiert werden, so geschieht das ohne Wasser in Gefäßen mit großer Bodenfläche unter kühlen, aber frostfreien Bedingungen.

109

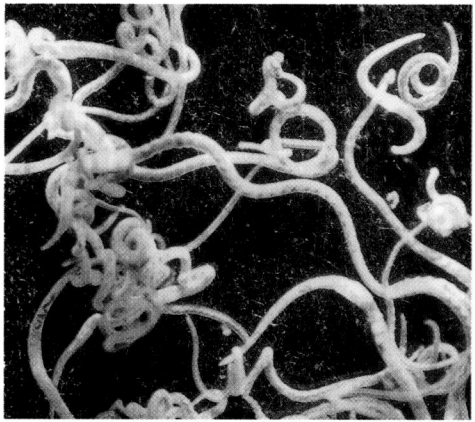

Nach dem Fang ballen sich Tubifex zu Klumpen zusammen.

Hohe Temperaturen verursachen schnell Totalverluste. Die Aufbewahrung der Würmer erfolgt unter fließendem Wasser. Der Wasserhahn wird nur ein wenig geöffnet und der Strahl mit einem Schlauch an den Boden des Hälterungsgefäßes geleitet. Täglich muß der Wurmklumpen durchgespült werden. Die lebenden Würmer sinken schnell zu Boden. Der trübe, flockige Überstand wird abgegossen. So sind Wurmvorräte über mehrere Wochen zu erhalten. Für die *Tubifex*-Hälterung kann auch das Toilettenspülbecken genutzt werden, indem ein geeignetes Gefäß eingestellt oder ein feinmaschiger Beutel mit dem Wurmvorrat eingehängt wird.

Tubifex ist ein sehr gutes Futter für alle nicht zu kleinen bodentierfressenden Fische. Die Würmer werden auch von Fischen solcher Arten gern genommen, die eigentlich in der Freiwasserzone fressen. Für kleine Arten oder Jungfische sind die *Tubifex* mit einer Rasierklinge zu zer-

teilen. Vor der ersten Fütterung ist auf gute Darmentleerung der Würmer zu achten, denn der Abwasserschlamm kann für Aquarienfische gefährlich sein. Drei bis vier Tage in fließendem Wasser mit täglicher Durchspülung sind dafür ausreichend.

Werden *Tubifex* nicht sofort gefressen, können sich übriggebliebene Würmer im Bodengrund ansiedeln und sind dann für viele Fische nicht mehr erreichbar, da sie sich bei Gefahr blitzartig zurückziehen können. Das verhindert man durch einen Futterring. Eine kleine schwimmende Kunststoffglocke ist unterseits perforiert und entläßt die Würmer einzeln. Dadurch wird auch die Fütterung von Oberflächenfischen mit *Tubifex* in vielen Fällen möglich.

Von der systematischen Stellung und aquaristischen Bedeutung her wären jetzt die **Enchyträen** zu nennen. Da sie aber hauptsächlich aus Zuchten gewonnen werden, bespreche ich sie im Kapitel »Lebendfutter aus Futtertierzuchten«.

Regenwürmer sind ökologisch wichtige Tiere der **Bodenlebewelt** (Edaphon), die den Boden durchmischen und durchlüften. Sie reichern ihn mit Humus an und unterstützen die Mineralisation. Durch diese Aktivitäten im oberen Bodenbereich ist ihre landwirtschaftliche Bedeutung beachtlich, zumal sie in erheblicher Individuenzahl und Biomasse vorkommen. Mittelgute Wiesen haben in Deutschland einen Bestand von etwa 800 kg/ha Regenwurmmasse (KAESTNER 1955).

Regenwürmer sind gegen Austrocknung und UV-Strahlung nicht geschützt. Da die im Boden enthaltene Luft O_2-arm und CO_2-reich ist, entstehen bei zusätzlicher

Belastung Atmungsprobleme. Laufen die Kriechgänge der Würmer voll Regenwasser, flüchten sie zur Bodenoberfläche (Name!), wo sie oft den Lichttod sterben oder vertrocknen.

Die Gattungen und Arten der Familie besiedeln unterschiedliche Bodenqualitäten bis hin zum Misthaufen, Holzmulm und Moospolster. *Lumbricus terrestris* ist in Deutschland auf lehmigen Böden und in Gartenerde der häufigste Regenwurm. Er ist nachts auch an der Bodenoberfläche zu finden, wo er mit dem Hinterende in seinem Kriechgang steckt und mit dem Vorderende nach Pflanzenteilen sucht, die er bei Eignung in den Gang hineinzieht (Humusanreicherung). Dementsprechend sammelt man ihn nachts mit der Taschenlampe oder gräbt an feuchten Stellen im Garten nach ihm. Sein Clitellum erstreckt sich vom 32. bis zum 37. Segment seines Körpers.

Der kleinere Laubregenwurm (*Lumbricus rubellus*), ein ausgesprochener Humusbewohner, findet sich unter Laub und in faulenden Baumstubben. Sein Clitellum erstreckt sich vom 26. bis zum 32. Segment. Er ist ein besonders geeignetes Futtertier für größere Aquarienfische und läßt sich sogar in Kultur vermehren.

Zur Unterbringung der Regenwürmer eignen sich »atmende« Gefäße aus Holz oder nicht glasierter Keramik, wie beispielsweise große Blumentöpfe. Holzkisten von 30 Zentimeter Höhe und etwa 40 x 40 Zentimeter Länge und Breite werden zu gleichen Teilen mit ungedüngter Gartenerde und Torf 20 Zentimeter hoch gefüllt. Zusätzlich sollte man etwas Sand und Fallaub beimischen. Wichtig ist eine gute

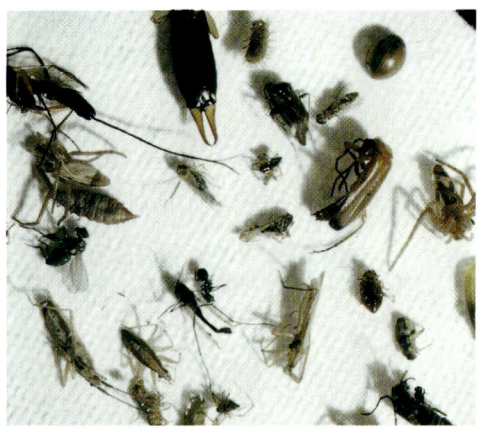

Wiesenplankton eignet sich für Fische, die in der Natur von Anflugnahrung leben.

Durchfeuchtung ohne stauende Nässe. Die Bodenoberfläche wird mit einem Leinenstück abgedeckt und das Gefäß mit einem Holzdeckel locker verschlossen. Will man füttern, kann man das mit einem Haferflocken-Gras-Gemisch auf der Substratoberfläche unterhalb des Leinentuches tun. Auf kontinuierliche Bodenfeuchte und Temperaturen zwischen 10 und 15 °C (Keller!) ist zu achten. Zur Anfeuchtung eignen sich destilliertes oder Regenwasser am besten.

Regenwürmer sollten unmittelbar vor der Verfütterung mit einer Rasierklinge zerteilt werden, denn ihre Cuticula (Epidermisauflage) ist für Fische unverdaulich. Sie besteht aus Kollagenfibrillen, für die Fischdärme kein entsprechendes Verdauungsenzym besitzen. So wird der Cuticulaschlauch oft unverdaut wieder ausgeschieden. Durch Zerteilung der Würmer bietet man den Verdauungssäften von der Schnittstelle her eine entsprechende

111

Angriffsfläche. Die chemische Analyse weist bei Regenwürmern bei 80% Wassergehalt 11 bis 12% Eiweiß und 2,5% Fett in der Frischsubstanz nach.

Wer in Nähe der Nord- oder Ostseeküste wohnt und geeignete Schlickwattstellen kennt, kann bei flachem Wasserstand besonders wertvolle Futtertiere sammeln, die für die Meeresaquaristik wichtig sind.

Auf die Gewinnung des Schlickkrebschens (Corophium) habe ich schon im Kapitel »Höhere Krebse« hingewiesen. Mit ihm vergesellschaftet leben Würmer der Gattung Nereis, meist Nereis diversicolor, die zu den Ringelwürmern aus der Gruppe der **Polychaeta** (Vielborster) gehören. Jedes ihrer Segmente trägt ein Paar Stummelfüße (Parapodien) mit Borstenbüscheln, die die schlängelnden Bewegungen der Tiere unterstützen. In ihren Wohngängen im Schlickwatt haben sie trichterförmige Netze gebaut, worin sich Seston (lebendes und totes Geschwebe) verfängt, das mit dem Atemwasserstrom in die Wohnröhren gelangt. Später frißt Nereis das Netz samt Inhalt.

Die Würmer kommen zuweilen auch aus ihren Wohnröhren hervor und weiden den Kieselalgenbelag der Umgebung ab, wobei sie auch tierische Reste nicht verschmähen. Dadurch werden sie als Mitbewohner von Meeresaquarien nützlich.

Die sechs bis zwölf Zentimeter langen Tiere besiedeln das Schlickwatt bis zur Spatenstichtiefe. Der ausgehobene Schlick wird durch ein Kastensieb (ein Millimeter Maschenweite) gespült. So kann man in einer Stunde Hunderte von Würmern erbeuten. Für Aktinien und Fische im Meeresaquarium ist Nereis ein sehr gutes Futter. Man kann die Würmer in flachen Schalen mit Wasser vom Fundort bei schwacher Belüftung kühl aufbewahren. Dort umgeben sie sich schnell mit einer Schleimhülle und Partikeln aus dem Hälterungswasser. Vor der Fütterung sollte man die Hüllen entfernen.

Der tiefer im Schlick lebende **Wattwurm** (Arenicola marina), von den Anglern auch Köderwurm genannt, eignet sich nur für große Fische in Schauaquarien. Außerdem ist er schwer aufzubewahren und stirbt schnell, insbesondere wenn er beim Ausgraben verletzt worden ist.

Tropische Oberflächenfische wie Halbschnabelhechte und Beilbauchfische erfordern vielseitig zusammengesetzte Insektennahrung. Auch für andere Fische, die von der Oberfläche fressen können, sind Insekten als **Anflugnahrung** wertvoll.

Im Zusammenhang mit der Beschreibung aquatischer Insektenlarven habe ich schon auf Rolle und Vorteile der Insekten als Futtertiere verwiesen. Der Anflugnahrung am nächsten kommt das »Wiesenplankton« (Foto Seite 111). Mit einem grobmaschigen Daphnienkescher (Mückenlarvennetz) oder einem Luftkescher (Schmetterlingsnetz), der einen längeren (60 Zentimeter), verjüngend zulaufenden Netzbeutel trägt, »keschert« man die Wiesengräser ab. Besonders Wiesenränder und Heckennähe, die Grenzen von Lebensräumen, eignen sich in den späten Vormittagsstunden heiterer Frühlings- und Sommertage zum Fang. Man sollte nur für den sofortigen Verbrauch fangen. Eine Aufbewahrung des

Futters ist im Kühlschrank für einige Tage bei etwa 4 °C möglich.

In diesem Abschnitt des Buches wären auch die Rädertiere (Rotatoria) zu besprechen. Doch unter dem Aspekt der »Züchtung von Futtertieren« wie auch der »Jungfischernährung« scheinen sie besser plaziert zu sein.

Wenn von Muscheln im Sinne von Futtertieren gesprochen wird, ist an erster Stelle die **Miesmuschel** (*Mytilus edulis*) zu nennen. Verbreitung, Lebensweise und Lebensraum machen Beschaffung und Hälterung verhältnismäßig einfach. Die Miesmuschel kommt entlang der deutschen Nord- und Ostseeküste bis hin in die östliche Ostsee vor. Sie ist daher in bezug auf den Salzgehalt des Wassers sehr anpassungsfähig. Die im Westen bei 34‰ Salinität vorkommenden Tiere sind etwa acht Zentimeter lang. Bei 5‰ in der Rigaer Bucht messen die meisten Schalen nur noch zwei Zentimeter.

Mit einer Byssusdrüse im Fuß kann die Miesmuschel Fäden spinnen, die ein Ansetzen auf Unterlagen (Steine, Buhnen, Unterwasserteil der Schiffe) ermöglichen. Was man am Spülsaum findet, sind die leeren Schalen toter Tiere. Bei Ebbe an der Nordsee und bei entsprechender Windrichtung an der Ostsee (Windwatt) kann man watend die Muscheln von ihren Unterlagen pflücken.

Kühl und belüftet im Meer- oder Brackwasser bei einer dem Fundort entsprechenden Salinität lassen sich die Muscheln aufbewahren, mit dem Messer öffnen, zerschneiden und verfüttern. Aktinien und Fische nehmen sie gern und mit Erfolg für Wachstum und Entwicklung an. Pflegt man

Seesterne im Aquarium, empfiehlt sich die Gewöhnung einiger Muscheln an Temperatur und Salinität des Aquarienwassers. Die Seesterne können dann nach Bedarf fressen. Sie legen sich über eine Muschel und ziehen langsam und ausdauernd über mehrere Stunden hinweg die Schalenhälften auseinander. Öffnet sich die Schale einen Spalt breit, dringt der Magen des Seesterns in den Muschelraum ein und verdaut die Muschel extragastral. Der angedaute Nahrungsbrei wird vom Seestern eingeschlürft.

Seesterne fressen auch tote Miesmuschelstückchen, doch verzichtet man bei ihrer Verfütterung auf das artspezifische Freßverhalten. Die als Seesternfutter eingesetzten Miesmuscheln müssen von Zeit zu Zeit auf ihre Vitalität überprüft werden, da tote Muscheln das Wasser verderben. Bei geschwächten Tieren lassen sich die Schalenhälften leicht auseinanderziehen. Solche Muscheln müssen entfernt werden.

Wenn man Raubfische pflegt, muß man **Futterfische** beschaffen. In der Meeresaquaristik bieten sich Fische aus der Familie der Grundeln (Gobiidae) in verschiedenen Größen an. Mehrere Gattungen und Arten besiedeln die Nord- und Ostseeküste. Ihrer Form wegen nennt man sie auch Külinge (von Keule abgeleitet). Ihre Bauchflossen sind zu einem Saugnapf verwachsen, mit dem sie sich an glatten Oberflächen, an Steinen oder auch an Aquarienwänden festsetzen können. Die Männchen verteidigen das Gelege, das oft in leeren Muschelschalen angelegt worden ist.

Die Gattung *Pomatoschistus* lebt im Flachwasser sandiger und schlickiger

113

Küsten und dringt weit ins Brackwasser sein. Die zwei bis vier Zentimeter langen Tiere treten ohne Schwarmbildung in großer Individuendichte auf und bevorzugen eine Wassertiefe von 10 bis 50 Zentimetern. Man erbeutet sie mit dem Schiebehamen und einem Netzbeutel von einem Millimeter Maschenweite.

In zwei bis sechs Meter Wassertiefe lebt die größere Schwarzgrundel (*Gobius niger*). Sie wird mit der Zeese (Grundschleppnetz) in Seegraswiesen gefangen und hat als Köderfisch beim Aalfang eine Bedeutung. Zu ihrer Beschaffung ist folglich die Zusammenarbeit mit der Küstenfischerei erforderlich.

Grundeln verwahrt man in einem Aquarium von etwa 80 Litern Fassungsvermögen bei 20 Zentimeter Wasserstand auf. Belüftet und kühl kann man sie monatelang halten. Als Futter können zweimal wöchentlich Enchyträen, *Tubifex* oder rote Mückenlarven gereicht werden. Die Häufigkeit des Teilwasserwechsels richtet sich nach der Besatzdichte; einmal pro Woche 10 bis 20% des Wassers sind ein guter Mittelwert.

Als Ersatz für Futterfische kann man in der Meeresaquaristik ohne Nachteil **Garnelen** verwenden, wie schon im Kapitel »Höhere Krebse« berichtet worden ist.

Im Meeresaquarium sollte nur Futter maritimer Herkunft und im Süßwasser nur limnisches Futter Verwendung finden, wenn man auch manchmal geneigt ist, die Regel zu durchbrechen. Die einfache Beschaffbarkeit von einsömmrigen Cypriniden an Brücken und Stegen von Binnengewässern läßt auch an deren Verwertbarkeit als Futterfische im Meerwasseraquari-

um denken. Die Gefahr ist jedoch groß, daß sich Futterfische aus dem Süßwasser hinter Korallenaufbauten verklemmen, wenn sie versuchen, dem Raubfisch auszuweichen. Sie können sich im Meerwasser nur ungeschickt bewegen und sterben bald.

Als Futterfische im Süßwasseraquarium sind die Plötzen, Bleie, Güster und Ukeleis auch nicht besonders empfehlenswert, da sie meist mit zahlreichen Parasiten, insbesondere mit *Ichthyophthirius*, befallen sind. Verfüttert man sie im Meeresaquarium, besteht die Gefahr der Infektion nicht. Was an Meeresfischen wie *Ichthyophthirius* aussieht, ist der Parasit *Cryptocarion*, der wiederum im Süßwasser keine Chance hat.

Raubfische des Süßwassers wie *Belonesox* und andere füttert man am besten mit den Erträgen einer Guppyzucht. In vieler Hinsicht vorteilhaft wirkt sich der Kontakt mit der Fischwirtschaft aus. Brut von Karpfen und Schleien, zur Verfütterung an größere Raubfischen vorgestreckte Speisefische lassen sich einfach und billig erwerben.

Den passionierten Aquarianern ist außerdem neben der DATZ die Zeitschrift »Fischer und Teichwirt« zu empfehlen, und zwar nicht nur wegen der Futterfisch-Adressen. Geistiger und körperlicher Kontakt zu den heimischen Gewässern, ihrer Flora, Fauna und ihrer Ökonomie vertiefen aquaristisches Wissen und Können. Diese Kontaktempfehlung ist durchaus nicht als Einbahnstraße zu verstehen. Der Fischwirt könnte auch durch Aquarienbeobachtungen mancherlei Einsichten erlangen.

114

Lebendfutter aus Futtertierzuchten

Pflanzenaufgüsse

Als Anton van Leeuwenhoek im 17. Jahrhundert getrocknete Pflanzen mit Wasser übergoß und darin nach einiger Zeit mit selbstgebauten Lupenmikroskopen kleine Tiere beobachtete, nannte er sie **Infusorien** (Aufgußtierchen), also Tiere, die sich in einer Infusion, einem Aufguß, entwickeln. Er und auch spätere Forscher glaubten, daß die Infusorien aus faulenden Pflanzen entstehen: Man meinte, der Urzeugung auf der Spur zu sein. Heute wissen wir, daß dem nicht so ist.

Viele **Einzeller** (Protozoa) haben die Fähigkeit, bei schwindendem Wasser Diapause-Stadien (Ruhestadien) zu bilden. Diese Cysten sind mit einer festen Hülle umgeben. Das Zellplasma ist wasserarm und enthält verschiedene Reservestoffe. Gelangen die Cysten wieder in Wasser mit ihnen zusagenden Bedingungen, so kriecht aus der Cyste wieder ein aktiver Einzeller. Von diesem Verhalten machen wir Gebrauch, um kleinstes Futter in größerer Menge zu gewinnen. Das ist erforderlich, um freischwimmende Fischbrut nach Abschluß der Dottersackphase über die ersten Tage der Entwicklung zu bringen.

Größere Gurkengläser, Bechergläser oder ähnliche mit etwa zwei bis drei Liter Fassungsvermögen werden locker mit frischem Heu beschickt und mit abgestandenem Leitungswasser bis drei Zentimeter unterhalb des Randes gefüllt. Die Beimpfung ist der wichtigste Schritt. Man sammelt Wasser und Bodenproben in kleinsten Mengen von Blumenvasen und Blumentöpfen, aus alten Aquarien und dergleichen. Der Heuaufguß erhält ein »Schlückchen« von der Impfbrühe.

Die Aufstellung sollte nicht in Heizungs- oder Fensternähe erfolgen. Mäßig hell und mäßig warm (Zimmertemperatur), außerdem staubgeschützt durch einen Pappdeckel (keine Glasscheibe), entwickelt sich die Kultur am besten. Erstaunlich ist, daß die Entwicklung in mehreren Gläsern trotz einheitlicher Ausgangsbedingungen unterschiedlich verläuft. Deshalb empfiehlt es sich, mehrere Kulturen (am besten drei bis fünf) anzusetzen. Verdunstetes Wasser wird am besten durch destilliertes, notfalls durch abgestandenes Wasser ersetzt.

Die Besiedlung der Aufgüsse ist eine Sukzession: Verschiedene Organismengruppen folgen mit großer Regelmäßigkeit nacheinander. Zunächst entsteht an der Oberfläche eine Kahmhaut durch *Bacillus subtilis*. Der Heubazillus ist die Weide für nachfolgende Tiergruppen. Nach zwei bis drei Tagen treten Flagellaten auf. Einige Tage später kann man sehr kleine Wimpertierchen beobachten – oft aus der Gattung *Colpidium*. Zwei bis drei Wochen nach Ansatz erhält man die gewünschten **Pantoffeltierchen** (*Paramecium caudatum*), die sich zur Fütterung der Fischbrut im Süßwasser eignen.

Pantoffeltierchen (Foto Seite 116) sind vollständig bewimperte Einzeller (holotriche Ciliaten) von etwa 0,3 Millimeter Länge. Die in schrägen Reihen angeordneten Wimpern schlagen koordiniert und treiben den Einzeller unter schraubigen Drehungen durch das Wasser. Taucht man einen dickeren Glasstab einen Zentimeter tief in die Kultur, zieht ihn vorsichtig her-

115

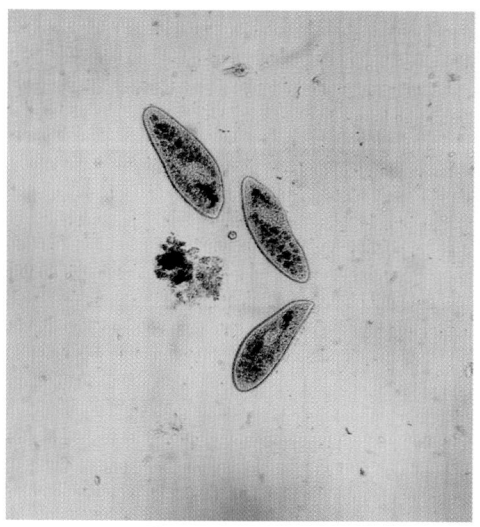

Pantoffeltierchen eignen sich zur Jungfischfütterung im Süßwasser (Mikroskopaufnahme).

aus und gibt den anhaftenden Tropfen auf einen Objektträger, so kann man auf dunklem Untergrund die weißen Tierchen mit der Lupe (sechs- bis zwölffache Vergrößerung) erkennen. Die sich durch Querteilung schnell vermehrenden Paramecien dominieren auch nur während einer kurzen Sukzessionsphase. Nach ein bis zwei Wochen sind sie meist schon wieder verschwunden.

Den Pantoffeltierchen folgen Formen, die sich nicht für die Fütterung eignen. Man muß also rechtzeitig für Folgekulturen sorgen, deren Entwicklung durch Überimpfung aus »blühenden« Aufgüssen beschleunigt werden kann. Als Folgekulturen haben sich Kohlrübenaufgüsse bewährt. Grob geraspelte Kohlrüben (Kohlrabi) werden in der Sonne getrocknet. Ein Eßlöffel Kohlrübenschnitzel wird mit

einem Liter Aquarienwasser angesetzt. Nach guter Entwicklung der Bakterien (nach drei Tagen) gibt man einen Eierbecher Kulturflüssigkeit von der Oberfläche eines »blühenden« Aufgusses in die Folgekultur. Nach einer Woche kann man bereits mit vielen Pantoffeltierchen rechnen.

Zur Fütterung muß man die Paramecien aus dem Aufguß entnehmen, ohne zuviel Aufgußwasser ins Aquarium zu übertragen. Das Abgießen durch feine Planktongaze, wie es zuweilen empfohlen wird, ist nicht empfehlenswert. Die Verluste sind zu groß. Die Oberfläche der Paramecien, die Pellicula, ist sehr elastisch. So können sich die Tiere schlank machen und die Maschen überwinden.

Am besten funktioniert die Paramecien-Falle. Ein Glasrohr von etwa 50 Zentimeter Länge und zwei Zentimeter Durchmesser, das unten mit einem Stopfen verschlossen ist, wird senkrecht in einen Becher mit Sandfüllung gesteckt und mit Aufgußwasser aus den oberen Schichten der Kultur gefüllt. Nach zwei bis drei Stunden (Lupenkontrolle) haben sich alle Pantoffeltierchen im Bereich der oberen fünf Zentimeter gesammelt. Das geschieht aufgrund ihrer positiven Aerotaxis und negativen Geotaxis. Sie drängen zur Luft und fliehen vor der Erdschwerkraft. Nun kann man sie mit der Pipette zur Fütterung entnehmen.

Das Kulturwasser wird nicht in den Aufguß zurückgegeben, sondern durch abgestandenes Leitungswasser ersetzt (Teilwasserwechsel). Ob die Fischbrut die Pantoffeltierchen auch aufnimmt, sollte man durch Lupenkontrolle überwachen.

Rädertierchen

Es war wieder VAN LEEUWENHOEK, der im 17. Jahrhundert die **Rädertiere** (Rotatoria) entdeckte. Der geringen Auflösung seiner Mikroskope ist es zuzuschreiben, daß er die Wimperkränze am Vorderende der Tiere für Räder hielt. Dieser optischen Täuschung verdanken die Tierchen ihren Namen. 2000 Arten sind bisher wissenschaftlich beschrieben worden. Systematisch werden sie mit einem gewissen Vorbehalt dem Tierstamm der Nemathelminthes (Rund- oder Schlauchwürmer) zugeordnet.

Rotatorien sind sehr klein; die meisten haben Körperlängen zwischen 50 und 500 µm (0,5 Millimeter). Das macht sie in der Aquaristik als Erstfutter für freischwimmende Fischlarven begehrt. Der Räderapparat treibt die Tierchen durch das Wasser, dient also der Fortbewegung und bei vielen Arten auch dem Nahrungserwerb. Bei den Strudlern unter den Rädertieren treiben die Wimperkränze Algen, Bakterien und Schlammpartikel vor die Mundöffnung, wo sie vom Kauapparat erfaßt werden. Andere Rädertiere leben räuberisch.

Die Tiergruppe ist weltweit verbreitet und besiedelt in der Hauptsache Süßgewässer aller Größen. Auch in Kleinstgewässern, wie Astlöchern und Blumenkelchen, kann man sie finden. Im Meer sind einige Arten in den Küstengewässern beheimatet. Hochozeanische Formen sind selten. Als Schutz gegen Freßfeinde haben sich bei manchen Gattungen und Arten Panzer entwickelt, die bakteriell schwer zersetzbar sind und nach dem Tode der Tiere erhalten bleiben.

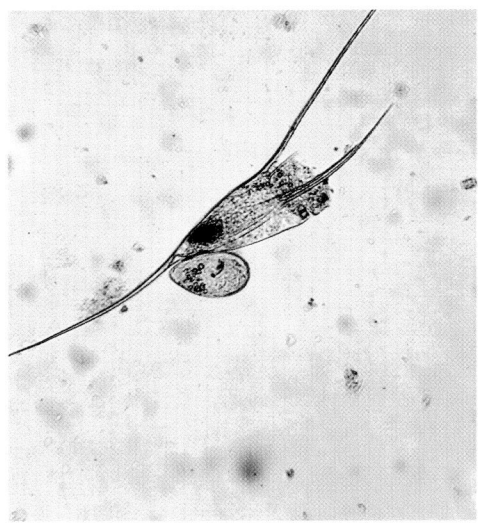

Diese Rädertierchen (Kellicottia longispina) sind wegen ihrer stachligen Schwebefortsätze als Jungfischfutter ungeeignet (Mikroskopaufnahme).

Der **Fortpflanzungszyklus** ist eine Heterogonie, ein Abwechseln von Jungfernzeugung (Parthenogenese) und zweigeschlechtiger Zeugung. Es entstehen ohne Befruchtung Sommereier (Subitaneier) und mit Befruchtung Wintereier (Latenzeier). Die Männchen sind klein, fressen nicht und leben nur kurze Zeit (Mikromännchen). Damit gleicht die Fortpflanzung weitgehend der der Wasserflöhe. Durch Parthenogenese entstehen in kurzer Zeit hohe Individuenzahlen; die zweigeschlechtige Zeugung hilft, lebensungünstige Zeiten zu überdauern und leitet gleichzeitig die Sterbephase ein.

Für Kultur und Fütterung sind die Möglichkeiten begrenzt. Zu entscheiden ist je nach Zweck zwischen Süß- und Salzwasserarten. Die Tiere müssen weichhäutig

117

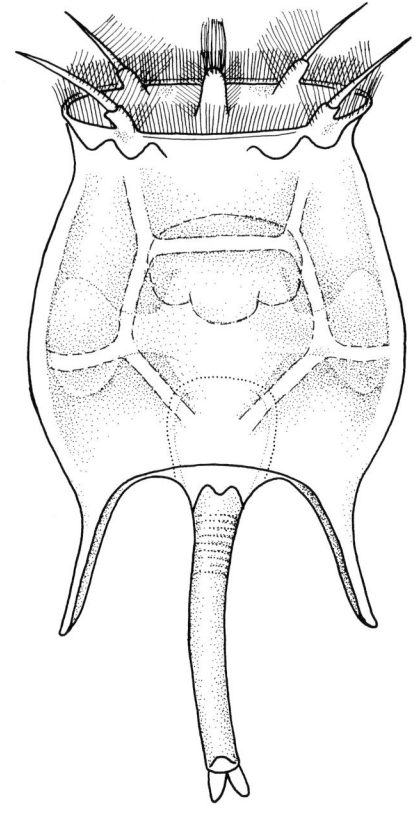

Rädertierchen der Gattung Brachionus eignen sich zur Anlage einer Futterzucht.

oder nur zartwandig gepanzert sein und sich als Strudler ernähren. Gepanzerte Formen, Arten mit stachligen Schwebefortsätzen (Foto Seite 117) und räuberische Rotatorien sind ungeeignet. Ferner sollte die parthenogenetische Fortpflanzungsrate hoch, die Neigung zur Latenzeibildung aber gering sein. Da sind dann vor allem die Gattung *Brachionus* mit der Salzwasserform *B. plicatilis* und im Süßwasser neben anderen *B. calyciflorus* (Abbildung oben) interessant. Die Tiere sind Strudler; so ist der erste Schritt zu einer

Brachionus-Zucht die Anlage einer Futterzucht, das heißt einer Algenkultur.

Grundlage der **Kulturflüssigkeit** ist das Wechselwasser aus den Aquarien. Die Kulturgefäße, etwa Kleinaquarien von fünf Liter Inhalt, werden damit zur Hälfte gefüllt, grobblasig belüftet und taghell aufgestellt. Nach Osten gerichtete Fensterbänke sind zu bevorzugen. Die Auffüllung der Gefäße erfolgt mit Frischwasser entsprechender Qualität, abgestandenem Leitungswasser oder Seewasser gleicher Dichte.

Als Nährstoff wird eine **Erdabkochung** (1:30) zugesetzt. In einen etwa 300 Milliliter fassenden Erlenmeyerkolben werden zwei bis drei Eßlöffel Gartenerde gefüllt und mit Sand überschichtet. Der Kolben wird mit Aquarienwasser bis zur Einengung aufgefüllt und locker verschlossen (Zellstoff oder Watte). Der Ansatz muß ein bis zwei Stunden im kochenden Wasserbad erhitzt werden und ist nach Abkühlung verwendungsbereit. Die Erdabkochung enthält die Algennährstoffe. Man kann sie auch durch ein wenig Hydrokulturdünger ersetzen. Zur Beimpfung der Kultur verwendet man abgekratzte Substanz von den Aquarienwänden. Das

118

Kulturgefäß wird locker abgedeckt. Nach etwa einer Woche färbt sich das Wasser grün. Jetzt ist die Kultur zur Entnahme von Futter bereit.

Da die Algenkulturen meist nach längerer Zeit zusammenbrechen, legt man rechtzeitig (im Abstand von drei Wochen) eine Zweigkultur an, die man mit der älteren beimpft. Will man sicher gehen, empfiehlt sich der Parallelbetrieb von drei Kulturen, denn es geschieht immer wieder, daß sich eine Kultur plötzlich aufhellt und nach ein bis zwei Tagen klar ist: Die Algen sind abgestorben.

Die *Brachionus*-Kultur wird nach dem gleichen Prinzip als Rohkultur betrieben, aber erst dann, wenn die Phytoplankton-Kulturen funktionieren. Als Kulturgefäß benutzt man etwa 20 Liter fassende Vollglasaquarien, als Kulturflüssigkeit zur Hälfte Wechselwasser aus den Aquarien, zur anderen Hälfte entsprechendes Frischwasser. Mäßige, grobblasige Belüftung ist erforderlich. Sonnenbestrahlung ist hier zu vermeiden. Beimpft wird mit einer anderen Roh- oder Reinkultur. Zoohandlungen, Aquarienvereine oder zoologische Institute können bei der Beschaffung oft helfen.

Süßwasserarten kann man, besonders im zeitigen Frühling und zu Herbstbeginn, auch aus Freigewässern erlangen. Zur Fütterung der gefangenen Rädertierchen entnimmt man ungefähr 50 Milliliter Algenkultur, worin ein erbsengroßes Stück Bäckerhefe (oder auch weniger) aufgeschwemmt wurde. Zur Förderung der Bakterienbildung kann man der Lösung noch einige Milliliter einer ungewürzten Fleischbrühe zusetzen. Gefüttert wird, sobald die anfängliche Trübung wieder zurückgeht.

Will man Rädertierchen zur Fütterung entnehmen, gießt man je nach Bedarf und Besatzdichte etwas *Brachionus*-Kulturwasser durch feinste Planktongaze (etwa 25 µm Maschenweite) und spült den Rückstand ins Aquarium. Das gesiebte Kulturwasser wird verworfen. In den Algen- und *Brachionus*-Kulturen wird der Wasserverlust durch Frischwasser ersetzt. Von den *Brachionus*-Kulturen müssen in Abständen von drei Wochen Zweigkulturen angesetzt werden, weil sonst Dauereibildung und Zusammenbruch spontan einsetzen können. Reduktion der Populationsdichte durch Entnahme, Frischwasserzusatz (Teilwasserwechsel), Parallel- und Zweigkulturen sowie mäßige Fütterung sind für die Rädertierchen, natürliches Licht mit kurzfristiger Besonnung ohne Überhitzung für das Phytoplankton die Garanten des Erfolges. Die Kulturentwicklung sollte mikroskopisch oder durch Lupenbetrachtung kontrolliert werden. Auch die Nahrungsaufnahme durch die Fischbrut ist durch Lupenkontrolle zu überwachen.

Salinenkrebschen

Nauplien als Larven der Niederen Krebse sind größer als *Paramecium* oder *Brachionus*. Sie dienen bei der Jungfischaufzucht als Folgefutter. Copepoden-Nauplien aus dem Süßwasser gewinnt man durch Aussieben von Planktonfängen. Man fischt mit Planktongaze von etwa 30 µm und siebt mit 100–200 µm Maschenweite. Salzwasser-Nauplien sind leichter zu beschaffen. Man erbrütet die »Eier« des Salinen-

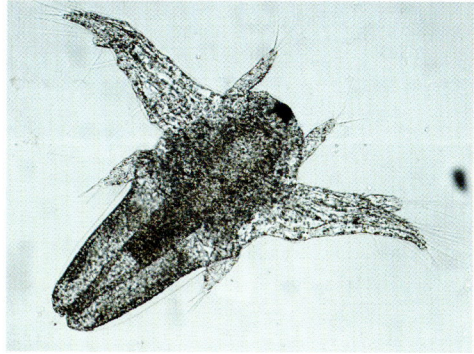

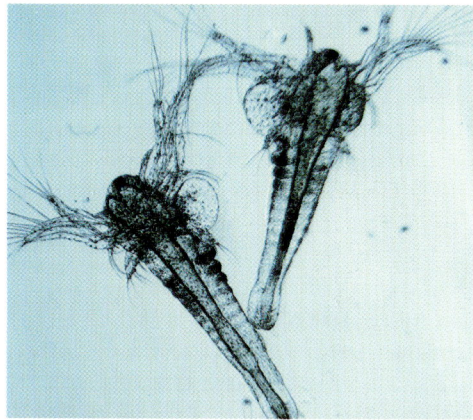

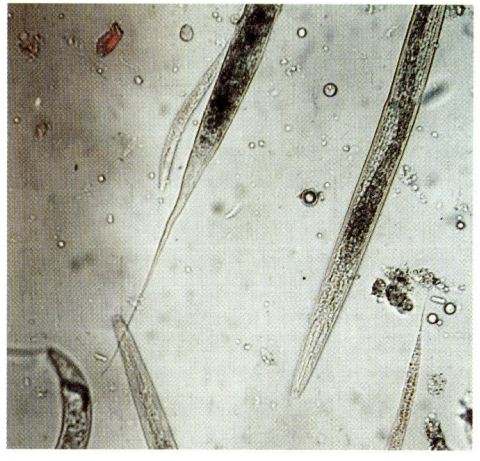

krebschens (*Artemia*), dessen systematische Stellung und natürliches Vorkommen ich bereits im Kapitel »Krebse« kurz beschrieben habe. Tatsächlich handelt es sich bei den »Eiern« um sogenannte Cysten, da bereits vor dem Erreichen dieses Ruhestadiums eine intensive Zellteilung stattgefunden hat.

In den temporären Binnenlandsalinen Amerikas steigt der Salzgehalt mit zunehmender Verdunstung. Die hier lebenden Amerikanischen Salzkrebschen (*Artemia gracilis*) bilden braune Cysten, wenn das Salz eine bestimmte Konzentration überschreitet. Solche »Eier« im Durchmesser von etwa 200 µm sind im Handel erhältlich. Die schlüpfenden Nauplien von fast 0,5 Millimeter Länge entwickeln sich nach 17 Häutungen zu geschlechtsreifen Tieren und sind dann etwa anderthalb Zentimeter lang. Wie schnell die Tiere wachsen, hängt sehr von der Temperatur ab. Zwischen zwei und fünf Wochen kann die Entwicklungszeit variieren (bei 30 bis 20 °C).

Die Aufzucht bis zu den geschlechtsreifen Tieren und selbst die Cystengewinnung sind in der Aquaristik wohl von untergeordneter Bedeutung. Meist werden die gekauften Cysten erbrütet und nach dem Schlupf gleich verfüttert. Das ist aber ein großer Fehler, da der Futterwert gering ist. Außerdem sterben die ungefüt-

Oben: Artemia-Nauplius, zwei Tage nach dem Schlupf, mit gefülltem Darm.
Mitte: Artemia-Metanauplius nach mehrtägiger Fütterung.
Unten: Bei dem in der Aquaristik verfütterten »Mikro« handelt es sich meistens um Essigälchen (Turbatrix aceti) (Mikroskopaufnahmen).

terten Nauplien nach drei Tagen. Durch Absenkung der Temperatur läßt sich das Absterben hinauszögern. Will man die Nauplien möglichst klein verfüttern, sollte man durch eintägige Futtergaben für gefüllte Därme sorgen, um den Jungfischen das notwendige »Gemüse« zu bieten (Foto links).

Für den *Artemia*-Ansatz benutzt man ein Drei- bis Fünf-Liter-Gefäß (Becherglas, Gurkenglas, Kleinaquarium) und verwendet Wechselwasser aus dem Meeresaquarium, Seewasseransatz oder auch Kochsalz ohne besondere Jodierung (Konzentration 40 Gramm pro Liter). Die Temperatur sollte um 24 °C betragen; der Schlupf ist dann nach etwa zwei Tagen zu erwarten. Der Ansatz muß belüftet werden. Tageslicht ohne direkte Besonnung ist vorteilhaft.

Sobald der Schlupf beginnt und die Tierchen sich an der lichtzugewandten Seite des Kulturgefäßes sammeln, sollten sie gefüttert werden. Betreibt man eine Seewasser-Phytoplankton-Kultur, wie sie weiter oben für die Fütterung von *Brachionus plicatilis* beschrieben wurde, ist ein Zusatz von 50 Milliliter dieser Kulturflüssigkeit auch für die *Artemia*-Nauplien ideal. Ist der *Artemia*-Ansatz wieder farblos klar, wird erneut gefüttert.

Man kann den Nauplien auch zerkleinerten Algenbelag von den Scheiben des Meeresaquariums anbieten. Getrocknete Fadenalgen aus dem Süßwasser, die im Porzellanmörser fein zerstoßen und in etwas Wasser aufgeschwemmt worden sind, eignen sich ebenfalls gut. Häufig wird die Alleinfütterung mit Bäckerhefe oder mit fein zerstoßenem Flockenfutter für

Aquarienfische empfohlen. Die *Artemia*-Nauplien fressen auch das und wachsen dabei, doch der Futterwert des Darminhalts ist für die Fischbrut dann von geringerem Wert.

Wenn die Fische bereits größere Nauplien fressen können, sollte man die *Artemia* mehrere Tage lang füttern. Dann hat der Stoffwechsel der Nauplien bereits Veränderungen des Gewebes bewirkt, Fette mit ungesättigten Fettsäuren sind eingelagert worden und vieles andere mehr. Aus dem Nauplius ist ein Metanauplius geworden (Foto links); am hinteren Ende haben sich neue Segmente gebildet.

Zur Entnahme zieht man an der Lichtseite einen Teil der Kulturflüssigkeit mit einem dünnen Schlauch ab. Dort haben sich die Tierchen aufgrund ihrer positiven Phototaxis versammelt. Das abgezogene Wasser wird durch ein feinmaschiges Netz geleitet; die Nauplien werden in das Aquarium gespült. Im Kulturgefäß wird das Wasser durch Frischwasserzusatz ergänzt. Sind die Nauplien oder Metanauplien verbraucht, wird das Kulturwasser verworfen und nicht für einen neuen Ansatz verwendet. Die Schlupfrate würde sich sonst spürbar verringern.

Artemia-Nauplien und Metanauplien sind hauptsächlich für die Jungfischaufzucht im Meeresaquarium geeignet. Aber auch die Fütterung vieler Strudler, Filtrierer und Partikelfresser, also vieler Wirbelloser, ist damit möglich. Vielfach werden Artemien auch für die Fütterung der Fischbrut im Süßwasser verwendet. Das ist natürlich etwas bedenklich. Zumindest sollte man die Futtertiere im Sieb kurz mit Leitungswasser abspülen und nur kleinste Mengen

121

füttern, denn im Süßwasser überleben die Artemien nur kurze Zeit.

»Mikro«

Was man in der Aquaristik als »Mikro« bezeichnet, sind Nematoden (Fadenwürmer), die zum Tierstamm Nemathelminthes (Schlauchwürmer) gehören. Meistens handelt es sich um **Essigälchen**, *Turbatrix aceti* (Foto Seite 120); aber auch verwandte Arten findet man in den Kulturen.

Das futterkundlich bemerkenswerte an diesen Tieren ist das Fehlen einer jeglichen Gliederung, also der Wechsel von stärkeren und schwächeren Oberflächenstrukturen. Eine durchgehend gleichstarke Epidermis umgibt die kleinen Würmchen und bildet als Schutzauflage eine schwerverdauliche Cuticula aus. Aufgrund der geringen Länge von ein bis zwei Millimetern kann man auch keine Durchteilung mittels Rasierklinge empfehlen. Magenlose Jungfische sollte man daher nicht mit »Mikro« füttern oder zumindest die Kotschnüre von Fall zu Fall mikroskopisch prüfen, um zu sehen, was von den Älchen verdaut wurde oder was übriggeblieben ist. Unterschiede in Funktion der Bauchspeicheldrüse und unterschiedliche Darmflora sind die Ursachen für unterschiedliche Befunde bei Jungfischen gleicher Arten.

Die Nematoden bewegen sich schlängelnd auf feuchten Oberflächen, da sie nur über Längsmuskulatur verfügen. Ein »peristaltisches« Kriechen wie beim Regenwurm, erzeugt durch das Wechselspiel von Längs- und Ringmuskulatur, ist ihnen nicht möglich. Die Würmer leben in der Natur in gärenden Stoffen und ernähren sich hier von Bakterien und Hefen. Die hohe Vermehrungsrate durch Ovoviviparie ermöglicht eine erfolgreiche Zucht, die man nach den verschiedensten Rezepturen betreiben kann (FRIEDERICH & VOLLAND 1992).

»Mikro«-Zuchtansätze kann man vom zoologischen Fachhandel oder von anderen Züchtern beziehen. Ich benutze etwas Erde aus einer abgewirtschafteten Enchyträenkiste und verwende ein Weckglas mit möglichst hochgewölbtem Boden als Kulturgefäß. In die Randrinne gebe ich Milch-Haferflocken-Suppe, und darauf wird der Zuchtansatz oder die Enchyträenerde zerkrümelt. Die mittlere gewölbte Partie des Glasbodens bleibt frei. Das Glas wird mit dem passenden Deckel abgedeckt, um Fliegen fernzuhalten und vor allem, um eine feuchtigkeitsgesättigte Luft in der Kultur zu erreichen. Bei gedämpftem Licht und Zimmertemperatur zeigen sich die Würmchen nach einigen Tagen auf dem gewölbten Glasboden und an den Seitenwänden des Kulturgefäßes. Mit einem sauberen, angefeuchteten Leinenlappen werden sie entnommen und in das Aquarium gespült.

Kulturen, gleich welcher Art, sind in sich geschlossene Mikrohabitate, deren Individuendichte exponentiell wächst. Die Entnahme der Individuen beschleunigt die Fortpflanzungsgeschwindigkeit; eines Tages bricht jedoch jede Kultur zusammen. Das geschieht auch bei der Besiedlung von Mikrohabitaten in freier Natur. Deshalb ist es notwendig, rechtzeitig Zweigkulturen anzulegen, die man mit der alten Kultur beimpft. Der richtige Zeitpunkt für die Anlage von Zweigkulturen ist immer vor dem Zusammenbruch der ursprünglichen

Kultur, also für »Mikro«-Würmchen nach zwei bis drei Wochen.

Enchyträen

Enchyträen sind Ringelwürmer (Annelida); innerhalb dieser Gruppe gehören sie zu den Gürtelwürmern (Clitellata) und Wenigborstern (Oligochaeta). Ihre systematische Stellung geht aus der Abbildung auf Seite 108 hervor. Man findet sie überall dort, wo organische Stoffe in Fäulnis übergehen und genügend Feuchtigkeit vorhanden ist, wie in Dunghaufen und unter dem Spülsaum an Meeresküsten (Foto Seite 124). Oft treten sie in großer Besiedlungsdichte auf. Man hat bis zu 25000 Individuen pro Quadratmeter gezählt. Damit ist die biologische Grundlage für eine erfolgreiche Enchyträenzucht gegeben.

Da die meisten Futtertiere für Aquarienfische nicht oder nur mit großen Schwierigkeiten zu züchten sind, hat man mit den Enchyträen ein gutes, zu jeder Zeit verfügbares Lebendfutter zur Hand. Die Würmer fressen organische Reste aus ihrer unmittelbaren Umgebung, wobei ein gewisses Wahlvermögen feststellbar ist. Stark riechende Substanzen werden bevorzugt. *Enchytraeus albidus*, die eigentliche **Enchyträe**, wird annähernd vier Zentimeter lang; *Enchytraeus buchholzi*, das **Grindalwürmchen**, bleibt wesentlich kleiner.

Über Zuchtmethoden ist schon viel geschrieben und mancher »Glaubenskrieg« entfacht worden. Nach Durchsicht der Literatur fand ich die beste Zusammenfassung der erfolgbestimmenden Faktoren bei Sterzel (1989). Dort heißt es: »Da

eine Reihe von Faktoren, wie Temperatur, richtige Feuchtigkeit, ausreichende Belüftung, richtige Futtermischung und Futtermenge, Entsorgung der Stoffwechselprodukte aufeinander abgestimmt sein muß, braucht man einige Zeit, um sich einzuarbeiten.«

Das Kulturgefäß muß atmungsaktiv sein. Holz und unglasierte Keramik sind geeignet. Der Behälter steht auf Leisten oder Pflöcken und ist mit einem Papp- oder Holzdeckel locker verschlossen. Bei einer Höhe von 15 Zentimetern sollten Länge und Breite etwa 20 Zentimeter betragen. Als Substrat eignet sich ungedüngter und sicherheitshalber einige Tage gewässerter, danach bis zur gleichmäßigen Feuchte getrockneter Torf. Für Grindal-Würmchen reicht Torf aus, für Enchyträen ist Lauberde- und Sandzusatz vorteilhaft. Grindalzucht kann auch auf Schaumstoff betrieben werden, der in zwei bis drei Lagen in die Zuchtkiste gelegt wird. Doch viele Autoren haben sich nach anfänglichen Versuchen mit Schaumstoff wieder der Erdkultur zugewandt.

Die Kultur muß stets feucht gehalten werden. Stauende Nässe ist zu vermeiden. Zur Anfeuchtung ist destilliertes oder Regenwasser besser als hartes Leitungswasser. Der Zuchtansatz, im Zoohandel oder über Inserate in den Fachzeitschriften leicht erhältlich, wird in eine Substratmulde gebracht, in die zuvor etwas Futter eingefüllt worden ist. Das Ganze wird mit Substrat abgedeckt, auf das eine Glasplatte, die etwa ein drittel bis ein viertel der Kulturoberfläche bedeckt, aufgelegt wird. Um die Verdunstung gleichmäßig zu halten, kann man die ganze Substratoberfläche

123

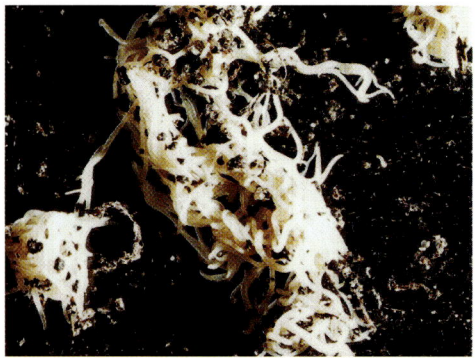

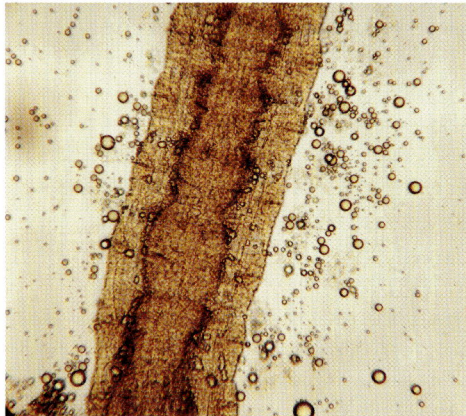

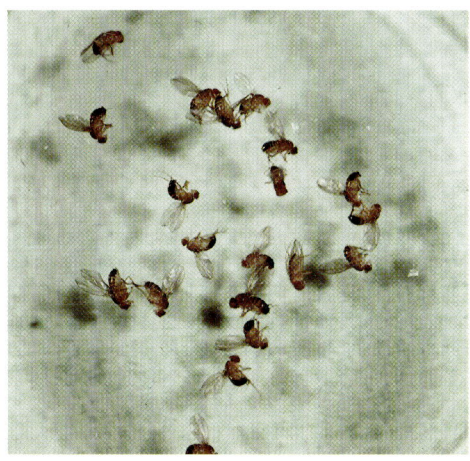

zusätzlich mit einem Leinentuch zudecken. Der Pappdeckel liegt locker auf dem Kistenrand, der das Substrat um mehrere Zentimeter überragt.

Für die Aufstellung der Kultur ist eine dämmerige Ecke zu bevorzugen. Zimmertemperatur reicht für Enchyträen aus; Grindal-Würmchen hätten es gerne etwas wärmer. Zwei- bis dreimal wöchentlich wird gefüttert, wobei nicht verwertetes Futter vom letzten Mal entfernt werden muß. Es ist vorteilhaft, häufiger in kleinen Mengen zu füttern. Unterhalb der Glasscheibe sammeln sich die Würmer; nur diese stehen als Futter zur Verfügung. Reicht das nicht aus, sollte man mehrere Zuchtkisten betreiben. Ein »Umgraben« der Kultur, gleich ob zur Suche nach Enchyträen oder zur Bodenlockerung, muß unterbleiben, weil dabei die Kriechgänge zerstört werden.

Enchyträen und Grindal sind ein ausgezeichnetes Futter für die meisten Aquarienfische, wobei Grindal außerdem so klein sind, daß die Würmchen von allen postlarvalen Jungfischen (vergleiche Kapitel »Fütterung und Ernährung der Jungfische«) gefressen werden können. Doch Enchyträen eignen sich weder als Allein- noch als Hauptfutter. Der Fettanteil ist zu hoch, was wiederum von der Ernährung

Oben: Enchyträenklumpen auf der Kulturoberfläche.
Mitte: Grindalwürmchen nach längerer Haferflockenfütterung. Eine leichte Erwärmung des Präparates ließ das Speicherfett austreten und macht es deutlich sichtbar (Mikroskopaufnahme).
Unten: Drosophila melanogaster ist sehr gut als Ersatz für Anflugnahrung geeignet.

124

der Würmer abhängt. Er kann fütterungs-bedingt zwischen 5 und 10% der Frisch-substanz betragen; das sind 25 bis 50% der Trockensubstanz (Foto links). Bei vor-wiegender Fütterung mit Kohlenhydraten und pflanzlichen Eiweißen (Haferflocken) nehmen der Fettgehalt zu und der Eiweiß-gehalt ab, bei leicht gestiegenem Wasser-anteil. Enchyträen vermehren sich auch bei reiner Haferschleimfütterung.

Die Fütterung ist keine Frage der Quan-tität, sondern der Qualität. Tierisches Ei-weiß gehört zum Futter. Die beste Futter-mischung habe ich bei STERZEL (1989) ge-funden. Danach mischt man 80% Hafer-flocken, 5% entfettetes Sojamehl, 5% ge-siebtes Fischmehl, 5% Nährhefeflocken und 5% Magermilchpulver; das entspricht etwa 5 bis 10% an tierischem Eiweiß in der Trockensubstanz des Futters.

Ob man das Futter trocken oder mit Flüssigkeit vermischt, ist auch Gegenstand verschiedener Meinungen. Ich koche das Gemisch mit wenig Wasser auf und fülle es als festen Brei unterhalb der Glasschei-be in eine kleine Mulde, die ich wieder mit Substrat abdecke, bevor ich die Glasschei-be auflege. Es gibt bestimmt viele brauch-bare Verfahren, doch ernährungsphysiolo-gisch unstrittig ist die Erhöhung des Fett-gehalts durch ausschließliche Fütterung mit energiereicher Pflanzensubstanz, da die Kohlenhydrate unmittelbar in Spei-cherfett umgewandelt werden (vergleiche Kapitel »Futter muß die Bedürfnisse decken«).

Enchyträenzuchten werden leicht von Schädlingen befallen. Es sind vor allem **Milben**, die sich als kleine Kügelchen besonders an der Futterstelle konzentrie-

ren. Sie drängen die Enchyträen zurück und machen die Zucht wertlos. Geringe, aber dafür häufigere Fütterung, Entfernung aller Futterreste und rechtzeitige Anlage einer weiteren Kultur mit frischem Sub-strat sind die besten Gegenmaßnahmen.

Taufliegen
Die beste Möglichkeit, lebende **Anflug-nahrung** ständig zur Verfügung zu haben, ist die Zucht der Obst-, Tau- oder Essig-fliege (*Drosophila melanogaster*). Die allge-mein bekannte kleine Fliege (Foto links unten) findet sich überall dort, wo reifes Obst bereits einige Faulstellen zeigt. Stellt man in der Nähe ein Zuchtglas mit Nähr-boden auf, ist der Zuchtansatz in wenigen Tagen perfekt.

Durch die Flugfähigkeit der *Drosophila* ist die Verfütterung schwierig. Man muß die Tiere in ein leeres Gefäß überleiten, dort etwas Wasser einfüllen und mehr-mals kräftig schütteln. Dadurch büßen die Tiere zumindest kurzfristig ihre Flugfähig-keit ein. Besser ist natürlich, man besorgt sich aus dem Zoohandel die stummelflü-gelige Mutante, die von vornherein flug-unfähig ist.

Als Kulturgefäße eignen sich am besten Weithals-Erlenmeyerkolben von 200 bis 300 Milliliter Inhalt. Man kann auch Milch-flaschen benutzen oder andere Ersatzlö-sungen finden. Der Nährbrei wird in die Gefäße gefüllt; nach dem Erkalten kann der Besatz erfolgen. Als Verpuppungssub-strat und Ruheplatz der Fliegen wird zuvor ein Knäuel Fließpapier in das Kul-turgefäß gebracht. Die Entwicklung vom Ei zur Fliege über Made und Puppe dauert abhängig von der Temperatur etwa zwei

Wochen. Das Gefäß wird mit einem Watte- oder Zellstoffstopfen verschlossen. An einem hellen Ort ohne direkte Besonnung gelingt die Zucht bei Zimmertemperatur meist problemlos.

Für die **Bereitung des Futterbreis** gibt es eine Unzahl von Rezepturen, da die Taufliegen als erbbiologisches Versuchstier in zoologischen Instituten vielfach gezüchtet werden. Die Grundlage aller Rezepte ist gärendes Obst, denn die Hauptnahrung der Fliegen sind Hefen und Bakterien, die Gärungserzeuger. Als Ergebnis der luftausgesetzten Gärung entsteht aus Zuckern Essigsäure und damit ein saures Milieu in der Kultur. Vitamine und Mineralstoffzusätze können förderlich sein.

Da die Larven sauerstoffbedürftig sind, sollte der Nahrungsbrei nicht zu dünnflüssig sein. Die Maden sinken sonst ein und können nur die oberste Schicht des Breis nutzen. Agar verleiht dem Nährbrei die nötige Festigkeit, die auch ein Zerlaufen beim Schütteln und Stürzen der Kultur verhindert. Droht der Brei zu trocknen, feuchtet man ihn mit einigen Spritzern Essigwasser an.

Mit der Zeit wird der Nährbrei flüssiger; an den Wänden der Kulturgefäße setzt sich Kondenswasser ab. Daran kleben einzelne Fliegen. Das ist meist nach vier Wochen der Fall; nun wird es Zeit, Zweigkulturen anzulegen. Als Zuchtansatz kann ein Teelöffel des madenbesetzten alten Futterbreis dienen oder das Fließpapierknäuel, an das sich viele Puppen geheftet haben.

Man kann auch einfach Fliegen übertragen. Bei flugfähigen Tieren stellt man die alte Kultur in einen Kasten, aus dem nur der Kolbenhals herausragt. Darauf setzt man – Hals auf Hals – das neue Kulturgefäß und verbindet beide Gefäße mit Klebestreifen. Da die Fliegen sich zum Licht bewegen, haben sie sich nach einem Tag in der neuen Kultur versammelt. Fünf Kulturen sollten immer parallel betrieben werden.

Die Verwendung von Taufliegen in der Aquaristik ist immer noch wenig gebräuchlich, obwohl sie sicher zur erfolgreichen Aquarienfischzucht beitragen können. Das gilt besonders für Oberflächenfische (vergleiche »Wiesenplankton«, Kapitel »Verschiedene Futtertiere«).

Ausgehend von den oben genannten Überlegungen, habe ich jahrelang erfolgreich das folgende Futterbreirezept verwendet:
Zutaten: 90 g frische Bäckerhefe, 60 g im Fleischwolf zerkleinerte Sultaninen, 10 g Weizengrieß, 40 g Fruchtsirup, 10 g Nähragar, 5 Tropfen Vitaminöl.
Kochvorschrift: Einen Liter Wasser mit Hefe und Sultaninen zum Kochen bringen, 5 Minuten nach Kochbeginn vorgequollenen Grieß zugeben und gut verrühren. 10 bis 15 Minuten auf kleiner Flamme kochen, danach Sirup zusetzen und verrühren. Nach weiteren 10 bis 15 Minuten Kochzeit den im heißen Wasser vorgequollenen Nähragar zugeben, rühren und weitere 10 Minuten kochen. Vitaminöl zusetzen, rühren, in die Kulturgefäße zwei Zentimeter hoch einfüllen und erkalten lassen. Weitere Rezepturen und Literaturangaben finden sich bei FRIEDERICH & VOLLAND (1992).

Will man Taufliegen abgetötet verfüttern, so ist das am besten durch Ausfrieren zu erreichen. Man lockt die Tiere durch Licht in einen leeren Kolben, den man danach verschließt und über einige Stunden in den Tiefkühlschrank stellt. Will man Maden verfüttern, muß man sie aus dem Nährbrei durch Wärme austreiben. Das fliegenfreie Kulturgefäß wird auf eine mäßig heiße Herdplatte gestellt. Die Maden verlassen den Brei, kriechen an der Glaswand und auf dem Nährbrei, wo man sie mit dem Spatel entnehmen kann (FRITZ 1967).

»Gefahren« durch lebende Futtertiere

In der Literatur werden oft Stimmen laut, die vor einer **parasitären Infektion** der Aquarienfische durch Verfütterung von Lebendfutter aus Fischgewässern warnen. Ich will nicht ausschließen, daß das möglich ist. Es gibt eine große Artenzahl von Nematoden, Kratzern und Bandwürmern, die ihren Entwicklungsweg über Zwischenwirte nehmen und Fische als Endwirte oder zweite Zwischenwirte befallen. Bevorzugte Infektionsträger sind Copepoden und Gammariden.

Doch wie hoch ist die Gefahrenswahrscheinlichkeit und die Gefährdungsintensität? Wer nach den Larvenstadien der Parasiten in den Zwischenwirten sucht, weil sie für ein zoologisches Praktikum gebraucht werden, weiß, wie mühsam und selten der Erfolg ist. Wird tatsächlich ein Aquarienfisch infiziert, indem er einen Zwischenwirt frißt, der eine oder mehrere parasitäre Larven enthält, so kann sich die Infektion im Aquarium nicht ausbreiten, da die ausgeschiedenen Eier der gereiften Parasiten den parasitischen Zyklus über Zwischenwirte durchlaufen müssen. Eine Gefährdung der infizierten Fische ist nur bei Massenbefall möglich.

In freier Natur gibt es kaum einen Fisch, der keine Endoparasiten beherbergt. Dennoch ist eine signifikante Widerspiegelung am Korpulenzfaktor nicht möglich. Es gibt Parasitologen, die deshalb auch mehr von Kommensalismus (Freßgemeinschaft) als von Parasitismus sprechen, da die Schadwirkung, zumindest bei vielen digenen Trematoden, nicht eindeutig ist. Wirklich riskant sind nur die sofortige Verfütterung von Süßwasser-Freilandfängen der Futterfische in Süßwasseraquarien (Möglichkeit einer *Ichthyophthirius*-Infektion) und das Einbringen von Schnecken aus Fischgewässern.

Schnecken sind erste Zwischenwirte eines Saugwurms (*Proalaria*), dessen Cercarien Fische als zweiten Zwischenwirt nutzen und schädigen. Im Fisch entwickelt sich die Diplostomum-Larve, die besonders die Augen besetzt. Bei Tausenden von Larven im Fisch kann das zu Erblindung und Tod führen (Massenbefall). Fischfressende Vögel stellen den Endwirt des Parasiten dar.

Die **Kontamination mit Schwermetallen** und anderen Umweltgiften aus belasteten Gewässern ist schon ernster zu nehmen. Wo industrielle Abwässer eingeleitet werden, sollte man nicht fischen.

Vieles, was die Umwelt belastet, ist aus dieser Sicht vollkommen unbedeutend, weil es zwar die allgemeine Lebensqualität

127

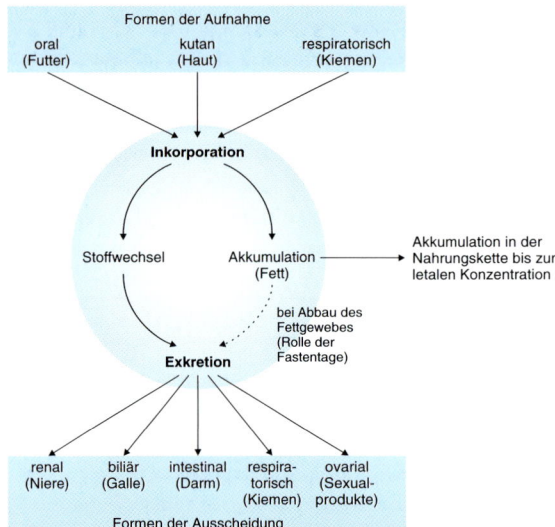

Schadstoffaufnahme und -abgabe bei Fischen. Ein geringer Teil der Schadstoffe wird im Fettgewebe abgelagert und würde sich in der Natur bei weiteren Gliedern der Nahrungskette zu einer bedenklichen Konzentration anreichern.

des Biotops einschränkt, aber nicht im Futter angereichert wird. Hierher gehören Belastungen mit Nitriten, Nitraten, Phosphaten, Chloriden und anderen Salzen. Auch organische Belastungen mit Gülle und Silosickersäften können zwar Flora und Fauna des Gewässers stark schädigen, doch Futtertiere aus solchen Gewässern – wenn es sie dennoch gibt – können den Fischen nicht schaden.

Wo tatsächlich mit dem Futter Xenobiotika, das sind subletale (nicht tödliche) Schadstoffe, weitergereicht werden, wird nur ein geringer Teil im Fettgewebe angereichert. Der größte Teil wird sofort oder später wieder ausgeschieden und über den Teilwasserwechsel aus den Aquarien entfernt (Abbildung oben). Nur Dauerfütterung mit hochbelastetem Material kann schließlich ernsthaft schädigen. Physiologisch bedrohlich würden Xenobiotika für weitere Glieder der natürlichen Nahrungs-

kette. Doch kein anderes Tier frißt die Aquarienfische.

Wirklich gefährlich sind die **Darminhalte einiger Futtertiere**, die als Geophagen oder Filtrierer große Mengen von Schwebstoffen oder Sedimenten aufnehmen, das Verdauliche verarbeiten und den größten Teil als unverdaulich wieder ausscheiden. Hier spielen vor allem *Tubifex*, aber auch rote Mückenlarven eine Rolle. Zwei bis drei Tage in fließendem Wasser und tägliches Durchspülen entfernen die möglicherweise belastenden Darminhalte.

Es gibt Literatur, in der vor Lebendfutter allgemein gewarnt wird. Mückenlarven und auch *Cyclops* hätten zu harte Borsten, die die Darmwand verletzen könnten. Das stimmt ja, und ich habe oft in Mikrotomschnitten durch die Darmwand eingekapselte Hartteile von Futtertieren gefunden, ohne weiteren Schaden für den Fisch, der prinzipiell aber möglich wäre. Hand aufs

Herz! Wer verzichtet auf den Urlaub, weil er sich bei einer Wanderung ein Bein brechen könnte? Wir haben also abzuwägen und die Alternative zu prüfen: Vitale oder sterile Hälterung – letztlich eine Frage der Weltanschauung.

Pflanzliche Futtermittel

Ohne pflanzliche Anteile in der Nahrung kann kein Fisch dauerhaft und leistungsfähig leben. Das ist hauptsächlich in der Vielfalt der Stoffe begründet, die im Sekundärstoffwechsel autotropher Pflanzen gebildet werden. Im Gegensatz zu den primären Pflanzenstoffen, die im Prozeß der Assimilation und ersten Umwandlungen für die Pflanzen physiologisch unerläßlich sind und überwiegend auch von den Tieren aus organischen Bausteinen synthetisiert werden können, haben sekundäre Pflanzenstoffe (etwa 20000 Verbindungen sind bis heute bekannt) ökologische Wirkungen (Lockstoffe, Hemmstoffe, Gifte, allelopathische Substanzen). Sie sind von ihrer chemischen Struktur her oft Phenolabkömmlinge oder Alkaloide und werden im Fischdarm nicht oder unvollkommen verdaut. Im Zusammenwirken mit der Darmflora entstehen hochspezifische Verbindungen, die auf Kommunikation und Verhalten der Fische Einfluß nehmen.

Pflanzliche Nahrung wird von den Fischen oft beiläufig aufgenommen. Fadenalgen werden gefressen, wenn sich ein begehrtes Beutetier darin verborgen hat; der Darm der Beute enthält ebenfalls oft pflanzliche Substanz. Davon soll hier nicht weiter die Rede sein. Wir suchen nach Pflanzen, die unmittelbar verfüttert

werden können oder als Bestandteile eines Mischfutters geeignet sind.

Manche Fische aus den Familien der Buntbarsche, der Salmler, der Karpfenartigen und anderer haben ein starkes Bedürfnis nach pflanzlicher Substanz. Sie fressen notfalls die Aquarienpflanzen und sind deshalb wenig beliebt. Bietet man bevorzugte pflanzliche Nahrung an, werden die Aquarienpflanzen meistens geschont. Man kann aber auch einen Teil der Bepflanzung derart auswählen, daß er bevorzugt gefressen wird und dafür andere Pflanzen stehenbleiben. Ist die bevorzugte Pflanze dann auch noch schnellwüchsig und der Fischbesatz nicht zu hoch, können die Fische nach Bedarf fressen. Hier eignen sich die Nixkräuter, insbesondere das Indische Nixkraut (*Najas indica*). Nixkräuter können wurzelnd oder flutend sehr dekorativ aussehen. In Gewächshäusern und Aquarien herangewachsene Wasserlinsen (*Lemna minor* und *L. trisulca*) können auch verfüttert werden. Wasserlinsen aus dem Freiland sind dagegen zu hart.

TRAMM (1992) nennt Kulturpflanzen als Fischnahrung. Seine Erfahrungen stimmen mit meinen überein. Erbsen, Mais oder Weizen in der Gelbreife sind geeignet. Das Innere der grüngelben Erbsen muß schon fest, darf aber noch nicht hart sein. Entsprechendes gilt für Mais und Weizen. Die Körner werden halbgar gekocht und anschließend tiefgefrostet. Vor der Verfütterung des Inhalts taut man sie auf und entfernt die feste Umhüllung. Der hohe Zuckergehalt birgt die Gefahr schneller Bakterienvermehrung und folglich der Wassertrübung. Deshalb muß das Futter schnell gefressen werden.

129

Geringe Trübungsgefahr, also auch geringeren Nährwert, aber gute Futterqualität bieten Rosenkohlstückchen und grob geraspelte Mohrrüben. Als Zuschlagstoff bei Frostfuttergemischen empfehle ich Frühlingsspitzen der Großen Brennessel (*Urtica dioica*) und der Vogelmiere (*Stellaria media*). Die Pflanzen werden blanchiert und durch den Fleischwolf gedreht oder luftgetrocknet und anschließend mit der Schlagmühle pulverisiert. Neben essentiellen Pflanzenstoffen werden so dem Ersatzfutter Rohfasern beigegeben.

Oft wird auch Spinat empfohlen. Ich habe damit keine eigenen Erfahrungen. Salatblätter sind frisch überbrüht und getrocknet ungeeignet, da sie schnell zerfallen und die Bakterien- und Protozoenentwicklung stark stimulieren.

Konserviertes Futter

Alle im Lebensprozeß von den Pflanzen erzeugte und von den Tieren modifizierte organische Substanz muß letztlich wieder mineralisiert werden. Darunter versteht man die Rückführung auf die anorganischen Ausgangsstoffe, seien es nun zwischenzeitliche (Exkrete und Exkremente) oder endzeitliche (Leichen) Abfälle. Andernfalls wäre dem Lebensprozeß in relativ kurzer Zeit seine Existenzgrundlage entzogen. Der Vorgang ist einleitend als Kreislauf der Stoffe (Abbildung Seite 8) vorgestellt worden. Dieser Abbau organischer Substanz ist das Werk der Mikroorganismen, in erster Linie der Bakterien und Pilze. Sie beginnen ihre Tätigkeit kurze Zeit nach Eintritt des Todes, doch noch schneller sind die den Leichen eigenen

Enzyme, die den ersten Teil der Zersetzung besorgen (Autolyse, vergleiche Kapitel »Wasserbelastung durch Abbaustoffe«).

Wenn auch ursächlich verschieden, sind doch beide Abbauprozesse enzymatischer Natur. Auch die Bakterien wirken über Enzyme, die als Exoenzyme unmittelbar ins Substrat gegeben werden, als Endoenzyme nur zum Teil durch die vitale Bakterienmembran ins Substrat diffundieren und in ihrer Gesamtheit erst nach dem Tod der Bakterienzelle freigesetzt werden. Mineralisierung ist also letztendlich ein enzymatischer Prozeß, und diese Enzyme werden überwiegend von Mikroorganismen produziert.

Wenn vom Verderb der Lebens- und Futtermittel die Rede ist, so handelt es sich um beginnende Mineralisierung; es finden jedoch weitere Prozesse statt. Mikrobentätigkeit selbst ist ja auch Lebenstätigkeit. Dabei entstehen spezifische Neben- und Abbauprodukte, die sich im Substrat anreichern und aufgrund unangenehmer, zum Teil giftiger Wirkung Lebens- und Futtermittel verderben (Abbildung Seite 131).

Maßnahmen, die die Enzymaktivität blockieren oder das Mikrobenwachstum hemmen oder unterbinden, sind als **Konservierung** aufzufassen. Solche Konservierungsmethoden verändern Futtermittel wesentlich und beeinträchtigen ihre Bekömmlichkeit. Die Entscheidung für eine Methode ist immer ein Kompromiß. Die Dauerhaftigkeit der Konservierung und der Grad der Veränderung und Bekömmlichkeit der natürlichen Futtermittel sind gegeneinander abzuwägen.

Veränderung von Lebens- und Futtermitteln durch Mikroorganismen nach WALLHÄUSSER 1990, verändert.

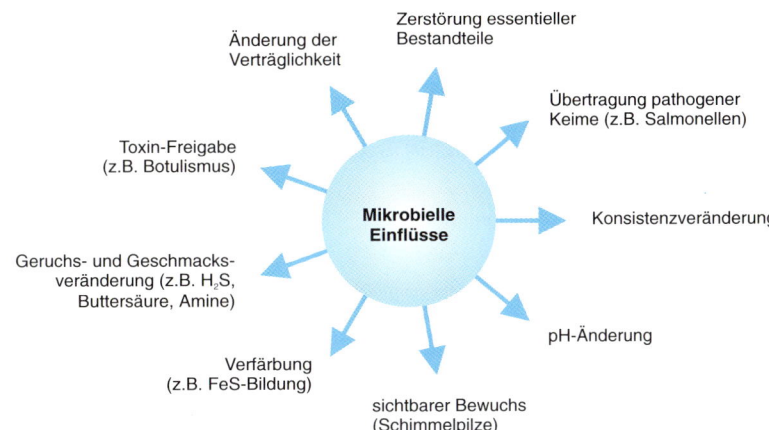

Änderung der Verträglichkeit

Zerstörung essentieller Bestandteile

Übertragung pathogener Keime (z.B. Salmonellen)

Toxin-Freigabe (z.B. Botulismus)

Mikrobielle Einflüsse

Konsistenzveränderung

Geruchs- und Geschmacksveränderung (z.B. H₂S, Buttersäure, Amine)

pH-Änderung

Verfärbung (z.B. FeS-Bildung)

sichtbarer Bewuchs (Schimmelpilze)

Zuvor ist aber darauf zu achten, daß eine bakterielle Kontamination gering gehalten wird. Wenn man daran denkt, daß sich Bakterienzellen alle 20 Minuten teilen können, ergibt eine einzige Bakterienzelle auf einem Substrat nach zehn Stunden bereits mehr als eine Milliarde Zellen. Daraus resultiert die Regel, jede Form der Konservierung unmittelbar nach Eintritt des Todes oder besser im lebenden Zustand einzuleiten. Dieser Hinweis ist so eminent wichtig, weil gegen die Regel laufend verstoßen wird.

Bakterien benötigen einen bestimmten Temperaturbereich; Unter- und Überschreitungen des Bereichs wirken als Konservierung. Bakterien brauchen außerdem Wasser. Trocknung und auch andere Formen des Wasserentzugs wie Salzung und Zuckerung sind konservierende Maßnahmen. Die meisten Bakterien sind auch sauerstoffbedürftig, so daß O_2-Entzug (luftdichter Abschluß) ebenfalls konservierend wirkt.

Viele Konservierungsmethoden bewirken nur einen Wachstumsstillstand der

Bakterien und eine Verlangsamung der Enzymaktivität. Daraus resultiert auch die begrenzte Haltbarkeit konservierter Lebensmittel und die nach dem Lebensmittelgesetz geforderte Deklarierung des Verfallsdatums.

Durch Kombination mehrerer Konservierungsmethoden ist die Wirksamkeit zu steigern. Das bekannte Einweckverfahren kombiniert Hitze, Vakuum und Luftabschluß.

Bestrahlung mit ionisierenden Strahlen kann Inaktivität der Enzyme und Abtötung aller Mikroorganismen und deren Sporen bewirken. Bei Lebensmitteln ist eine solche Behandlung in Deutschland verboten.

In der pharmazeutischen Industrie wird Strahlensterilisation seit Jahrzehnten eingesetzt (WALLHÄUSSER 1990). Die **chemische Konservierung**, bei der Bakterienhemmung und Enzymblockung durch Zusatzstoffe erreicht werden, erübrigt sich hier näher zu erläutern, da die Wirkung der gebräuchlichen Konservierungsstoffe auf Fische weitgehend unbekannt ist und

131

Im »Lebensmittel- und Bedarfsgegen-
ständegesetz« von 1987 heißt es in § 13:
1. Es ist verboten, bei Lebensmitteln
   gewerbsmäßig eine nicht zugelassene
   Bestrahlung mit ultravioletten oder
   ionisierenden Strahlen anzuwenden.
2. Der Bundesminister wird ermächtigt,
   ... eine solche Bestrahlung allgemein
   oder für bestimmte Lebensmittel
   zuzulassen.

somit die Verfahren keine Anwendung
finden können.

Wird die Leistung der Konservierungs-
methode überfordert, leiten Teilprozesse
den Verderb ein. Für Fische sind die
Veränderungen am Futterfett die bedeutungsvollsten. Unter dem Einfluß steigender Bakterienaktivität erfolgen die Abspaltung der Fettsäuren aus den Triglyceriden
und ihre Umwandlung in Aldehyde und
Ketone. Oxidative Veränderungen durch
Aufrichtung der Doppelbindungen bei ungesättigten Fettsäuren, ranziger Geruch
und toxische Wirkung auf den Fisch sind
die Folgen. Diesen besonders gefährlichen
Teilprozeß kann man durch Zusatz von
Antioxidantien wie Ascorbinsäure und
Tocopherol chemisch begrenzen (Vitamin
C und E). Auch andere Substanzen sind
für Lebensmittel zugelassen.

Unter den hier vorgestellten Konservierungsmethoden hat sich die **Tieffrostung**
als moderne Methode in der Lebensmit-
teltechnik und in der Aquaristik durchgesetzt. Das zum Einfrieren vorbereitete
Futter muß keimarm sein. Lebendfutter
wird lebendig gefrostet; Schlachtviehteile
(Rinderherz) sollten so früh wie möglich

dem frisch geschlachteten Tier entnommen werden.

Die Tiefkühlung soll schnell und bei
möglichst niedrigen Temperaturen, wenn
möglich im Vakuum erfolgen. Mit diesem
sogenannten Cryovac-Verfahren wird vor
allem Geflügel aus der Großproduktion
haltbar gemacht. Die ausgenommenen
Tiere werden in einem Kunststoffbeutel
evakuiert. Dabei legt sich die Kunststoff-
folie eng an. Die Frostung wird durch
zwei- bis dreistündiges Eintauchen in ein
− 40 °C* kaltes Solebad vollzogen. Transport in Kühlketten, Lagerung zum Verkauf
und später im Haushalt soll bei −18 °C
oder darunter erfolgen. Die niedrigen
Temperaturen der Schockfrostung haben
zwei Funktionen. Bei − 40 °C hört jede
Enzymaktivität auf, und die Eisfront rückt
im Kühlgut mit dem nötigen Tempo vor
(etwa fünf Zentimeter pro Stunde). Durch
die schnelle Frostung entstehen sehr
kleine Kristalle. Langsames Einfrieren
erzeugt große Eiskristalle, die die Zellen
zerreißen und später den Verlust von
Körpersäften fördern. Die Methode ist
bereits ein Kompromiß, der aus energetischen und technischen Gründen eingegangen werden muß, denn aus mikrobiologi-
scher Sicht wäre ständig eine Temperatur
von − 40 °C erforderlich. Dieser Kompromiß bedeutet, daß die Lagerfähigkeit
begrenzt und schneller Verbrauch nach

* Temperaturen von − 40 °C bis −50 °C
sind durch Kältemischungen von zwei
Teilen Eis (gekörnt) und drei Teilen
Calciumchlorid ($CaCl_2 \cdot 6\,H_2O$) unter
Rühren zu erreichen (KLEBER et al. 1988).

132

dem Auftauen angeraten ist, da die Lebensprozesse der Mikroorganismen bei −18 °C nur verlangsamt sind. Sie sitzen sozusagen in den Startlöchern.

In der beschriebenen Weise kann Rinderherz sechs Monate lang gelagert werden. Für Fischfilet werden drei bis fünf, für vor der Frostung blanchiertes Gemüse acht bis zehn Monate angegeben (WALLHÄUSSER 1990).

Da Tiefkühltruhen für den Hausgebrauch nur −24 °C erreichen, kann man mit häuslichen Mitteln nur eine geringere Haltbarkeit erreichen. Das heißt, daß die beeinflußbaren Größen an Bedeutung zunehmen. Keimarmes Ausgangsmaterial, kleine Frostportionen, die Hälfte der Lagerzeiten und Futtergabe vor dem Auftauen sind zur Kompensation der relativ hohen Temperaturen geeignet. Unter keinerlei Umständen darf aufgetautes Kühlgut erneut eingefroren werden. Auch eine Lagerung im Kühlschrank bei Temperaturen über 0 °C bis zum nächsten Tag ist ungeeignet.

Für gefrostetes Lebendfutter gibt es keine Haltbarkeitsstandards nach dem Lebensmittelgesetz. Die Zeiten sollten aber kürzer veranschlagt werden als allgemein für Lebensmittel üblich, da hier der Darm mit seinen Verdauungsenzymen und seiner Mikroflora im Gefriergut enthalten und so eine innere Kontaminierung nicht zu vermeiden ist, es sei denn durch Bestrahlung mit ionisierenden Strahlen. Das in Haushaltstiefkühltruhen bei einer Temperatur von −24 °C 12 bis 24 Stunden schockgefrostete und bei −18 °C gelagerte eingangs noch lebendige fangfrische Futter sollte nicht länger als drei Monate verwendet werden.

Gefrostetes Lebendfutter

Jede Konservierung des Lebendfutters bedeutet automatisch eine Wertminderung. Das liegt zunächst am Verlust der Beweglichkeit. Das tote Futter stimuliert weniger und zwar in Abhängigkeit von den natürlichen Gepflogenheiten der Fischarten. Dieser Verlust ist irreparabel und damit keiner weiteren Erörterung wert. Weitere Wertminderungen liegen in chemischen Veränderungen, die im Verlauf der Lagerzeit zunehmen, denn die abbauenden Enzyme sind bei der üblichen Lagertemperatur nicht inaktiviert, sondern nur gehemmt. Trotzdem ist tiefgekühltes Futtergut schonender als anderes konserviert. Die Einschränkungen reichen jedoch aus, um nur bestimmte Futtertiere für die Tieffrostung zu empfehlen.

Im Grunde beschränkt sich die Auswahl der für die Süßwasseraquaristik geeigneten Frostfuttertiere auf Mückenlarven und Copepoden. Gefrostetes Seenplankton als Gemisch von Cladoceren, Copepoden und Rotatorien ist besonders für kleinere Schwarmfische zu empfehlen (Neonfutter). Das Problem dieser Futtermittel besteht im Rissigwerden der Cuticula bei der Frostung; daher kann die Hämolymphe (Körperflüssigkeit) nach dem Auftauen austreten und das Wasser belasten. Eine gewisse Minderung dieser Gefahr ist durch Fütterung in kleinsten Portionen und Verabreichung im gefrosteten Zustand möglich. Die Portionierung sollte bereits beim Einfrieren berücksichtigt werden. Dünne gefelderte Tafeln lassen sich außerdem besser einfrieren. Dadurch wird schon bei der Herstellung des Kühlgutes für Futterqualität gesorgt.

133

GROSSKOPF (1994) empfiehlt die Wässerung des aufgetauten Frostgutes vor der Fütterung und senkt so die Phosphatmenge, die vom Futter ins Aquarienwasser übertritt, da das Phosphat vorher ausgewaschen wird. Das ist bestimmt richtig. Doch gleichzeitig mit dem Phosphat entfernt man so auch essentielle Aminosäuren, verschiedene Zucker und andere Inhaltsstoffe, so daß der Wert dieser Methode zweifelhaft bleibt. Ich habe die Wässerung vor Jahren selbst ausprobiert und begleitend untersucht. Dabei ergab sich, daß Mysiden und Artemien, die drei bis fünf Stunden nach dem Fang tot eingefroren wurden, nach dem Auftauen und der Wässerung nur noch etwa 60% ihres Futterwertes aufwiesen. Je kleiner die Futtertiere sind, desto größer ist ihre Oberfläche und entsprechend größer ist der Substanzverlust bei dieser Methode.

Für Meerestiere eignen sich tiefgefrorene Schwebegarnelen (Mysidacea), Garnelen (Decapoda – Natantia) und Miesmuscheln (*Mytilus*) als Futter. Schwebegarnelen und Garnelen sollte man vor dem Einfrieren mit Leitungswasser abspülen, da das anhaftende Seewasser in Abhängigkeit von seinem Salzgehalt den Gefrierpunkt erniedrigt und somit die Durchfrostung erschwert.

Bei Muscheln verzichte ich auf Durchspülung des Kiemenraumes und friere die geschlossenen lebenden Muscheln ein. Die Gefrierpunkterniedrigung wird durch geringe mikrobielle Kontamination ausgeglichen. Dem Meeresaquarianer ist ferner eine Tiefkühlreserve von Fischfilet zu empfehlen. Fettarme Fische sind zu bevorzugen. Günstig ist Kabeljau-(Dorsch-)filet.

Eine Vorbehandlung der zu frostenden Futtertiere mit ionisierenden Strahlen würde zwar einen Ausschluß mikrobieller Beeinflussung des Frostgutes bedeuten, aber auch alle Darmbakterien der Futtertiere und ihre Sporen abtöten, was einer Wertminderung des Futters gleichkäme.

Frostfutter aus Schlachttiermaterial
In der Nutzfischaufzucht wurden verschiedene Schlachttierinnereien mit unterschiedlichem Erfolg getestet. In der Aquaristik hat sich das **Rinderherz** zu Recht durchgesetzt. Die Muskelfaserstärke ist fast zehnmal dünner als die der Fasern der Skelettmuskulatur; das bedeutet eine große Oberfläche für den Angriff der Verdauungsenzyme. Innerhalb der Herzmuskulatur gibt es kaum Fetteinlagerungen. Das sind wesentliche Argumente für das Rinderherz als Fischfutter.

Alle Maßnahmen bei der Herstellung von Frostfutter auf der Basis von Rinderherz sind von besonderer Bedeutung. Dazu gehören Vorbehandlung, Zerkleinerung, Mischung, Frostung, Lagerung und Transport. Hauptziel der Vorbehandlung des schlachtfrischen Rinderherzens ist die Entfernung aller Fett- und Bindegewebsanteile. Damit das besonders gründlich geschieht, ist es besser, reine Herzmuskelstücke herauszutrennen und alles übrige zu verwerfen. Etwa 30% der Herzmasse sind brauchbar.

Um eine übermäßige Kontamination mit Bakterien zu verhindern, werden alle Geräte und Gefäße vor der ganzen Behandlung mit heißem Wasser gründlich gesäubert. Die herausgetrennten Herzmuskelstücke werden zweimal durch den Fleischwolf gedreht. Was sich dabei als schwer transportabel erweist und sich faserig um Messer und Walze windet, wird verworfen. So wird zusätzlich Bindegewebe entfernt.

Bindegewebsanteile im Futter sind erheblich qualitätsmindernd, da Bindegewebe überwiegend aus **Kollagen** besteht. Dabei handelt es sich um eine Eiweißart, die durch hohen Gehalt der Aminosäure Hydroxyprolin gekennzeichnet ist. Kollagen ist ein im Tierreich weit verbreitetes Strukturprotein und in Knochen, Knorpel, Bindegewebe und Cuticularstrukturen reichlich vorhanden. Durch Denaturierung und Reinigung entsteht aus Kollagen Gelatine. Da Fische kein Enzym (Kollagenase) besitzen, das Kollagen zerlegt, und nur schwach saure, zum Teil gar keine Mägen haben, bleibt bindegewebshaltiges Futter meist unverdaut. Die Kotschnüre erscheinen dann grauweiß, zusammenhängend und lösen sich schwer vom Fisch ab. Die mikroskopische Untersuchung solcher Kotschnüre zeigt die unverdauten Fasern.

Bei Jungfischen können kollagenhaltige Futtermittel tödlich sein (zur Kollagenquellung vergleiche Kapitel »Futter muß verdaut werden können« und »Fütterung und Ernährung von Jungfischen«). Auch sonst besteht die Gefahr des Darmverschlusses. Das ist besonders bei Fischen mit mehrfach gewundenen Därmen und bei eingeengter, nach vorn verlagerter Leibeshöhle gefährlich. Junge Diskusfische und Skalare können nach kollagenhaltiger Fütterung in großen Mengen an Darmverschluß sterben. Erwachsene Diskusfische werden zwar mit dem Problem fertig, doch verlangsamt sich die Darmpassage,

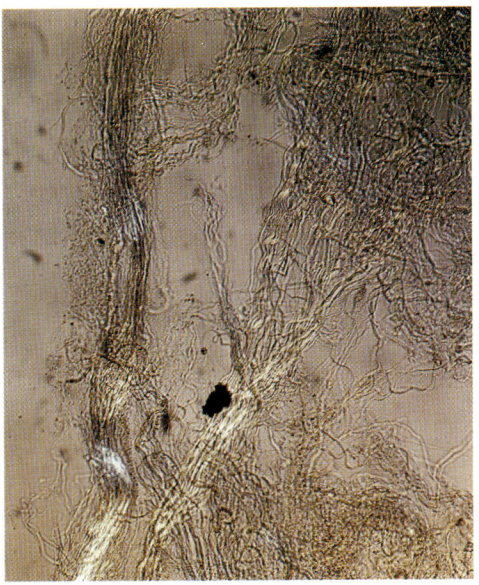

Unverdaute Bindegewebsfasern (Kollagen) in der Kotschnur eines Ritterkärpflings (Mikroskopaufnahme unter polarisiertem Licht).

und im Stau des unverdauten Futters entwickeln sich Massen von Darmflagellaten. Schlecht ernährte Tiere sind trotz reichlicher Fütterung die Folge.

Daß dennoch zuweilen Kollagen verdaut wird, liegt oft an der Tätigkeit symbiontischer Darmflora, die aber nicht konstant und artspezifisch bei den Fischen vorhanden ist. Natürliche wirbellose Futtertiere zeichnen sich durch einen geringen Kollagengehalt aus. REICH (1966) nennt Methoden zur quantitativen Kollagenbestimmung.

Man kann das durch den Fleischwolf gedrehte Rinderherz nach Einkneten von Zuschlagstoffen nach dem Cryovac-Verfahren einfrieren (zwei Stunden) oder (notfalls) bei −24°C 24 Stunden lang in

135

der Haushaltstiefkühltruhe. Tafeln von etwa einem Zentimeter Dicke sind zu empfehlen. Um gegen Wasserverlust (Gefrierbrand) geschützt zu sein, werden die Tafeln in Gefrierbeuteln verpackt und bei −18 bis −20 °C gelagert. Vor dieser Frostung erfolgt die Mischung mit anderen Futtermitteln, wodurch das Rinderherz als Hauptfutter verwendbar wird. Zwei Vorschläge zur Rezeptur sollen folgen:

Variante 1

Zum gewolften, fett- und bindegewebsfreien Rinderherz werden
- 10% blanchierte und gewolfte Spitzen der Großen Brennessel oder 2% Brennessel-pulver (notfalls auch Spinat oder Rosenkohl) sowie
- 10 bis 15% frische (lebendige) Schwebegarnelen, Copepoden (*Cyclops*) oder Mücken-larven gegeben.

Die Bestandteile gut durchmischen und danach in kleinen Portionen oder in flachen Tafeln einfrieren. Der Zusatz an pflanzlicher Substanz ergibt sich nicht nur aus den Überlegungen im Kapitel »Pflanzliche Futtermittel«. Gerade bei solchen Ersatzfuttermi-schungen ist der Anteil von Ballaststoffen, insbesondere Rohfasern, für die Darmbewe-gung und damit für die Verdauungsaktivität besonders wichtig. Der Zusatz von Lebend-futter zum Herzfleisch reicht aus, um den nötigen Gehalt des Futters an vielen essenti-ellen Bestandteilen wie Vitaminen, ungesättigten Fettsäuren, Mineralstoffen und anderen zu decken.

Variante 2

Zu 1000 g der fett- und bindegewebsfreien Rinderherzmasse werden hinzugefügt
- 20 Tropfen Vitaminöl (beispielsweise Multibionta von Merck, Darmstadt) mit den Vitaminen des B-Komplexes, ferner Vitamine A, C, D und E zur Gewährleistung einer Grundvitaminisierung. Vitamine C und E wirken gleichzeitig als Antioxidantien.
- 30 ml Lebertran zur Auffettung
- 8 ml Fettsäureethylester aus Nordseefischöl (im Apothekenhandel als Feniko von FOURNIER-PHARMA GmbH, Sulzbach, erhältlich) mit mehr als 60% n-3-Fettsäuren, einer Jodzahl um 300 (vergleiche Tabelle Seite 19) und einem Tocopherolgehalt von 0,2% (Vitamin E).
- 120 mg β-Carotin als Provitamin A und zur Unterstützung der Färbung. Es ist in zehnprozentiger Konzentration handelsüblich (siehe Anhang). Die Zusatzmenge muß in 10 ml heißem Wasser gelöst und beigegeben werden.
- 100 g blanchierte und gewolfte Spitzen der Großen Brennessel, Rosenkohl, Spinat oder dergleichen abgetropft zugeben.

Gut durchmischen, flach portionieren und schockfrosten. Mineralstoffe werden von den Fischen aus dem Wasser aufgenommen. Bei mineralstoffarmem (weichem) Wasser empfiehlt sich der Zusatz von ein bis zwei Gramm Calciumcarbonat ($CaCO_3$).

136

Um eine Diffusion der Futtersäfte ins Aquarienwasser weitgehend zu unterbinden, eine Entmischung der Komponenten zu verhindern und um alle Inhaltsstoffe den Fischen zugänglich zu machen, wird auch hier nicht aufgetaut und mit kleinen Stücken gefüttert. In der Trockensubstanz (etwa 20%) solch einer Futtermischung sind etwa 70% Proteinanteile, 20% Fett und 10% Kohlenhydrate einschließlich Rohfaseranteil enthalten. Das bedeutet ein Eiweiß-/Fettverhältnis von 3,5:1 (vergleiche Tabelle Seite 18).

Gewerblich hergestelltes Frostfutter auf Rinderherzbasis sollte, genau wie andere technisch hergestellte Futtermittel, hinsichtlich Inhalt und Verfalls- oder Herstellungsdatum deklariert werden. Bei Verwendung von Schlachttiermaterial muß der Kollagengehalt des Futters angegeben werden. Weniger als ein Prozent Kollagengehalt ist dabei als Gütekriterium anzusehen.

Trockenfutter

Trockenfutter bleibt immer ein Ersatz. Das ergibt sich allein daraus, daß viele chemische Strukturen durch die Trocknung (auch bei Hochvakuum-Gefriertrocknung) verändert werden und nach der Quellung nicht mehr ihre ursprüngliche Identität zurückgewinnen. Besonders hochkomplexe Eiweiße werden verändert und in ihrer Verdaulichkeit negativ beeinflußt. Hinzu kommen natürlich alle übrigen Mängel von Ersatzfuttermitteln.

Wie nachteilig sich das auf das Wohlbefinden der Fische auswirkt, hängt von der Art des Trockenfutters und seiner Zubereitung, vom Umfang seines Einsatzes, vom Entwicklungsstand der Fische, von den Fischarten und von der Fütterungstaktik ab. Wird geeignetes Trockenfutter gelegentlich als Zusatzfutter bei solchen Arten eingesetzt, die es gut aufnehmen, und füttert man sparsam und dafür häufiger, so daß sich nie Futterrückstände im Aquarium absetzen können, bleibt der Nachteil unwesentlich.

Ausschließliches und zu reichhaltiges Füttern aus der Dose endet dagegen fast immer mit trübem Wasser, faulenden Pflanzenwurzeln und toten Fischen. Schlecht ernährte Tiere zeigen untypisches Verhalten, wenig Farbe, keine Fortpflanzungswilligkeit und sind anfällig gegenüber Krankheiten.

Zu den Trockenfuttermitteln gehören zunächst **getrocknete Fischnährtiere**, von denen getrocknete Wasserflöhe am bekanntesten sind. Auf ihren geringen Nährwert habe ich bereits verwiesen. Besser geeignet sind getrocknete Bachflohkrebse.

Insektenschrot ist von unterschiedlicher Qualität; oft handelt es sich um Mehlwurmschrot. Mehlwürmer sind die Larven des Mehlkäfers (*Tenebrio molitor*) und sehr fettreich. Mehlwurmschrot sollte man nur als Beimischung zum Trockenfutter verwenden.

Trockenfutter muß frisch und an der Sonne getrocknet sein. Nach eigenen Erfahrungen entsteht ein brauchbares Trockenfutter durch Mischung von einem Drittel Wasserflöhen, einem Drittel Bachflohkrebsen und einem Drittel Insektenschrot. Die Lagerung des Vorrats sollte bei +4 °C (Haushaltskühlschrank) absolut trocken und luftdicht erfolgen. Für die tägliche Fütterung wird eine Portion entnommen, die spätestens in zwei Wochen aufgebraucht sein sollte. Die Haltbarkeit des Vorrats beträgt unter diesen Bedingungen etwa neun Monate.

Sogenannte **Ameiseneier** (in Wirklichkeit sind das Ameisenpuppen) sind als Fischfutter abzulehnen.

Das **handelsübliche Flockenfutter** ist, zumindest wenn es sich um bekannte Marken handelt, ein gutes Trockenfutter, aber mehr eben nicht. Den Herstellern brauchbarer Flockenfuttermittel wäre zu empfehlen, die Deklarierung zu verbessern. Zuweilen findet man nur Angaben über zugesetzte Vitamine und Antioxidantien. Befriedigende Analysenangaben sucht man vergebens. Vermerke über Protein- und Fettgehalt sollten zu den Selbstverständlichkeiten gehören. Auch Angaben über den Gehalt an ungesättigten Fettsäuren (Jodzahl des Fettes), Eiweißen, Kollagen, Rohfaser- und Mineralanteilen sowie die Art der Kohlenhydrate und die des verwendeten Bindemittels wären wünschenswert.

Die Hinweise der Hersteller auf Fütterung in kleinen Portionen, die schnell und restlos gefressen werden, sind unbedingt zu beachten. Einige der getesteten Markenfuttermittel trüben das Wasser zwar nicht, wenn man nach der Gebrauchsanweisung verfährt. Längeres Liegen im Wasser führt aber teilweise zu einer kolloidalen Auflösung der Flocken, die dann das Wasser belasten. 100 mg eines bekannten Flockenfuttermittels belasten einen Liter Wasser bei 22 °C in 24 Stunden mit einer Sauerstoffzehrung von 30 mg (CSV – Chemischer Sauerstoffverbrauch, Kaliumpermanganat).

Die Akzeptanz von Flockenfutter und Granulaten wird wesentlich von ihrer Konsistenz bestimmt, die von der Wasseraufnahmefähigkeit abhängig ist. Gutes Flockenfutter verändert sich im Wasser innerhalb von zehn Sekunden, indem es durch Wasseraufnahme das Vier- bis Fünffache seiner Masse erreicht. Gequollen enthalten solche Futtermittel etwa 80 % Wasser und entsprechen diesbezüglich natürlicher Nahrung. Große Flocken werden dann auch von kleinen Fischen eingeschlürft. Von Ausnahmen abgesehen, bevorzugen Fische weiches Futter.

Hinsichtlich der Aufbewahrung der Flockenfuttermittel gilt, was schon für getrocknete Futtertiere gesagt worden ist. Unter keinen Umständen darf verpilztes Futter verfüttert werden. Schimmelpilze erzeugen toxische Substanzen, die für Fische tödlich sind. Angaben über die Haltbarkeitsdauer sind beim Einkauf zu berücksichtigen. Der Kauf von Großpackungen lohnt nicht für den Kleinverbraucher, auch wenn sie billiger sind.

Zum Schluß noch ein Verbesserungsvorschlag auf der Grundlage einer Deklaration. Bei einem Flockenfuttermittel fand ich Angaben zu einem Rohprotein-Rohfett-Verhältnis, das nach den vielfältigen Erfahrungen der Nutzfischzucht ungünstig ist. 49 % Rohprotein und 6,5 % Rohfett in der Trockensubstanz, also ein Eiweiß-Fett-Verhältnis von 7,5:1, zwingen den Stoffwechsel zur Veratmung von Eiweiß und damit zur erhöhten Ausscheidung von Ammoniak. Eine Absenkung des Eiweißge-

138

Wer Trockenfutter oder auch sonstige künstliche Futtermittel für Aquarienfische entwickelt, sollte vier einfache Regeln beachten, die oft im Gestrüpp scheinbar wichtiger Vitamin-Diskussionen vergessen werden.

- Vorsicht mit der Eiweißkomponente. Ist sie zu hoch, wird das Wasser zu stark belastet. Ein physiologisch optimaler Eiweißgehalt liegt je nach Baustoffverbrauch der Fische bei guter Verdaulichkeit zwischen 30 und 50% der Trockensubstanz.
- Vorsicht mit der Kohlenhydrat-Komponente. Überhöht treibt sie den Blutzucker der Fische hoch. Verdauliche Kohlenhydrate sollten 10% der Trockensubstanz nicht überschreiten. Unbehandelte Pflanzenmehle sind im Regelfall für Aquarienfische nicht geeignet. Ausnahmen müssen gründlich geprüft worden sein.
- Der Fettgehalt sollte 15 bis 20% der Trockensubstanz betragen. Fette müssen bei Aquarientemperatur flüssig sein und mehrfach ungesättigte Fettsäuren enthalten. Die Futterfette müssen besonders gegen Verderb geschützt werden (Vakuumverpackung, kühle Lagerung, Antioxidantien).
- Unverdauliche Ballaststoffe sind lebenswichtig, aber tödlich, wenn sie zum Darmverschluß führen (quellungsarm, ohne Verklebung, kurzfaserig). Chitin ist ein häufiger Ballaststoff natürlicher Nahrung.

halts auf 40 bis 45% und eine Steigerung des Fettgehalts auf 10 bis 15% würde vor allem dem Aquarienwasser gut bekommen, weil sich so die Ammoniakabscheidung der Fische verringerte. Der Eiweißanteil im Futter stünde dann wirklich dem Baustoffwechsel zur Verfügung, da das Fett den Energiestoffwechsel (ergänzt durch Kohlenhydrate) abdecken würde.

Fütterung und Ernährung ausgewählter Beispielgruppen

Fische eines Verwandtschaftskreises stimmen oft in bezug auf ihre Ernährungsweise überein. Während die Ausbildung des Kopfdarms (Bezahnung und Kiemenrechen) auch innerhalb einer Familie abhängig von der Art der Nahrung und der Nahrungsaufnahme stark variiert, gibt es von der Speiseröhre bis zum After auch innerhalb größerer Verwandtschaftskreise hochgradige Übereinstimmungen. Unterschiede äußern sich dann nur noch quantitativ, beispielsweise bezüglich der Anzahl der Pylorusanhänge und der Windungen der Darmabschnitte.

Das Fehlen oder Vorhandensein eines Magens oder der Pylorusanhänge hängen fast immer von der Zugehörigkeit zu einer bestimmten Gruppe ab. Es spielt beispielsweise eine Rolle, ob große Eiweißbrocken, vielleicht sogar mit gewissen Kollagenanteilen (etwa Fische), bei saurem pH-Wert im Magen verdaut werden sollen, was nicht immer der Fall ist. Es gibt Gattungen und Arten innerhalb einer Familie, die zwar anatomisch und funktionell die Voraussetzungen zu einem Raubfisch hätten, tatsächlich aber von kleinpartikulärer Nahrung leben oder gar zu Pflanzenfressern geworden sind (manche Salmler).

Auch umgekehrte Verhältnisse sind zu beobachten. Wenig dazu geeignete Därme können durch eine besondere Leistungsfähigkeit der Bauchspeicheldrüse »Raubfischniveau« erreichen. Auf der Basis des genetisch fixierten Grundtyps können auch Untertypen entstehen, die sich in individueller, nicht erblicher Anpassung an die Gegebenheiten ihres Lebensraumes entwickelt haben.

Es sind also drei Anpassungsebenen zu unterscheiden, deren Stabilität etwas mit dem entwicklungsgeschichtlichen Alter der Art und in dritter Instanz auch mit dem individuellen Alter zu tun hat. Die nichterbliche Einnischung ist Prägung und Gewöhnung und ermöglicht individuelle Variabilität. Das Angebot des Raumes und die erblichen Voraussetzungen bestimmen, was Hauptnahrung, Gelegenheitsnahrung und Notnahrung sind. Bei nahrungsbiologischen Untersuchungen und Aussagen ist die Bestimmung des Angebots genauso wichtig wie die Betrachtung verdauungsphysiologischer Voraussetzungen der Fische und von Inhaltsanalysen ihres Verdauungstrakts.

Individuelle Anpassung kann durchaus anatomische Merkmale verändern. So ist beispielsweise die individuelle Darmlänge vieler Fische wesentlich vom Anteil pflanzlicher Nahrung abhängig, der ihnen zur Verfügung steht.

Zur Bestimmung nahrungsbiologischer Präferenzen aus dem Angebot wird der **Selektivitätsindex** (s) herangezogen.

$$s = \frac{g-e}{g+e}$$

In der Formel stellen »g« die relative Häufigkeit (in Prozent) der Nahrungsart im Darm und »e« die relative Häufigkeit (in Prozent) im Biotop dar. Ist $s = -1$, verweigert der Fisch das Futter, ist $s = 0$, nimmt er es entsprechend der Konzentration im Angebot auf. Ist s positiv, wird die entsprechende Nahrung bevorzugt aufgenommen.

Die artspezifische Ausprägung und individuelle Variation des Verdauungstrakts sowie des nahrungsbiologischen Verhaltens verändern sich im Laufe der Individualentwicklung. Sie sind frühestens beim Jungfisch und nie bei der Larve ausgeprägt. Larven stellen im Grunde freischwimmende Embryonen dar. Ihre besonderen Ansprüche an die Ernährung stelle ich im Kapitel »Fütterung und Ernährung von Jungfischen« dar.

Die hier kurz aufgezeigten Zusammenhänge sollte man verstärkt berücksichtigen, wenn man daran geht, das natürliche Futter in den angestammten Lebensräumen unserer Aquarienfische zu erkunden. Das wird helfen, natürliche nahrungsbiologische Verhältnisse nachzuahmen, um die Pflege der Fische, ihre Vermehrung und die Erhaltung ihrer Arten im Aquarium zu verbessern.

Salmler

Nicht zufällig steht die Fischgruppe der Salmler (Characiformes) hier an erster Stelle. Es ist nicht vordergründig die Artenmannigfaltigkeit von über 1200 Arten, die zu etwa 80% in Mittel- und Südamerika vorkommen, sondern die Vielfalt aquaristisch geeigneter und attraktiver Fische, die seit vielen Jahrzehnten eine Hauptgruppe der Aquarienfische gebildet haben und auch in Zukunft bilden werden. Den Rahmen einer Ordnung (Characiformes) habe ich dieser Besprechung zugrunde gelegt, da nahrungsbiologische und verdauungsphysiologische Gemeinsamkeiten über die Familie hinaus den Gruppencharakter kennzeichnen.

Die Echten Salmler (Characidae) stellen die bekanntesten und beliebtesten Arten. Es sind Schwarmfische mit nicht vorstreckbarem, überwiegend endständigem Maul ohne Barteln, also Fische ohne Bevorzugung von Bodennahrung. Der Verdauungstrakt läßt auf verschiedene Möglichkeiten der Ernährung schließen. Variable Bezahnung und Ausbildung der Branchiospinae (Kiemenrechen), immer vorhandener Magen, immer vorhandene Pylorusanhänge und sehr variable Darmlängen ermöglichen unterschiedliche Ökotypen von echten Raubfischen bis zu typischen Pflanzenfressern.

Die »klassischen« Salmler der Aquaristik liegen in der Mitte zwischen den Extremen. Die Gattungen *Hemigrammus*, *Hyphessobrycon*, *Moenkhausia*, *Nematobrycon*, *Paracheirodon*, *Pristella* und viele andere umfassen kleine bis mittelgroße Arten, die im Schwarm zusammenstehen und bei

141

Rote Neon ernähren sich als »klassische Salmler« von gemischtem, kleinpartikulärem Futter aus dem Freiwasser.

leichter horizontaler Wasserbewegung im Schwarm gepflegt werden sollten. Aus dem Schwarm heraus stoßen von Zeit zu Zeit Einzeltiere wenige Zentimeter vor, um kleine Partikel aus dem freien Wasser oder von der Wasseroberfläche zu erhaschen und danach blitzartig in den Verband zurückzukehren. Ein derartiges Freßverhalten kann man auch bei kleinen Schwarmfischen anderer systematischer Zugehörigkeit beobachten, etwa beim einheimischen Moderlieschen (*Leucaspius delineatus*), einem Cypriniden.

BERGLEITER (1993) hat das Freßverhalten einiger Salmler, in einem brasilianischen Regenwaldbach schnorchelnd, beobachtet und Mageninhalte untersucht (Abbildung Seite 144). Er fand vor allem gemischte, kleinpartikuläre Magenfüllungen, bestehend aus terrestrischen und aquatischen Insekten und Insektenteilen sowie aus Teilen fädiger Algen und Niederer Krebse (Harpacticidae), die offensichtlich von Unterlagen abgerissen und vom Wasserstrom mitgeführt worden waren. Futter für die im Aquarium gepflegten Salmler sollte also kleinpartikulär, pflanzlich und tierisch mit hohem Insektenanteil sein und im Wasser treiben oder an der Oberfläche schwimmen. Solchen Erkenntnissen

Der Einbandziersalmler kämmt mit seiner rechenartigen Bezahnung Kieselalgen aus den Fadenalgenbeständen.

und Überlegungen folgend, füttere ich gern mit gefrostetem Seenplankton (Copepoden, Cladoceren, Rotatorien und Planktonalgen), dem ich zerstoßenes Wiesenplankton (etwa 10%) beigemischt habe. Dabei treiben gefrorene Partikel an der Wasseroberfläche und werden hier abtauend oder während des Absinkens gefressen.

Natürlich sind gerade Salmler recht anpassungsfähig. Man kann sie auch mit *Cyclops* oder Daphnien, Enchyträen oder *Tubifex* füttern, vor allem, wenn das Aquarium veralgte Zonen aufweist. Salmler verdauen auch sorgfältig bereite-

tes Ersatzfutter auf Rinderherzbasis; eine ausschließliche Verabreichung von Flockenfutter ist jedoch eine zu starke Abweichung von ihren genetisch fixierten Bedürfnissen. Abstriche an Vitalität, Farbe und Fortpflanzungsfähigkeit sind dann unvermeidbar; die Anfälligkeit für parasitäre Erkrankungen nimmt zu.

Dieses unspezialisierte und doch charakteristische Freßverhalten vieler kleiner, schwarmbildender Salmler hat Spezialisierungen erfahren, insbesondere bei einigen anderen Familien innerhalb der Ordnung der Salmlerverwandten (Characiformes). In Richtung Herbivorie durch

143

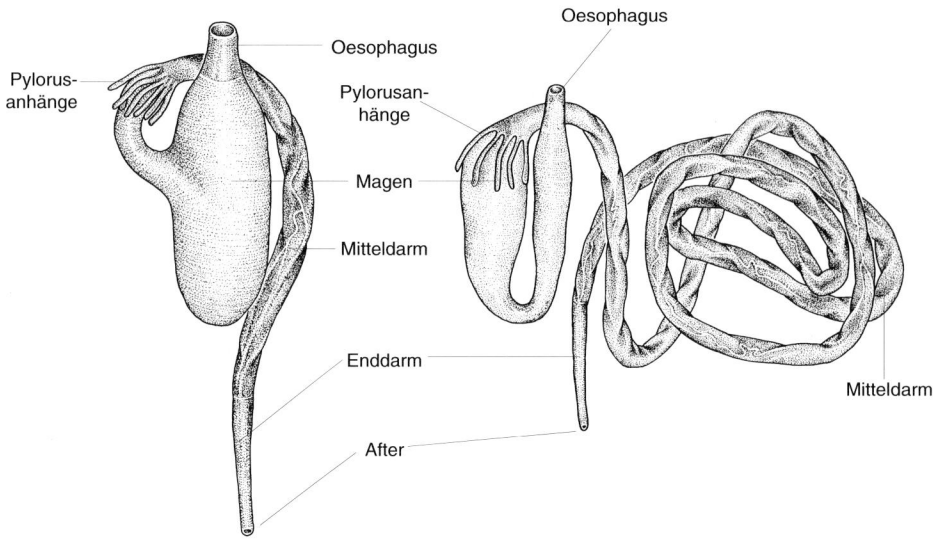

Acestrorhynchus falcatus (links) zeichnet sich als Räuber durch einen kurzen, geraden Darm und einen großen Magen aus (nach BERGLEITER 1993).
Der Barbensalmler (rechts), Curimatopsis crypticus, ernährt sich von Detritus und dessen Bewuchs. Sein Darm ist dementsprechend ausgesprochen lang (nach BERGLEITER 1993).

Algenfiltration mit Hilfe der Kiemenrechen hat sich der Eidechsensalmler (*Iguanodectes spilurus*) entwickelt. Der Einbandziersalmler (*Nannostomus unifasciatus*) kämmt mit seinen rechenartigen Zähnen die Kieselalgen aus Fadenalgenbeständen (BERGLEITER 1993) heraus, und der Barbensalmler (*Curimatopsis crypticus*) ernährt sich von treibendem Detritus und von dessen bakteriellem Aufwuchs. Die Pflege solcher Tiere setzt veraltete Flächen und Mulmauflagen voraus, da eine gezielte Fütterung in dieser Richtung im Aquarium kaum möglich ist.

Anders verhält es sich mit den Gattungen *Anostomus* und *Leporinus* aus der Familie der Anostomidae (Engmaulsalmler), die mit ihren weit vorgesetzten Zähnen

(*Leporinus* = Häschen) makrophytische Nahrung aufnehmen. Hier ist gezielte Fütterung mit weichen Wasserlinsen, blanchierten Rosenkohlstückchen und anderem vegetarischen Futter (vergleiche Kapitel »Pflanzliche Futtermittel«) neben *Tubifex* und roten Mückenlarven zu empfehlen. Auch Ersatzfutter auf Rinderherzbasis, in das blanchiertes Gemüse eingearbeitet wurde, wird gern genommen und gut verdaut.

Innerhalb der Sägesalmler im weiteren Sinne (Serrasalmidae) gibt es die Unterfamilie der Myleinae, die sich abweichend vom Piranha-Typ der pflanzlichen Nahrung verschrieben hat. Während Fische der Gattung *Metynnis* mit pflanzlichem Zusatzfutter (etwa Salatblätter, weiche Wasser-

144

Ein mehrfach gewundener Mitteldarm und ein relativ kleiner Magen sind die anatomischen Entsprechungen der pflanzlichen (herbivoren) Ernährung. Fleischfressende (carnivore) Tiere sind durch einen großen sackförmigen Magen und einen kurzen Mitteldarm ohne Schlingen und Windungen gekennzeichnet.

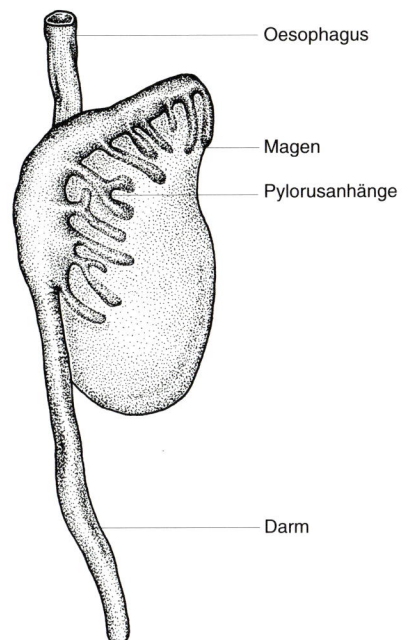

Oesophagus

Magen

Pylorusanhänge

Darm

Bei Piranhas (hier Pygocentrus nattereri) wird die Verdauung großer Nahrungsbrocken durch verzweigte Pylorusanhänge mit großer enzymproduzierender Oberfläche unterstützt.

pflanzen) zufrieden sind, nimmt der Pacu (*Colossoma oculus*), der »Wasserochse«, Früchte aller Art an, die ins Wasser fallen, und ist ein fast reiner Pflanzenfresser.

Der Barrakudasalmler, *Acestrorhynchus falcatus*, mit seinen auffälligen Hundszähnen und die Ctenoluciidae (Hechtsalmler) sind Fischfresser, die ihre Beute unzerteilt verschlingen. Sägesalmler im engeren Sinne (Serrasalminae) jagen in Schwärmen, Schulen, Trupps und ernähren sich von Flossen und Schuppen oder zerfleischen die zum Teil große Beute. Bei Piranhas wird die Verdauung der großen Nahrungsbrocken durch verzweigte Pylorusanhänge mit großer enzymproduzierender Oberfläche unterstützt (Abbildung rechts).

Raubfische hält man, je nach ihrer Lebensart, in kleinen Trupps oder einzeln. Während man Sägesalmler mit ganzen Rinderherzstücken erfolgreich pflegen kann, müssen Barrakuda- und Hechtsalmler mit lebenden Fischen gefüttert werden.

Zu welchen extremen Spezialisierungen Salmlerverwandte fähig sind, beweisen die *Phago*-Arten (Afrika) und *Probolodus heterostomus* (Südamerika), die sich von Flossen und Schuppen anderer Fische ernähren, also eine Art Parasitismus betreiben.

Eine Spezialisierung ganz besonderer Art zeigen die Beilbäuche (Gasteropelecidae). Sie sind Oberflächenfische, die ausschließlich von Anflugnahrung leben. An ihnen wird deutlich, wie weit auch das Äußere der Nahrungsspezialisten vom Grundtyp des Verwandtschaftskreises abweichen kann. Die unverwechselbaren Formen reizen natürlich zur Pflege. Wer aber Nahrungsspezialisten pflegt, darf Zeit, Mühe und Geld nicht scheuen, um die speziellen Bedürfnisse der Tiere zu befriedigen. Je hochgradiger die Spezialisierung der Fische, desto weniger ist die Fütterung mit Ersatzfuttermitteln möglich.

145

Karpfenfische

Innerhalb der Familie der Cyprinidae (Karpfenfische) gibt es einheitliche Grundstrukturen der Nahrungs- und Ernährungsbiologie. Die etwa 2000 rezenten Arten sind weltweit im Süßwasser verbreitet, und der Artbildungsprozeß ist besonders in dieser Familie auch gegenwärtig zu beobachten. Die vielen Zuchtformen des Goldfisches sind augenfälliges Beispiel für die genetische Formbarkeit in seinem Verwandtschaftskreis.

Cypriniden fehlen in Südamerika, wo ihre ökologische »Planstelle« durch die Salmler eingenommen wird. Die Karpfenfische stellen in gleicher Weise wie die Salmler eine Fülle von bewährten Aquarienfischen, die hauptsächlich aus den Unterfamilien der Rasborinae (*Rasbora, Brachydanio*) und Cyprininae (*Barbus, Puntius, Carassius*) stammen. Farbenpracht, nahrungsbiologische Anspruchslosigkeit, leichte Züchtbarkeit und Anpassungsvermögen werden dabei bestimmt wesentliche Ursachen gewesen sein.

Kleine Karpfenfische sind zeitlebens Schwarmfische; die größerer Arten sind es oft nur als Jungfische und schwimmen später in kleineren Gruppierungen. Extreme Ernährungsweisen, also Raubfische oder reine Pflanzenfresser, kommen auch in dieser Familie vor, sind jedoch selten. Das Maul der Karpfenfische ist vorstreckbar, oft mit Barteln (meist ein oder zwei Paare) besetzt und besonders bei vielen Arten der Cyprininae leicht unterständig. Barteln sind Träger von Geschmacksknospen; die Orientierung auf Bodennahrung wird hierdurch schon deutlich.

Bei den Rasborinae ist das Maul trotz vielfach vorhandener Barteln meistens oberständig. Offenbar ist das entwicklungsgeschichtlich eine sekundäre Entwicklung und im Zusammenhang mit der Lebensweise im Freiwasser und der Erschließung von Oberflächennahrung zu sehen. Die Kiefer sind zahnlos, doch der Schlund ist mit Kau- und Mahlvorrichtungen versehen.

Bei einigen Arten besitzen die Kiemenbögen Einrichtungen, die eine Ernährung durch Sestonfiltration gestatten. Solche Strukturen sind Bildungen des Kiemendarms und sollen näher erklärt werden. Die Kiemenbögen 1 bis 4 tragen auf der konvexen Seite je zwei Reihen Kiemenblättchen; auf der konkaven sind zwei Reihen Kiemendornen (Kiemenrechen, Branchiospinae, Gillrakers) ausgebildet, die stark verlängert sind und zu einem Filter werden können (Abbildung Seite 40). Meistens sind sie bei Karpfenfischen jedoch unscheinbar und ohne besondere Funktion.

Jeder Kiemenbogen besteht bei den meisten Knochenfischen aus vier Abschnitten, von oben nach unten Pharyngobranchiale, Epibranchiale, Ceratobranchiale und Hypobranchiale. Das Hypobranchiale fehlt dem vierten Kiemenbogen. Mit dem dorsalen Abschnitt, dem Pharyngobranchiale, ist jeder Kiemenbogen in der Gaumenwand verankert. Der fünfte Bogen trägt weder Kiemenblättchen

Die Odessabarbe stellt an ihre Ernährung keine speziellen Ansprüche.
Bei Rasbora-Arten wie dem Keilfleckbärbling ist das Maul oft oberständig.

146

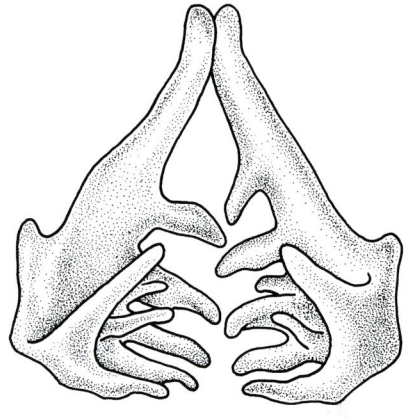

Unteres Schlundknochenpaar eines Cypriniden mit
der Schlundzahnformel 2:5–5:2.

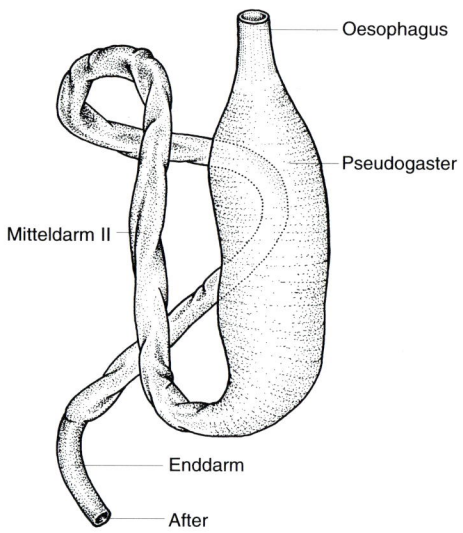

Oesophagus

Pseudogaster

Mitteldarm II

Enddarm

After

Verdauungstrakt von Danio malabaricus.

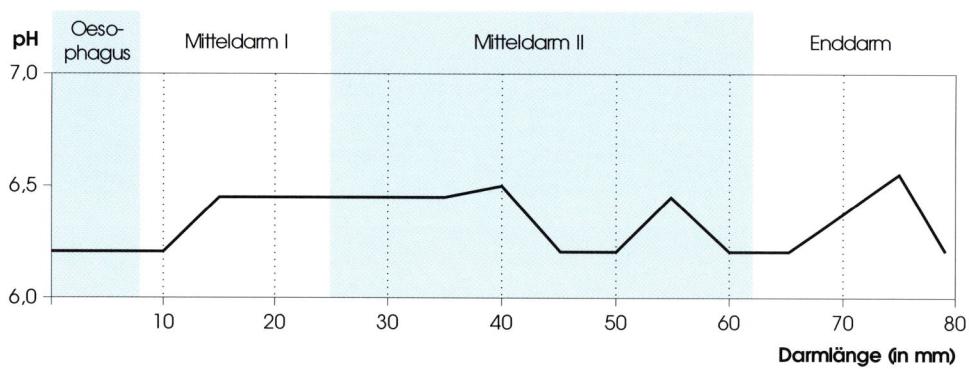

Schwankungen des pH-Wertes im Darm eines Cypriniden. Mitteldarm I entspricht dem Pseudogaster.

148

noch Kiemendornen. Sein Ceratobranchiale bildet das untere Schlundknochenpaar, das mit ein bis drei Zahnreihen (Schlundzähne) besetzt ist (Abbildung links). Anzahl und Stellung der Schlundzähne sind wichtige Bestimmungsmerkmale der Cypriniden und werden als Schlundzahnformel wiedergegeben. Sie werden bei Bedarf und auch periodisch gewechselt.

Gegenspieler der Schlundzähne im Kauprozeß ist die dorsal gelegene Kauplatte aus stark verhorntem Epithel. Es ist die Auflage des oberen Schlundknochens, der aus den Pharyngobranchialia des zweiten, dritten und vierten Kiemenbogens hervorgegangen ist. Er wird von einem Knochenfortsatz der Schädelbasis gestützt.

Diese komplizierte Kauvorrichtung ist ein deutlicher Hinweis auf die Verarbeitung schwer verdaulicher Pflanzennahrung. So besiedeln Karpfenfische auch überwiegend krautreiche Uferzonen und bodennahe Regionen. Freiwasserbereiche vor Pflanzenbeständen sind bevorzugte Plätze schwarmbildender Kleinfische. Partikelnahrung, deren Aufnahme aus dem Schwarm heraus bei den Salmlern beschrieben wurde, wird auch bei vielen Cypriniden bevorzugt. Omnivore (Allesfresser) mit starker Neigung zur Herbivorie (Pflanzen fressen) sind kennzeichnend für Karpfenfische. Dabei werden angefaulte Pflanzenteile besonders gern genommen.

Wie bereits erwähnt, sind Nahrungsspezialisten selten. Dennoch soll vermerkt werden, daß große Fische (*Abramis brama*, *Cyprinus carpio*) bei Bedarf und besonders in Ermangelung typischer Bodennahrung auch mit Erfolg Kleinfische fressen (STERBA 1987, FIEDLER 1991). Von einer kurzen

Speiseröhre (Oesophagus) gelangt das Futter in den Pseudogaster, einen vorderen Abschnitt des Mitteldarms. Ein Magen fehlt. Damit fehlt eine Darmzone mit deutlich saurem pH-Wert und eine peptische Eiweißverdauung (Abbildung links unten). Der Mitteldarm verläuft je nach Länge in mehreren Schlingen (Abbildung links). Die Darmlänge ist nicht nur artspezifisch und vom Alter abhängig, sondern auch variabel in Abhängigkeit von der individuellen Ernährung. Ein hoher Anteil pflanzlicher Nahrung wird mit der Ausbildung weiterer Darmschlingen beantwortet, also mit Darmverlängerung. Darmlängen bis zum 15fachen der Körperlänge hat man bei einigen Cypriniden nachgewiesen (FIEDLER 1991). Der Enddarm ist kurz und ohne weitere Besonderheiten.

Der einfache, wenig gegliederte Darm ist in seiner Leistungsfähigkeit besonders auf die alimentäre Funktion der Darmbakterien und der Futtertierenzyme angewiesen. Da Bakterienaktivität temperaturabhängig ist, kommen den Fischen höhere Wassertemperaturen zugute. Das gilt auch für europäische Arten und sogenannte Kaltwasserformen. Einheimische Cypriniden, mit Ausnahme der strömungsliebenden (rheophilen) Formen, bevorzugen Wassertemperaturen um 20 °C und fressen im Winter kaum.

Karpfenfische sind unter Aquarienbedingungen ernährungsbiologisch anspruchslos und lassen sich ohne Schädigung mit gutem Flockenfutter ernähren. Gelegentliches Lebendfutter (Daphnien, *Cyclops*) fördert die Verdauung und das Wohlbefinden. Mit Ersatzfutter auf Rinderherzbasis sollte man

149

vorsichtig sein. Werden lange, hellfarbige Kotschnüre beobachtet, die sich längere Zeit nicht vom Fisch lösen, muß man diese Fütterung unterlassen. Wegen der umweltabhängigen und damit unterschiedlichen Darmflora lassen sich keine allgemeingültigen Empfehlungen geben. Algen an Aquarienrück- und -seitenwänden, kleine Inseln mit Bodenmulm sowie vereinzelt abgestorbene und in Zersetzung begriffene Wasserpflanzenblätter fördern das Wohlbefinden von Karpfenfischen im Aquarium. Gegen »sterile« Becken sind Cypriniden besonders empfindlich, kümmern, wachsen schlecht und zeigen allgemein verminderte Vitalität.

Welse

Die Ordnung der Siluriformes mit über 2000 rezenten Arten ist recht heterogen mit einer großen Vielfalt von Morpho- und Ökotypen. Deshalb betrachte ich hier nur die beiden aquaristisch bedeutungsvollsten Familien, die Panzer- und die Harnischwelse, gesondert; auf Darstellung der übrigen Familien verzichte ich.

Panzerwelse

Die beliebte Gattung *Corydoras*, die zur Zeit etwa 140 beschriebene Arten umfaßt, soll die Panzerwelse repräsentieren. Sie ist auf Südamerika beschränkt; ihre Vertreter werden als genügsame Mulmfresser beschrieben (FIEDLER 1991). Das Maul ist unterständig, klein und meistens mit zwei Paar Barteln besetzt, die dem Aufspüren von Bodennahrung dienen. Dafür sind sie durch die reichhaltige Ausstattung mit Geschmacksknospen geeignet (Foto rechts unten). Die Speiseröhre (Oesophagus) führt in den kugelförmigen Magen; der Mitteldarm setzt den Verdauungstrakt fort und endet nach kurzem Verlauf.

Die Besonderheit der Panzerwelse liegt nun darin, daß der weitaus größte Teil des

Bei Corydoras-Arten dient ein großer Teil des Darms der Atmung.

150

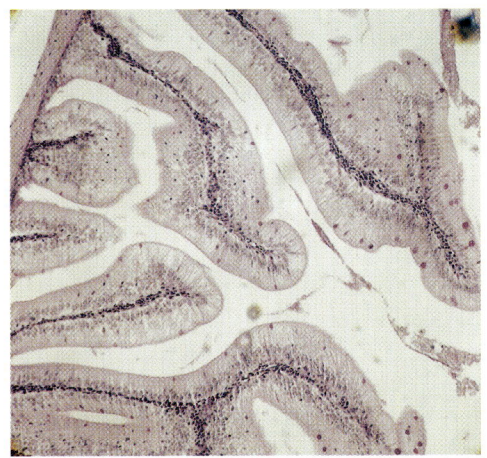

Der verdauende Teil des Mitteldarms von Corydoras rabauti weist eine starke Zottenbildung auf
(Färbung: Hämalaun-PAS, Mikroskopaufnahme).

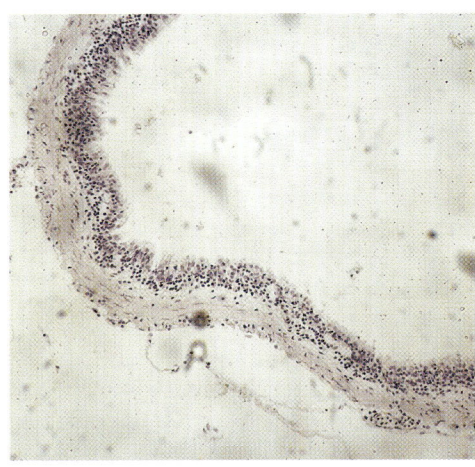

Schnitt durch den respiratorischen (atmenden)
Darm von Corydoras rabauti (Färbung: Hämalaun-
Eosin, Mikroskopaufnahme).

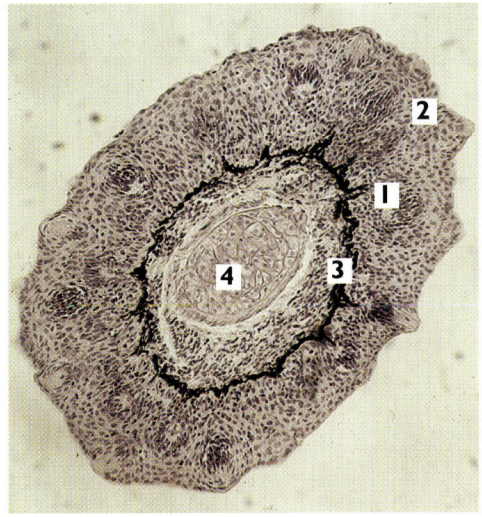

Corydoras rabauti, Bartelquerschnitt. Die Barteln
sind mit einer großen Anzahl von Geschmacksknospen ausgestattet. 1: Geschmacksknospen, 2:
Epithelzellen, 3: Pigment, 4: Knorpel (H-E-Färbung,
Mikroskopaufnahme).

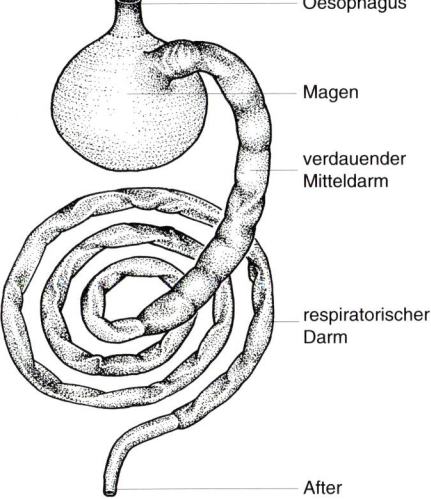

Oesophagus

Magen

verdauender
Mitteldarm

respiratorischer
Darm

After

Verdauungstrakt von Corydoras rabauti, etwas
gestreckt.

Darms der Atmung dient und daher dünnwandig und luftgefüllt ist (Abbildung Seite 151). Schnitte durch den verdauenden ersten Teil des Darmes (Foto Seite 151) zeigen eine starke Zottenbildung, die seine Oberfläche vergrößert und die Wirksamkeit der Verdauung erhöht. Der der Atmung dienende (respiratorische) Darm ist dünnwandig und weist keine Faltungen auf (Foto Seite 151). Die verdauenden Strukturen sind zugunsten der Sauerstoffversorgung stark eingeschränkt.

Die Panzerwelse sind an einen natürlichen Lebensraum angepaßt, in dem leicht verdauliche kleinpartikuläre Bodennahrung zur Verfügung steht. Dem ist bei ihrer Pflege Rechnung zu tragen. Die Mulmpartikel selbst stellen vielfach aufbereitete Nahrung dar. Insbesondere die Kotschnüre der Fische enthalten noch bis zu 30% der anfänglichen Nahrungsenergie. Bei der zweiten Darmpassage wird die aufgenommene Energie von 70% auf 80 bis 90% gesteigert (vergleiche Kapitel »Das Futter muß die Bedürfnisse decken«). Die Mulmpartikel sind mit Bakterien und Einzellern reich besetzt. Diese Mikroflora und Fauna ist einerseits Nahrung und hilft andererseits zusätzlich bei der Verdauung von gefressenen Bodentieren, wie Würmern und Insektenlarven.

Das Aquarium sollte unbedingt mulmbedeckte Bodenzonen aufweisen; dann ist auch eine erfolgreiche Verwertung von absinkendem Trockenfutter problemlos möglich. Ersatzfutter auf Rinderherzbasis und tiefgefrostetes Lebendfutter sind weitere Futtervarianten. Somit ist das mögliche Angebot weit gefaßt, wenn es nur am Boden liegt. Die Gefahr einer Wasserbelastung muß bei der Auswahl des Futters an erster Stelle berücksichtigt werden.

Harnischwelse

Für einen großen Teil der Harnischwelse (Loricariidae) sind Lebensräume mit Sauerstoffüberfluß charakteristisch. Bei diesen ist eine zusätzliche Darmatmung selten. Etwa 700 Arten, beispielsweise aus den Gattungen *Ancistrus*, *Loricaria*, *Sturiosoma* und *Farlowella*, besiedeln schnell fließende Gewässer Süd- und Mittelamerikas. Mit ihrem unterständigen Saugmaul halten sie sich an Steinen fest und schwimmen nur kurze Strecken, um nicht abzudriften. Sie fressen in angesaugter Haltung, indem sie die Algenüberzüge* ihrer Unterlage abraspeln.

Die Algen sind eine schwer verdauliche, nicht bakteriell aufgeschlossene Pflanzennahrung. Dementsprechend ist der Verdauungskanal organisiert. Wie alle Welse besitzen die Loricariiden einen Magen. Für diese Tiere ist er allerdings von geringer Bedeutung und daher klein und unscheinbar. Dafür ist der Darm extrem lang. Er liegt in engen Windungen in der Bauchhöhle und umschließt den Hauptlappen der Leber. Ich habe bei *Ancistrus* sp. (Wild-

---

* Unter den Harnischwelsen gibt es allerdings auch Arten, die sich von Mollusken, Holz oder bisher noch unbekannter Nahrung ernähren. Es lohnt sich also, einem neu erworbenen Tier unterschiedliches Futter anzubieten, um seine Ansprüche festzustellen.

152

Ancistrus-Darm in natürlicher Lage
(Lupenaufnahme).

Mitteldarm

Leber

Enddarm

Magenausgang

fänge) 20 und bei *Farlowella gracilis* zehn Windungen gezählt (Foto oben). FIEDLER (1991) gibt sogar bis zu 40 Windungen für den Darm von Loricariiden an. Seinen ersten Abschnitt, etwa ein Drittel bis die Hälfte der vollen Länge, nimmt der Mitteldarm ein. Das ist am Situspräparat auch äußerlich erkennbar, da die V-förmige Anordnung der Zottenreihen durch die Darmwand sichtbar ist.

Mindestens die Hälfte des Darmes besteht aus einer Verlängerung des Enddarms (Foto rechts), in der kaum Verdauung durch fischeigene Enzyme stattfindet. Hier wird die Darmflora wirksam, vorausgesetzt, daß sie in ausreichendem Maße vorhanden ist. Die ständige Neubesiedlung

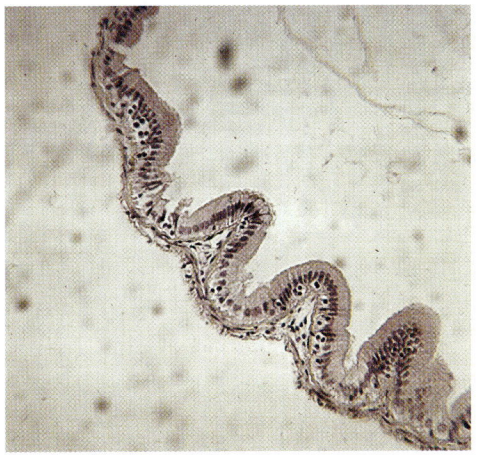

Ancistrus sp., Schnitt durch den Enddarm. Hier findet Verdauung vor allem durch die Darmflora statt (H-E-Färbung, Mikroskopaufnahme).

153

ist durch Aufwuchsbakterien möglich, die mit der Algennahrung aufgenommen werden. Algen- und Bakterienrasen im Aquarium sind folglich essentielle Voraussetzungen für erfolgreiche Pflege und Zucht dieser Fische.

Sind die Aquarien zu klein und ist die Algenbesiedlung nicht ausreichend, muß zugefüttert werden. STERBA (1987) empfiehlt eine Futterpaste, die man aus Feinfrostspinat, Trockenfutter und feingeriebenem Rinderherz herstellt. Die Mischung wird mit vorgequollenem Fadenagar aufgekocht. Nach dem Erkalten kann die gelartige Masse auf Steinen angetrocknet oder direkt ins Aquarium gegeben werden. Auch andere Fische mit vegetarischen Futteransprüchen können so versorgt werden. Die Zusammensetzung ist je nach Verwendung zu variieren. Agar-Agar (nicht Nähragar!) ist gut verdaulich und verhindert die Auswaschung der Futterbestandteile im Aquarium.

Sehr junge Loricariiden benötigen neben pflanzlicher Substanz unbedingt einen höheren Anteil an tierischer Nahrung. Nahrungsspezialistentum ist immer eine stammesgeschichtlich späte Entwicklung und wird meistens auch in der Individualentwicklung erst später erreicht.

Zahnkärpflinge

Die Ordnung Cyprinodontiformes (Zahnkärpflinge) umfaßt mehrere Familien. Nur zwei von ihnen sollen hier wegen ihrer aquaristischen Bedeutung genannt werden: die Cyprinodontidae (Eierlegende Zahnkarpfen oder Killifische) und die Poeciliidae (Lebendgebärende Zahnkarpfen).

Eierlegende Zahnkarpfen

Die Familie der Eierlegenden Zahnkarpfen (Cyprinodontidae) umfaßt annähernd 500 Arten, die mit Ausnahme von Australien in den wärmeren Zonen aller Kontinente beheimatet sind. Sie besiedeln meist das Süßwasser; manche Arten bewohnen aber auch brackige Zonen. Zu den ökologischen Besonderheiten gehört die Besiedlung temporärer Kleingewässer mit dementsprechend veränderlichen Bedingungen. In solchen Extrembiotopen unterliegen sie keiner Konkurrenz durch andere Fischarten. Vielfach bevorzugen sie die Wasseroberfläche. Ihre Kiefer tragen feine, spitze Zähne und sind vorstreckbar. Das Maul ist endständig, aber leicht aufwärts orientiert. Barteln fehlen. Anatomie und Verhalten weisen bereits auf Futteraufnahme von der Wasseroberfläche hin; somit steht Anflugnahrung ganz oben auf ihrem Speisezettel. Das deckt sich auch mit einschlägigen Freilandbeobachtungen (BAUN 1990).

Untersuchungen am Verdauungstrakt beziehen sich auf die Unterfamilie *Rivulinae*, insbesondere auf die Gattung *Aplocheilus*. Reduktionen im vorliegenden Ausmaß sind selten (Abbildung Seite 156). Kein Magen, keine Pylorusanhänge und keine Windungen von Mittel- und Enddarm sind zu finden. Der Verdauungstrakt ist ein kurzer Schlauch, an dem man im leeren Zustand Speiseröhre, Mittel- und Enddarm unterscheiden kann. Der erste Abschnitt des Mitteldarms entspricht dem Pseudogaster der Karpfenfische.

Nach reichlicher Nahrungsaufnahme ist der Trakt ein gefüllter Schlauch ohne Gliederung und darüber hinaus im Querschnitt noch recht dünnwandig. Speiseröh-

154

Killifische wie Aplocheilus lineatus (hier eine goldfarbene Form) benötigen leicht verdauliche Nahrung.

155

gefüllt   entleert

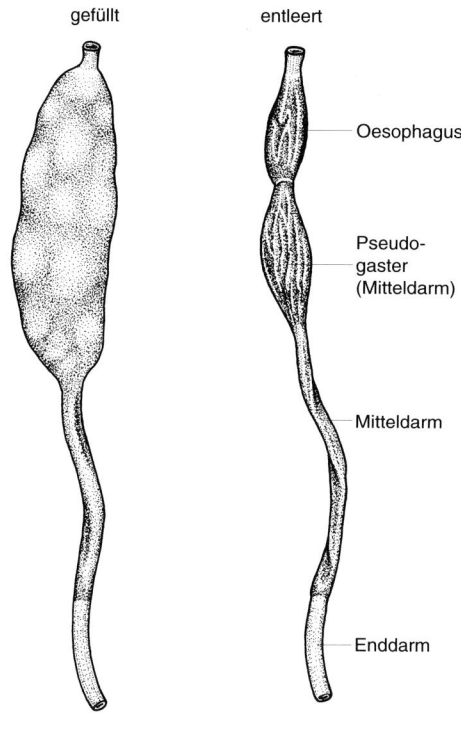

Oesophagus

Pseudo-
gaster
(Mitteldarm)

Mitteldarm

Enddarm

*Die Abschnitte des Verdauungstraktes von
Aplocheilus lineatus sind nur in entleertem Zustand voneinander abzugrenzen.*

re und Pseudogaster werden zu einem
einheitlichen Speichertrakt. Für die fütterungsbiologischen Anforderungen und
verdauungsphysiologischen Fähigkeiten
sind daraus Konsequenzen ableitbar. Das
Futter darf nur eine geringe Partikelgröße
mit dementsprechend großer Oberfläche
zwecks effizienter Einwirkung der überwiegend aus der Bauchspeicheldrüse
stammenden Verdauungsenzyme aufweisen. Die Nahrung muß leicht verdaulich
sein. Trotzdem ist Eiweißreichtum des

Futters für den Baustoffwechsel der
schnell wachsenden und sich stark vermehrenden Tiere anzustreben.

Kollagen kann von Killifischen nur ausgesprochen schlecht verdaut werden.
Während allgemein für Aquarienfische
Futtermittel mit Schlachttieranteilen
(Rinderherz) mit weniger als einem Prozent Kollagengehalt in der Frischmasse als
brauchbar bezeichnet werden, empfehle
ich für Rivulinae Futter mit weniger als
0,1% Kollagen. Der Fettanteil in der Nahrung sollte bei 2 bis 4% in der Frischmasse liegen. Dabei müssen die Fette einen
hohen Anteil mehrfach ungesättigter Fettsäuren enthalten, was durch Jodzahlen von
über 100 nachzuweisen ist.

β-Carotin in der Nahrung deckt den
Vitamin-A-Bedarf und fördert die gelbrote
Farbkomponente der Fische (Foto Seite
50). Zu weiteren fütterungsbiologischen
Anforderungen gehören Unregelmäßigkei-
ten, wie Wechsel von größeren und
kleineren Futtermengen, der Wechsel der
Fütterungsintervalle und Fastenzeiten bei
herabgesetzter Temperatur. Aus allem folgt
die Erkenntnis, daß Anflugnahrung (Insekten) den vielfältigen nahrungsbiologischen
Bedürfnissen der Killifische weitgehend
entspricht. Darauf fußend, kann man nun
beispielsweise *Drosophila* und schwarze
Mückenlarven verfüttern. Beides ist bestimmt gut, doch die Vielseitigkeit der
Anflugnahrung wird damit nicht erreicht.
Deshalb sollte man den Aufwand nicht
scheuen und zumindest zeitweilig Wiesenplankton füttern. Industriell gefertigte
Trockenfuttermittel sind für Killis ungeeignet. Gleiches gilt für Lebend- und Ersatzfutter, das schnell zu Boden sinkt.

Lebendgebärende Zahnkarpfen

Zu den Lebendgebärenden Zahnkarpfen (Poeciliidae) gehören wohl die bekanntesten Aquarienfische. Guppy (*Poecilia reticulata*), Schwertträger und Platy (*Xiphophorus*) sind beliebt und verbreitet. Mit etwa 150 Arten waren die Arten ursprünglich nur in Mittel- und Südamerika beheimatet. *Gambusia* und andere Zahnkarpfen sind, besonders wegen ihrer hohen Vermehrungsrate und der Vorliebe für schwarze Mückenlarven (*Anopheles*), zur Malariabekämpfung weltweit angesiedelt worden.

Lebendgebärende Zahnkarpfen sind kleine Süßwasserfische (unter zehn Zentimeter Länge) mit großer osmotischer Toleranz, die daher auch brackige Zonen besiedeln können. Die Oberfläche verkrauteter, seichter Regionen mit stagnierendem oder leicht bewegtem Wasser ist ein bevorzugter Lebensraum. Das Maul ist überwiegend oberständig, die Kiefer sind vorstreckbar und fein bezahnt. Dementsprechend stellen Insektenlarven und Anflugnahrung einen bedeutenden Futteranteil dar. Daneben fressen die Tiere auch Algen und deren tierischen Aufwuchs. Zusammenhängende Bakterienrasen, wie Kahmhäute an der Wasseroberfläche, werden aufgesaugt.

Nahrungsspezialisten sind in dieser Familie selten. *Belonesox belizanus*, der Hechtkärpfling, ist ein Raubfisch und muß mit lebenden Fischen gefüttert werden.

Der Verdauungstrakt der Poeciliiden ähnelt dem der Karpfenfische. Die Mitteldarmlänge variiert in Abhängigkeit vom Anteil pflanzlicher Nahrung (Abbildungen rechts). Je höher der Bedarf und der

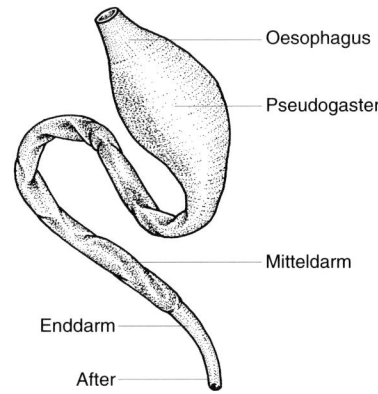

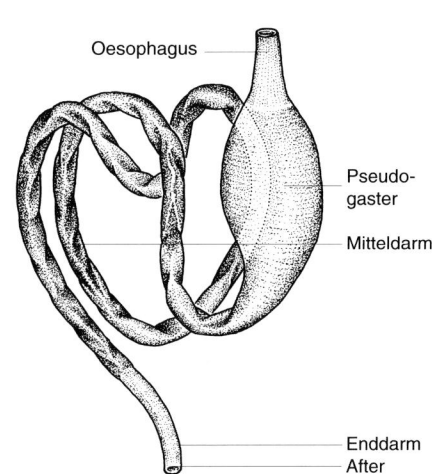

Oben: Verdauungstrakt von Heterandria formosa. Unten: Dem Guppy (Poecilia reticulata) ermöglicht der lange Mitteldarm eine gute Verwertung pflanzlicher Nahrung.

Anteil an pflanzlichen Futtermitteln ist, desto mehr Darmwindungen werden ausgebildet. Der Pseudogaster ist als erster Abschnitt des Mitteldarms stark dehnbar

157

Platys lassen sich gut mit Flockenfutter ernähren, wenn mit Kleintieren besiedelte Algenrasen im Aquarium vorhanden sind.

und kann große Futterreserven aufnehmen. Magen und Pylorusanhänge fehlen. Am besten kann daher kleinpartikuläres, vielseitiges Futter verdaut werden.

Lebendgebärende Zahnkarpfen lassen sich mit gutem industriell gefertigten Flockenfutter ernähren, wenn reich mit Kleintieren besiedelte Algenrasen im Aquarium vorhanden sind. Zeitweilige Besonnung fördert eine derartige Entwicklung. Das kleine bis mittelgroße Aquarium, verkrautet und ohne Technik, auf der Ostfensterbank ist eine lohnende Alternative zu den »perfekten« Anlagen der heutigen Zeit. Füttert man ein gutes Flockenfutter und von Zeit zu Zeit auch einmal lebende Wasserflöhe oder Hüpferlinge, gedeihen die Tiere prächtig.

Die Neugeborenen werden von den Elterntieren oft gefressen. Dieser Kannibalismus verhindert unter natürlichen Bedingungen eine Übervölkerung des Biotops, ist aber im Aquarium meist Anzeichen einer Fehlernährung. Will man, daß die Jungfische mit den Alttieren aufwachsen, muß man häufiger Lebendfutter anbieten und für eine starke Verkrautung der Wasseroberfläche sorgen. Schwimmpflanzen und wurzellos an der Oberfläche treibende Pflanzen wie Wasserpest und Hornblatt bieten den Jungfischen den nötigen Schutz.

Sobald die Geschlechtsunterschiede zu erkennen sind, muß man die Geschlechter trennen, bevor es zur Paarung kommt. Sonst bleiben die Fische trotz bester Ernährung klein. Das ist häufig der Grund für kümmerliche Verkaufstiere in den Zoohandlungen und wird allgemein als Degeneration gedeutet, womit es nichts zu tun

hat. Vermehrung und Zucht sind erst nach dem Erreichen der artspezifischen Größe sinnvoll. Das ist eine allgemeingültige Tierzuchtregel, gegen die bei den Lebendgebärenden Zahnkarpfen wohl am häufigsten verstoßen wird.

Buntbarsche

Buntbarsche (Familie Cichlidae) stammen von meeresbewohnenden Barschen ab, deren Verwandte (Pomacentridae – Riffbarsche) auch heute noch im Meer leben. So ist verständlich, daß viele Cichliden bis auf den heutigen Tag, obwohl Süßwasserbewohner, hochgradig salztolerant sind. Diese Eigenschaft trägt zu ihrer ökologische Überlegenheit gegenüber vielen primären Süßwasserfischen bei; im mineralstoffreichen Wasser der großen Seen des ostafrikanischen Grabens stellen sie mehr als 70% der Fischfauna. Vermutlich sind dort zwischen 1000 und 2000 Arten zu Hause.

Die 450 bis 500 Buntbarscharten im südlichen Amerika wurden im Tertiär durch die Kontinentaldrift isoliert und sind teilweise an extrem weiches Wasser angepaßt. In indischen Küstengewässern leben wenige Arten (*Etroplus*), die eine starke Meerwasserbindung haben.

Bei der Futter- und Partnersuche sowie bei der Orientierung im Raum spielen für Buntbarsche optische Signale eine besondere Rolle. Die Geruchsorientierung, bei vielen Fischen dominant, ist bei Cichliden weniger wichtig. Sie besitzen auf jeder Seite nur eine Nasenöffnung. Das bedeutet, daß das Riechepithel einen Blindsack auskleidet, während bei Fischen in den

159

Skalare nehmen auch pflanzliche Nahrung auf.

meisten Fällen ein Riechtunnel mit jederseits einem Ein- und einem Ausgang existiert. Geruchsstoffe enthaltendes Wasser, das am Riechepithel vorbeistreicht, übt einen stärkeren Reiz aus als die relativ schwer austauschbare Füllung einer Riechgrube.

Viele der amerikanischen Cichlidenarten sind bodenorientierte Kleintierfresser. Das wird auch durch neuere Untersuchungen von GEISLER (1996) am Diskusbuntbarsch bestätigt. Es gibt jedoch auch Raubfische, beispielsweise die *Cichla-* und *Crenicichla-*Arten.

Die afrikanischen Seen mit ihren unterschiedlichen Biotopen werden von Cichliden besiedelt, die sich auch hinsichtlich ihrer Nahrungsaufnahme stark spezialisiert haben. Lippen, Kiefer- und Schlundzähne können Anpassungen an das Schaben, Schneiden, Zermalmen und Kauen aufweisen. GREENWOOD (1972, zitiert nach FIEDLER 1991) fand allein bei den zum

Zeitpunkt der Untersuchung zur Gattung *Haplochromis* gerechneten Arten 50 verschiedene Typen von Kiefer- und Schlundzähnen. In den Nischen des Felslitorals ist das Abschaben des tierisch reich besiedelten Algenrasens eine wichtige Form der Nahrungsbeschaffung.

Im freien Wasser lebende (pelagische) Formen sind Raubfische oder Zooplanktonfresser (beispielsweise *Cyprichromis*). Das Phytal (der Pflanzenwuchs aufweisende Bereich) auf schlammigen Gründen wird von weniger spezialisierten Formen bewohnt, bei denen als Nahrung auch höhere Pflanzen eine wichtige Rolle spielen (*Tilapia, Sarotherodon, Oreochromis*). Das gilt auch für die amerikanischen Gattungen *Uaru, Heros, Mesonauta, Pterophyllum* und *Herotilapia*.

Die meisten Cichliden haben ein endständiges, vorstreckbares Maul und sind bezüglich ihres Verdauungstraktes kaum spezialisiert. Immer ist ein Magen vorhan-

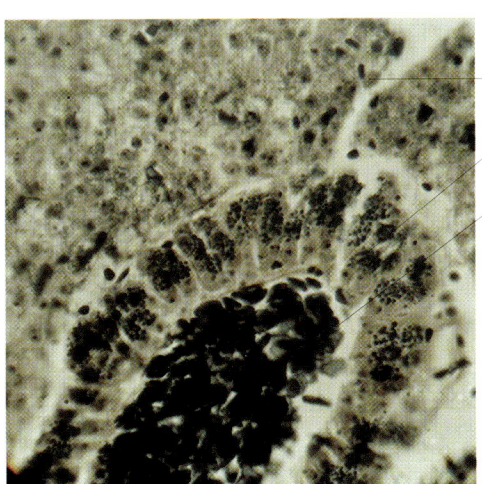

Leber

Pankreasgewebe mit Zymogengranula

Vena portae

Im Pankreasgewebe von längere Zeit nur mit Wasserflöhen ernährten Symphysodon aequifasciatus bilden sich Zymogengranula, in denen die wegen der fett- und eiweißarmen Nahrung nicht benötigten Enzyme gespeichert werden (E-H-Färbung, Mikroskopaufnahme).

161

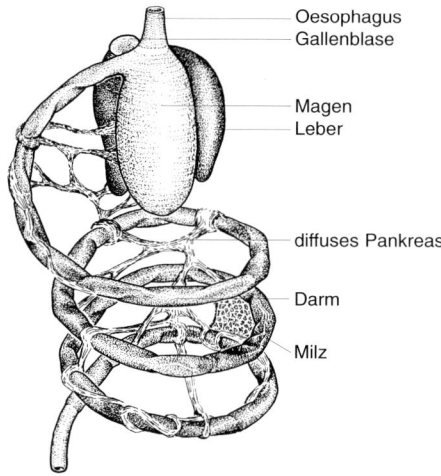

Verdauungstrakt des Diskusbuntbarsches (Symphysodon aequifasciatus) mit Anhangsorganen.

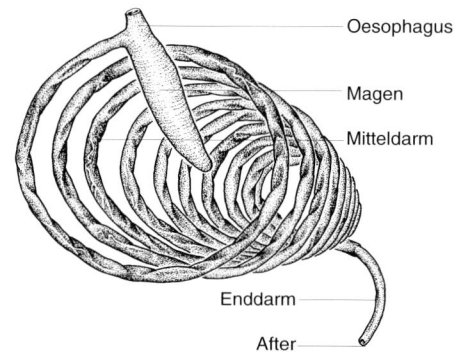

Der lange Mitteldarm läßt darauf schließen, daß Oreochromis mossambicus zu einem großen Teil pflanzliche Nahrung zu sich nimmt.

den; Pylorusanhänge fehlen jedoch. Mit steigendem Anteil pflanzlicher Nahrung verlängert sich der Mitteldarm, das heißt, die Anzahl der Mitteldarmwindungen nimmt zu (Abbildungen links und oben). Dementsprechend ist die Ernährung der meisten Cichliden nicht problematisch, wenn man davon ausgeht, daß größeres Lebendfutter (Mückenlarven, Tubifex) von vielen Arten auch in der Natur gefressen wird. Die Dickwandigkeit des Verdauungstrakts, besonders von Speiseröhre und Magen, deutet auf eine Anpassung an größere, eventuell auch bewegliche Futterbrocken hin. Meistens ermöglicht die geringe Spezialisierung der inneren Strukturen die Ernährung mit Frost- und Ersatzfutter.

Trockenfutter wird in vielen Fällen abgelehnt und ist nach meinen Erfahrungen auch dann nicht vorteilhaft, wenn es angenommen wird. Wasserflöhe werden von größeren Fischen meist nicht als Futter

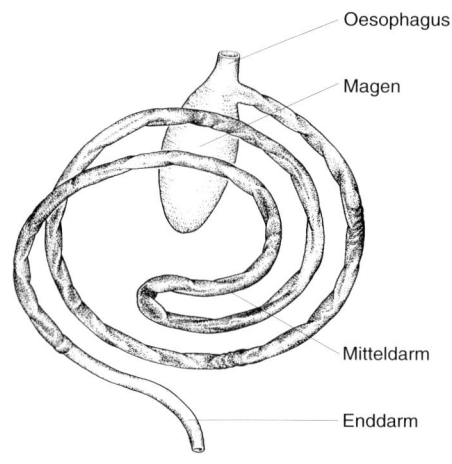

Segelflosser (Pterophyllum scalare), Verdauungstrakt.

anerkannt. Falls sie gefressen werden, ist ihr geringer Eiweiß- und Fettgehalt nicht ausreichend, um die verdauungsphysiologischen Potenzen der Fische zu mobilisieren. Die Bauchspeicheldrüse hält ihre Enzyme zurück und bietet im histologischen Präparat ein Bild ähnlich wie bei Hungertieren (Foto Seite 161).

Das vorstreckbare Maul der auf Bodennahrung spezialisierten Arten ermöglicht auch die Nutzung des Bodenmulms mit all seinen Vorteilen. Die mikrobiontische Besiedlung der Mulmpartikel (Bakterien, Protozoen, Rotatorien) erweitert das Nahrungsangebot und fördert die Verdauung. Pflanzliche Beikost kann man in Form abgekochten und gefrosteten Gemüses bieten. Stellt man sich Ersatzfutter auf Rinderherzbasis selbst her, ist eine Beimengung von homogenisierten Brennesselspitzen (Schlagmühle) vorteilhaft.

Die breite Palette des akzeptierten Futters und die Resistenz vieler afrikanischer Arten gegen Wasserbelastung und Salinität haben zu weltweiten, meist »erfolgreichen« Einbürgerungsversuchen geführt. So findet man heute *Oreochromis mossambicus*, den Weißkehlbuntbarsch, in Indonesien, in Texas und anderswo auf der Welt. Dieser bis zu 40 Zentimeter große Speisefisch sollte die Ernährungslage der Bevölkerung verbessern. Seine ökologische Überlegenheit vernichtete statt dessen oft die autochthone (einheimische) Ichthyofauna.

Labyrinthfische

Die Unterordnung der Anabantoidei umfaßt vier Familien, von denen für die Aquaristik in erster Linie die Arten der Belonti-

idae interessant sind. Dazu gehören beispielsweise die Gattungen *Betta*, *Macropodus*, *Colisa* und *Trichogaster*. Die Belontiiden sind in ihrer Verbreitung auf den asiatischen Raum beschränkt und besiedeln hier oft kleine Wasseransammlungen, Abwässer, überflutete Reisfelder, Bewässerungsgräben und ähnliche Biotope. Ihr Labyrinthorgan, hervorgegangen aus dem Epibranchiale des ersten Kiemenbogens, ermöglicht und erfordert die Veratmung atmosphärischer Luft und gestattet so die Erschließung extrem sauerstoffarmer Lebensräume, die anderen Fischen nicht zugänglich sind. Gerade solche Wasseransammlungen sind gleichsam die Brutstätten von Stechmücken und Stechmückenlarven, die ebenfalls die Atmungsluft von der Oberfläche nutzen.

Nach FIEDLER (1991) verzehrt ein erwachsener Kampffisch (*Betta splendens*) jährlich bis zu 15000 *Anopheles*-Larven. Im übrigen sind diese Fische nicht wählerisch im Futter, und viele nehmen, manchmal sogar bevorzugt, Trockenfutter an. Makropoden lassen sich hervorragend und über mehrere Generationen mit gutem Marken-Flockenfutter ernähren und werden sogar mit Kollagen im Ersatzfutter auf Schlachttierbasis fertig. Das ist nicht verwunderlich, wenn man den leistungsfähigen und wenig spezialisierten Verdauungstrakt betrachtet (Abbildung Seite 165).

Das Maul ist oft oberständig (Stechmückenlarven). Die Speiseröhre führt in einen geräumigen Magen. Am Anfang des Mitteldarms findet man zwei hornartig aufgebogene Pylorusanhänge. Der Mitteldarm beschreibt danach mehrere Windungen und geht in den verlängerten

Zwergguramis nehmen auch gern Flockenfutter an.

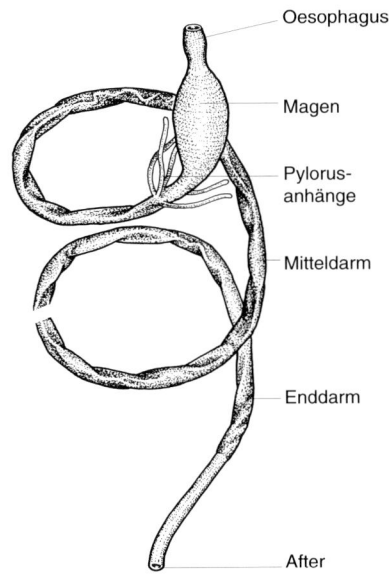

Oesophagus

Magen

Pylorus-
anhänge

Mitteldarm

Enddarm

After

Verdauungstrakt des Fadenfisches Trichogaster trichopterus sumatranus. Aus Gründen der Übersichtlichkeit wurden zwei Windungen des Mitteldarmes und drei des Enddarmes nicht eingezeichnet.

Ernährung und Gesundheit der Fische

Gesundheit ist mehr als die Abwesenheit von Krankheit. Mit einer fehlerhaften Ernährung erfolgt der Einstieg in eine physiologische Labilität. Gefördert wird die Krankheitsempfindlichkeit durch Streß. Häufiges Umsetzen, Herausfangen, spontaner Lichtwechsel, hastige Bewegungen außerhalb und innerhalb des Aquariums sowie Wasserwechsel von über 25% des Beckenvolumens erschöpfen die Widerstandskraft und bereiten viralen, bakteriellen und parasitären Krankheiten den Weg. So ist letztlich die sichtbare Erkrankung oft Folge und Signal für Ernährungs- und Haltungsmängel (BREMER 1991).

Jeder Parasit, jeder pathogene Keim muß eine Abwehrfront des Fisches durchbrechen. Ist das geschehen, wird ein ganzes System unspezifischer Reaktionen eine massenhafte Entfaltung der Keime verhindern (AMLACHER 1992). Die ersten Barrieren sind in den Schleimen von Haut und Darm enthalten. Abwehrfaktoren vom Typ der Lysozyme, Inhibine und Immunoglobuline verhindern in den meisten Fällen das Eindringen. Im Innern des Fisches kämpfen Phagocyten (Freßzellen) gegen eingedrungene Keime. Befinden sich die Krankheitserreger nicht in der Blutbahn, dann durchwandern die Freßzellen, besonders weiße Blutkörperchen vom Typ der Granulocyten (heterophile und eosinophile) die Gefäßwände und eilen an den Ort des Geschehens (Foto Seite 168). Im Blutplasma der Fische fand man vielfältige Resistenzfaktoren (INGRAM 1980), die Viren und Bakterien hemmen, Pilze

Enddarm über. Damit sind alle Strukturen vorhanden, um selbst mit schwer verdaulichen Eiweißen und Zelluloseanteilen in der Nahrung fertig zu werden.

Die nahrungsbiologische Anspruchslosigkeit, verbunden mit Resistenz gegen Wasserbelastung und problemloser Vermehrungsbereitschaft (oft Brutpflege mit Schaumnestbau oder Maulbrutpflege) sind sicher Eigenschaften, die zur aquaristischen Verbreitung beigetragen haben. Der Makropode (*Macropodus opercularis*) entwickelt und vermehrt sich im unbeheizten und unbelüfteten Aquarium auf der Fensterbank und frißt auch gern Flockenfutter.

165

auflösen und ihre chitinhaltigen Hüllen zerstören.

Dieses kombinierte Abwehrsystem ist zwar genetisch determiniert, seine Ausprägung jedoch in bedeutendem Maße von den Lebensbedingungen abhängig. Das sind in diesem Falle richtige Ernährung, begrenzter Streß und unbelastetes Wasser. Sobald Einschnitte in das hygienische Netz erfolgen, können sich obligate oder auch fakultative pathogene Keime ausbreiten. Ein typisches Beispiel für eine Belastungserkrankung ohne spezifische Erreger ist die bakterielle Flossenfäule, die nach AMLACHER (1992) von *Aeromonas punctata*, *A. formicans*, *Pseudomonas fluorescens* und *Vibrio* sp. ausgelöst werden kann. Wahrscheinlich kommen auch noch andere Bakterien in Frage.

SCHRECKENBACH (1994) schlußfolgert nach langfristigen Untersuchungen an Nutzfischen: »Die bisherigen Erfahrungen zeigen, daß Fischkrankheiten wirksam durch eine qualitativ und quantitativ ausgewogene Ernährung vorgebeugt werden kann.« Fehlernährung hat viele Aspekte. Oft handelt es sich um Einseitigkeit, Mangel oder Überfluß bestimmter Komponenten. Dabei wird allgemein der Mangel besser verkraftet als der Überfluß. Der Mangel ist außerdem schneller zu beheben.

Omnivor polyphage Fische sind am häufigsten in unseren Aquarien zu finden. Das sind solche, die pflanzliche und tierische Nahrung aufnehmen und nicht auf bestimmte Nährtiere oder Futterpflanzen angewiesen sind. Sie sind ernährungsbiologisch am ehesten an Aquarienverhältnisse zu gewöhnen, leider jedoch auch am leichtesten durch einseitige Fütterung zu schä-

digen. Am anderen Ende der Skala stehen die **carnivor-uniphagen** oder auch **herbivor-uniphagen** Fische, die Nahrungsspezialisten. Ihre einseitigen Futteransprüche verhindern in der Regel eine weite aquaristische Verbreitung.

Manche als Nahrungsspezialisten eingestufte Arten sind es in Wirklichkeit gar nicht. Beispielsweise fressen Seenadeln der Nord- und Ostsee in freier Natur keineswegs nur Schwebegarnelen. Jungfische aller Art, besonders Stichlinge, findet man in ihrem Verdauungstrakt. Oft wirkt der Darminhalt der Futtertiere der Einseitigkeit entgegen und liefert fehlende Komponenten. Einseitige **Koprophagen** (Kotfresser) fressen immer den ganzen pflanzlichen und tierischen Bewuchs der Kotschnüre oder Fäkalpellets mit.

Zuweilen kann auch Zufallsnahrung notwendig sein. Aale sind bei guter makrozoobenthischer Besiedlung im See Kleintierfresser. So entstehen die Spitzköpfe. Breitkopfaale (Raubaale) wachsen bei Mangel an entsprechenden Futtertieren und bei einem guten Kleinfischangebot heran. Die sich von Kleintieren (rote Mückenlarven, Wasserasseln und andere) ernährenden Spitzkopfaale haben regelmäßig Fadenalgen im Verdauungstrakt, die bei der Jagd auf Beutetiere zusammen mit ihnen aufgenommen worden sind und im Aaldarm verdaut werden.

Unter natürlichen Bedingungen stellt also auch das einseitige Fressen eine vielseitige Ernährungsweise dar. Daraus folgt, daß die Vielseitigkeit der Ernährung nicht nur durch abwechslungsreiches Futter zu erreichen ist. Mulmecken, veralgte und mit Einzellern besiedelte Aquarienwände und mancherlei anderes, was im Aquarium ohne unser Zutun entsteht, durch unsere »Pflegemaßnahmen« aber oft vernichtet wird, fördert eine vielseitige Ernährung ohne entsprechende Fütterung. Hinzu kommt der ständige Kontakt mit Bakterien und Protozoen, die auch als fakultative Parasiten bei Massenvermehrung oder bei Schwächung der Fische eine Rolle spielen können. Die Infektion ohne Krankheit bewirkt Immunisierung und erhöht im Ernstfall die Widerstandskraft.

Mit einem vielseitig belebten Aquarium ist also schon einiges getan auf dem Wege zu einer vielseitigen Ernährung. Sie muß durch eine vielseitige Fütterung ergänzt werden. Die Zufütterung mit bewährten Flockenfuttermitteln an Fische, die sie gut aufnehmen (Cypriniden, Poeciliden und andere) ist schon wegen der guten Vitaminisierung des Futters zu empfehlen. Frostfutter auf Rinderherzbasis kann vielseitig angerichtet werden (vergleiche Kapitel »Frostfutter aus Schlachttiermaterial«) und ist ein gutes Futter, vor allem für Fische mit Mägen, wie es Cichliden, Salmler und Welse sind.

Von Zeit zu Zeit sollten Insekten angeboten werden, wie Mückenlarven, *Drosophila* und Wiesenplankton. Das ist besonders für Cyprinodontiden, aber auch für alle übrigen Fische aus den Tropen und Subtropen bedeutungsvoll. Können keine lebenden Insekten verfüttert werden, sind sie trotz Wertminderung auch gefrostet noch vorteilhaft. Lebende Wasserflöhe und Hüpferlinge sind für alle Aquarienfische geeignet, die sie aufgrund des Größenverhältnisses als Beutetiere erkennen. Enchyträen beleben den Speisezettel; eine

wöchentliche Fütterung schadet trotz ihres hohen Fettgehalts nicht.

Dem Pflanzenmaterial im Futter ist besondere Beachtung zu schenken. Als Bestandteil des Frostfutters oder direkt verfüttert, sind blanchiertes Gemüse, Feinfrostspinat und anderes vor allem für viele Salmler (*Hemigrammus*, *Metynnis*), für Loricariiden und einige Cichliden (*Oreochromis*) wichtig.

Der erfolgreiche Aquarianer füttert nach einem Konzept, in dem die Bedürfnisse der Tiere, der Grad der Wasserbelastung und die Möglichkeiten zur Wasserentlastung weitgehend berücksichtigt und in Einklang gebracht werden. Wo das bei bestimmten Fischgruppen nicht möglich ist, sollte auf die Pflege der Tiere verzichtet werden. Bei der Pflege von Meeresfischen sollte kein Lebend- und Frostfutter aus dem Süßwasserbereich Verwendung finden (LANGE 1991). Das gilt besonders für die wasserreichen und wenig salztoleranten Kleinkrebse des Süßwassers, an erster Stelle für die Wasserflöhe.

Vitamine sind weder Wundermittel noch bei einer naturnahen Ernährung von Wassertieren Minimumfaktoren. Doch kann das Wissen um Nahrung mit besonderem Vitamingehalt und die spezifische Wirkung einzelner Vitamine auf den Fisch vorteilhaft im Sinne einer vielseitigen Ernährung sein. Anfälligkeit, Appetitlosigkeit, geringe Aktivität und Flossenschäden können unter Umständen ihren Grund im Vitaminmangel haben, wenn unzureichend vitaminisiertes Ersatzfutter über längere Zeit verabreicht worden ist. Durch Zusätze von Vitaminölen kann man bei Frostfutter auf der Grundlage von Rinderherz eine

167

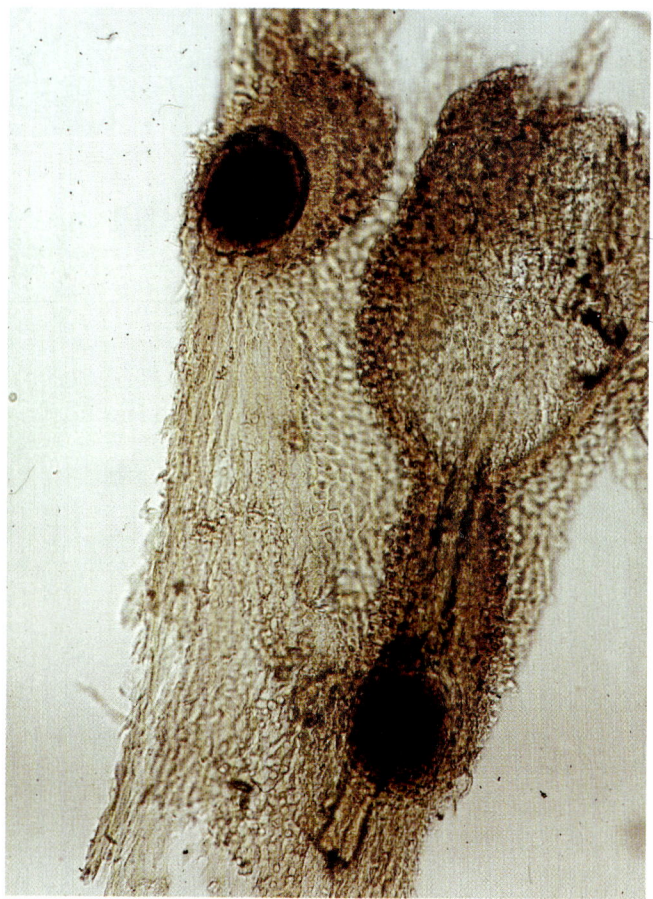

*Weiße Blutkörperchen säumen
die Fraßgänge des Parasiten
Ichthyophthirius multifiliis in der
Schwanzflosse der Plötze (saure
Phosphatase, Mikroskopauf-
nahme).*

Parasit

*Häufung von
Weißen Blutkörperchen
(Granulocyten)*

Vitaminisierung erreichen (vergleiche Kapitel »Frostfutter aus Schlachttiermaterial«). Man kann aber auch zusätzlich Futtermittel einarbeiten, die eine gerichtete Vitaminisierung unterstützen.

Aus der Nutzfisch-Forschung sind in den letzten Jahren mancherlei Erkenntnisse erwachsen, die es auch aquaristisch zu nutzen gilt. Allen biologisch interessierten Aquarianern und kommerziell interessierten Züchtern ist diesbezüglich die Lektüre von Zeitschriften der Berufsfischerei zu empfehlen (beispielsweise »Fischer und Teichwirt«).

Bei den in der rechts stehenden Tabelle nicht genannten Vitaminen ist die Wirkung auf den Fisch wenig oder gar nicht bekannt. Die Tabelle wurde unter Verwendung eigener Befunde zusammengestellt mit Berücksichtigung der Angaben von STEFFENS (1979), erarbeitet für die Forellenproduktion.

Vitamine, Vitamingehalt und Vitaminmangel

Vitamin	chemische Bezeichnung	Mangelerscheinung	reichlich enthalten in (teilweise als Provitamin)
A	Retinol (Axerophthol) Provitamin: β-Carotin	Freßunlust, Wachstumsschwäche	Copepoden, Cladoceren, Grünalgen Lebertran
B$_1$	Thiamin (Aneurin)	Gleichgewichtsstörung, Freßunlust, Wachstumsschwäche, Dunkelfärbung	Kieselalgen, Rinderherz, Muscheln, Fisch
B$_2$	Riboflavin (Lactoflavin)	Freßunlust, Wachstumsschwäche, Linsentrübung	Copepoden, Cladoceren, Rinderherz, Rinderleber, Fischfleisch, Eidotter, Muscheln
B$_6$	Pyridoxin	vergl. B$_2$	vergl. B$_2$
Pantothensäure	D-Pantothensäure	Wachstumshemmung, Freßunlust, Störung der Schwimmbewegung, Leberverfettung, hohe Sterberate	weit verbreitet, in allen natürlichen und vielen Ersatzfuttermitteln, etwa Rinderherz
P	Nicotinamid	Wachstumshemmung, Kiemenschwellungen	weit verbreitet, in grünen Pflanzen, Rinderherz
C	L-Ascorbinsäure	Wachstumsschwäche, Wirbelsäulenverkrümmungen, schlechte Wundheilung	Grünalgen, Wasserpflanzen, Gemüse, Fischrogen
E	α-Tocopherol	Leberverfettung	Grünalgen, Eidotter, Fischrogen, Pflanzenöle, besonders Weizenkeimöl, Gemüse
H	Biotin	Wachstumshemmung	Lebertran, Eidotter, Gemüse
Inosit	Myo-Inosit	Freßunlust, geringes Wachstum, Verlust der Schwanzflosse, Leberverfettung, erhöhte Sterberate	weit verbreitet, Muskulatur, Rinderherz
Folsäure (Vitamin U)	Pteroylglutaminsäure	Verlust der Schwanzflosse, schwerfälliges Schwimmen, erhöhte Sterblichkeit	weit verbreitet, in grünen Pflanzen
Cholin	Cholin, Bestandteil des Lecithins	Wachstumshemmung, Leberverfettung, Exophthalmus, erhöhte Sterblichkeit	weit verbreitet, in grünen Pflanzen, Rinderherz

169

Fütterung und Ernährung von Jungfischen

Anfangs wachsen und entwickeln sich Jungfische sehr schnell. Dabei ist Entwicklung qualitative und Wachstum quantitative Veränderung. Da Wachstum und Entwicklung nicht notwendigerweise miteinander korreliert sein müssen, ist nur die qualitative Veränderung, die Herausbildung von Strukturen und Eigenschaften, geeignet, Entwicklungsstadien zu definieren.

Die meisten eierlegenden Aquarienfische gehören dem **mesometabolen** Typ an. Sie verlassen die Eihülle als beweglicher Embryo (Eleutherembryo). Solch eine Prälarve kann in seltenen Fällen noch nicht einmal das Augenpunktstadium der Embryonalentwicklung erreicht haben (BREMER 1984); meistens ist aber nur noch

ein Rest des Dottersacks aufzuzehren, um das Larvalniveau zu erreichen (Abbildung unten). In der Nutzfischzucht spricht man vom O-Stadium, entwicklungsbiologisch wird auch der Begriff der Protopterygienlarve gebraucht. Die Pterygienlarve (Flossenlarve) gehört ebenfalls dem O-Stadium an, doch sind jetzt bereits die unpaarigen Flossen im Flossensaum strahlig abgesetzt. Im weiteren Verlauf der Entwicklung löst sich der Flossensaum auf. Reste des Flossensaums und vor allem die häutig angelegten Bauchflossen sind gut erkennbare Merkmale der Semilarve.

Das Ende der Larvalentwicklung ist durch die voll entwickelten Bauchflossen gekennzeichnet, die strahlig durchstrukturiert sind. Erst jetzt ist das Niveau des Jungfisches (Juvenis) erreicht, was in der Nutzfischzucht als vorgestreckt (V-Sta-

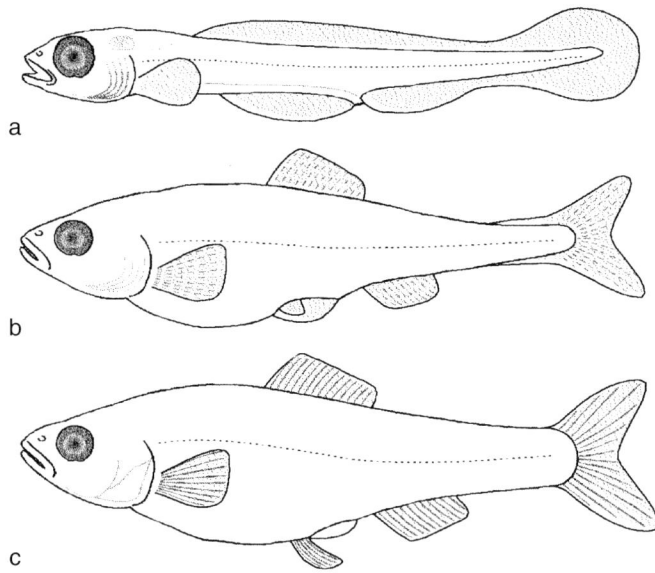

Mesometabole Entwicklungsstadien, hier am Beispiel der Cyprinidae.
a) Frühes O-Stadium; larvaler Flossensaum ohne strahlige Unterbrechung.
b) Semilarve. Rest eines larvalen Flossensaums; nur die Bauchflossen ohne Strahlen.
c) V-Stadium. Larvaler Flossensaum reduziert; alle Flossen strahlig strukturiert.

a

b

c

170

dium) bezeichnet wird. Dieser Entwicklungstyp ist eine Apomorphose, das heißt eine allmähliche Annäherung an das Jungfischstadium über viele Einzelschritte. Der Jungfisch besitzt nun mit Ausnahme der Geschlechtsmerkmale alle wesentlichen qualitativen Merkmale seiner Art.

Eumetabole Fische sind für die Vermehrung in Aquarien ungeeignet. Ihre Entwicklung ist auf einen kurzen Abschnitt zusammengedrängt (Metamorphose). Als Beispiel ist die Entwicklung des Europäischen Aals gut bekannt. Der Leptocephalus, die Aallarve, wird im Sargasso-Meer geboren, lebt mehr als zwei Jahre planktisch im Atlantik, um schon weit vor den europäischen Küsten mit der Metamorphose zu beginnen. An ihrem Ende steht der Glasaal, der aber erst nach einer postlarvalen Phase das V-Stadium erreicht und jetzt als Jungaal, vorgestreckt oder auch als Satzaal bezeichnet wird.

Besonders leicht zu vermehren sind solche Arten, die das Larvalstadium im Ei durchlaufen. **Ametabole** Fische sind deshalb aquaristisch beliebt und verbreitet, was am Beispiel der Lebendgebärenden Zahnkarpfen (Poeciliidae) deutlich wird.

Wenn in der Aquaristik von Jungfischaufzucht gesprochen und geschrieben wird, dann handelt es sich meist um die Passage des Larvalstadiums von mesometabolen Fischen. Meistens wird dabei nur angegeben, welches Futter die Larven von der Größe her bewältigen können. Bedeutungsvoller aber ist die Frage, was sie verdauen können. Bei Fischen, die einen Magen besitzen, ist dieser auch schon bei der Larve entwickelt, doch ist die Eiweißverdauung im Magen noch recht leistungs-

schwach. Das führt auch bei geringen Kollagenanteilen in der Nahrung zu verheerenden Folgen. Die Fasern quellen senkrecht zum Faserverlauf, der Magen wird überdehnt, so daß der dünne Magenschleimfilm zerreißt, der ihn vor Selbstverdauung schützt. Die Folgen sind Magendurchbruch und der Tod des Jungfischs.

Die Bauchspeicheldrüse ist ebenfalls noch wenig wirksam; der Darm hat noch keine Windungen ausgebildet. Das alles zusammen bewirkt eine schnelle Darmpassage mit geringer Verdauungswirkung. Die Nahrung muß also sehr klein sein, um den Verdauungsenzymen eine große Oberfläche zu bieten. Feste Hüllen dürfen nicht vorhanden und pflanzliche Substanz muß vorverdaut sein; der Kollagengehalt muß unter 0,1% liegen. Die genannten Forderungen erfüllen nur die Protozoen; darin liegt die große Bedeutung der Heuaufgüsse und der Pantoffeltierchen-Zuchten für die O-Stadien der Jungfische. Rotatorien und Nauplien entsprechen den Forderungen nicht mehr in vollem Maße, doch die Semilarven werden mit ihnen fertig. Ihr Darm hat sich verlängert, die Eiweißverdauung verbessert, und die Bauchspeicheldrüse zeigt bereits weitgehend artspezifische Leistungsfähigkeit.

Wichtig ist, daß die Futtertiere selbst gut gefressen haben, bevor sie verfüttert werden. Mit dem V-Stadium sind auch die verdauungsphysiologischen Fähigkeiten der jeweiligen Fischart erreicht.

Ein besonderes Problem ist die **Futterdichte**. Für Fische in ihren natürlichen Lebensräumen gilt, daß das Fressen eingestellt wird, wenn der energetische Aufwand zur Erlangung des Futters größer ist als die energetische Ausbeute. Obwohl der Raum geringe Mengen an Futter enthält, verhungert der Fisch. Da die Schwimmleistungen der O-Stadien, aber auch der Semilarven noch gering sind, müssen sie genügend häufig einem Futtertier begegnen. Die notwendige Futterdichte muß durch Nachfütterung ganztägig erhalten werden.

Das Fressen der Larven kann man mit einer Lupe beobachten. Die durchschnittliche Verweildauer des Futters im geraden Darm der Larve schwankt je nach Futterart und Temperatur zwischen zwei und drei Stunden. Die mikroskopische Kontrolle der Darmfüllung gibt Sicherheit über den Fütterungserfolg (BREMER 1986). Im O-Stadium sind die Larven vollkommen transparent, da Guaninablagerungen und Pigmentierung noch fehlen.

Die Larvenaufzucht mit industriell gefertigtem Trockenfutter gelingt bei einigen Arten, insbesondere bei Cypriniden. Die Nutzfischzucht arbeitet überwiegend mit solchen Mitteln. Dort besteht aber der Vorteil, daß man artgerechtes Futter auf der Grundlage spezifischer Forschung verwendet und eine Wasserbelastung weniger fürchten muß. Die Hersteller von Markenfutter für die Aquaristik bieten auch Aufzuchtfutter an, doch ist es wenig spezifisch und meist unzureichend deklariert.

Für problemlose Cypriniden (*Barbus*, *Brachydanio*) sind Erfolge mit Mischungen aus 45% Eiweiß (Krillmehl), 10% Fett (Fischöl), angereichert mit β-Carotin, 25% Kohlenhydraten mit Rohfaseranteil und aufgeschlossener Stärke zu erreichen, wenn das Futter gut vitaminisiert, mit Antioxidantien versehen und kühl und trocken aufbewahrt worden ist. Bei solch einer Fütterung ist ein Zwei-Stunden-Takt (über zwölf Stunden des Tages) einzuhalten und ein täglicher Teilwasserwechsel von 10 bis 20% vorzunehmen.

In letzter Zeit machen »dekapsulierte *Artemia*-Eier« von sich reden (KOHLMANN und JÄHNICHEN, 1996). Es handelt sich um *Artemia*-Cysten, denen die äußere feste Hülle chemisch entfernt worden ist. Man kann sie wie Kunstfutter handhaben. Ein Teil der trockenen »Eier« fällt nach kurzfristiger Quellung bald zu Boden, andere schwimmen länger. Die Akzeptanz durch Fischlarven ist gut, die Verdaulichkeit befriedigend. Die Belastung des Wassers ist unterschiedlich und hängt offenbar von der Methode der Dekapsulierung ab. Deshalb ist vorsichtiges Probieren mit einer Lieferung anzuraten. Entwicklung und Wachstum der Larven und Jungfische mit diesem Futter führen zu besten Ergebnissen. Im gequollenen Zustand sind entkapselte *Artemia*-Cysten mit etwa 250 µm Durchmesser auch von der Größe her ein ausgezeichnetes Starterfutter.

Ist das Larvalstadium beendet, kann zur artspezifischen Fütterung übergegangen werden, verbunden mit dem Hinweis, daß der Futterbedarf von Jungfischen durch Wachstum (Baustoffwechsel) höher ist als bei Adulten im Schaubecken. Das ist durch häufigere Fütterung zu erreichen. Während in Schaubecken eine tägliche Fütterung sinnvoll ist, empfehle ich eine dreimalige Fütterung von Jungfischen bis ins Vorfeld sexueller Reife. Fische in der Fortpflanzungszeit sollte man zweimal täglich füttern.

172

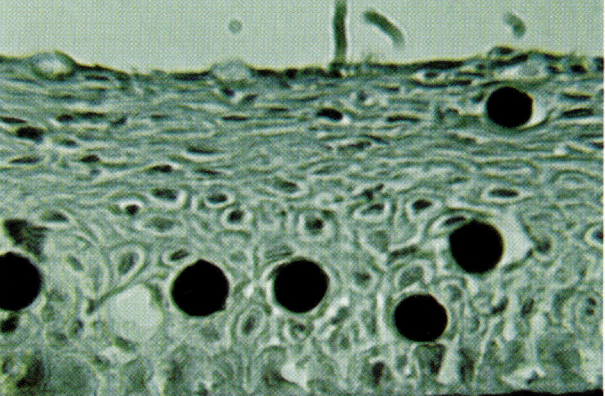

Epidermis des Diskusbuntbarsches
(Symphysodon aequifasciatus) in
der nährenden Brutpflegephase
(Färbung: Eisenhämatoxylin,
Mikroskopaufnahme).

Sekrettropfen

Ernährung durch körpereigene Substanz

Bei der Ernährung der Larven durch die körpereigene Substanz der Elterntiere wird nicht nur die Verfügbarkeit des Futters gesichert, sondern es werden neben Nähr- und Wirkstoffen auch Immunkörper übertragen. Diese Lösung, bei den Säugetieren am besten ausgeprägt, gibt es bereits bei den Fischen. Das nährende Substrat ist ein Drüsenprodukt, wobei die Drüsenzellen spezialisierte Epithelien sind, die ursprünglich Oberflächenschutz zu gewährleisten hatten.

Ist die Schutzfunktion der Epidermis stark beansprucht, da chemische Wasserbelastung und hohe Keimzahlen das Leben sonst unmöglich machen würden, steht auch die Sekretion der Epidermiszellen im Dienst der Abwehr. Schleime aus sauren Mucopolysacchariden und zum Teil auch Mucoproteiden enthalten Lysozyme, Inhibine und Immunoglobuline (vergleiche Kapitel »Ernährung und Gesundheit der Fische«). Mit diesen lastabweisenden Schleimen wird auch die Brut versehen,

was durch Maulkontakt, Schaumnestbau und Maulbrutpflege wirksam erreicht wird. Nur der Verzicht auf Abwehr eröffnet die Möglichkeit der Ernährung durch Hautprodukte der Elterntiere. Verzicht auf Abwehr ist aber nur unter ganz bestimmten ökologischen Bedingungen möglich.

Beim Diskusbuntbarsch reichert sich das Epithel mit Nährzellen (Sekretocyten) an (BREMER & WALTER 1986); die äußeren Zellagen werden samt dieser Nährzellen von der Brut gefressen. Die Sekretocyten bilden sich basal in der Epidermis und steigen reifend auf (Foto oben). Das Dilemma der Epidermis, Zone des Schutzes und der Ernährung zu sein, beides aber gleichzeitig nicht leisten zu können, wird in der Evolution überwunden, indem nährende Epithelien in das Innere verlagert werden (Kropfmilch der Tauben, Mammae der Säugetiere). In allen Fällen ist aber die arteigene, hochspezifische Komposition von Nähr- und Wirkstoffen und die Immunisierung der Brut durch die Elterntiere geblieben.

173

Leitlinien und Ratschläge zur Fütterung
– nicht nur für Anfänger

- Ein Aquarium ist kein Wasserbehälter mit Fischen, sondern ein aquatischer Lebensraum mit vielerlei Organismen, vor allem mit solchen, die sich der unmittelbaren Kontrolle des Aquarianers und zum Teil auch seiner Beobachtung entziehen (Bakterien, Pilze, Algen, Einzeller, Platt-, Rund-, Ringelwürmer, Rädertiere, Niedere Krebse, Milben und andere). In derartigen Lebensräumen spielen Fische und höhere Wasserpflanzen eine bedeutende Rolle.

- Die Kenntnis der vielfachen Beziehungen zwischen den Mikroorganismen, Wasserinhaltsstoffen, der Aquarientechnik und den Fischen und Pflanzen ist Grundlage einer möglichen Fütterungsoptimierung.

- Wasserqualität und ihre Erhaltung wie auch die gesunde Fütterung der Fische stehen in Wechselbeziehungen. Es sind die beiden tragenden Säulen der Aquaristik. Sie sind Inhalt und zentrale Frage einer Aquarienökologie mit dem Ziel der Simulation natürlicher aquatischer Biotope.

- Der Hauptfehler in der Aquaristik besteht in der zu reichlichen Fütterung. Diesen Fehler zu vermeiden bedeutet schon den halben Erfolg.

- Viele Fische werden nach Eingewöhnung bald zutraulich, »betteln« an den Scheiben und reizen zur Fütterung. Wer dem nicht widersteht, wird wenig Freude am Aquarium haben.

- Überdosierte Fütterung führt zu trägen, blassen und krankheitsanfälligen Fischen mit Verfettung der Leber und anderer innerer Organe, doch das ist der geringere Schaden.

- Überdosierte Fütterung belastet das Wasser, auch wenn keine Futterrückstände liegenbleiben. Energiereiche Kotschnüre und ammoniakreiche Exkretion sorgen für hohe Keimzahlen, Pilzrasenbildung, Entwicklung der Schmieralgen, Wassertrübung, geringen Pflanzenwuchs, Schwärzung des Bodengrundes, Grünfärbung des Wassers, Veränderung des pH-Wertes und Streß der Fische, was unter bestimmten Bedingungen Krankheit und Tod bedeutet.

- Fische leben sehr energiearm. Sie verkraften einen Mangel bei weitem besser als einen Überfluß.

- Hungerzeiten von ein bis zwei Wochen werden von den meisten Fischen

174

problemlos überstanden, besonders wenn die Temperatur während dieser Zeit um einige Grad abgesenkt wird.

• Regelmäßigkeiten (Futterzeiten, Futterstellen) beschleunigen die Futteraufnahme. Gefüttert werden sollte frühestens eine Stunde nach und spätestens eine Stunde vor dem Abschalten der Aquarienbeleuchtung.

• Was nicht in den ersten drei bis fünf Minuten gefressen wird, belastet das Wasser. Das gilt besonders für Trocken- und Ersatzfutter.

• Auch bei Lebendfutter muß eine Fütterung »auf Vorrat« unterbleiben. Lebende Futtertiere belasten das Wasser durch ihren Stoffwechsel.

• Futterrückstände müssen sorgfältig entfernt werden.

• Für Schaubecken gilt die Regel, einmal täglich zu füttern, und einen Fastentag pro Woche einzulegen.

• Die trotz aller Umsicht auftretende Wasserbelastung kann durch Filterung, Abschäumung, Ozonisierung und andere Maßnahmen technisch vermindert werden. Der Hauptweg ist jedoch der Teilwasserwechsel von 10 bis 20% in der Woche mit ein bis zwei Tage lang abgestandenem Wasser.

• Muß aus Leistungsgründen mehrmals am Tag gefüttert werden (Jungfischaufzucht, Zuchttiere), ist das durch häufigeren

Teilwasserwechsel zu kompensieren. Das gilt gleichfalls für überhöhten Tierbesatz. Die gewechselte Menge sollte trotzdem nie 25% des Beckeninhalts übersteigen.

• Hochwertiges Flockenfutter kann nur bei wenigen Fischgruppen als Hauptfutter verwendet werden (Cypriniden, Poeciliden), ist aber für viele Arten eine wertvolle Bereicherung des Speiseplans.

• Manche Fische haben einseitige Futteransprüche (Raubfische, Algenfresser und andere). Wenn man die Ansprüche nicht befriedigen kann oder will, muß man auf die Pflege der Arten verzichten.

• Die Fütterung sollte vielseitig sein. Lebendfutter aus der Natur und aus der Futtertierzucht bieten mancherlei Möglichkeiten.

• Frostfutter auf Rinderherzbasis bietet Gelegenheit, Vielseitigkeit und Vitaminisierung einzubeziehen.

• Alle Arten des Frostfutters müssen vor dem Auftauen ins Aquarium gelangen. Als Faustregel für den Umgang mit Frostfutter können die allgemein bekannten Verfahrensweisen mit gefrosteten Lebensmitteln gelten.

• Alle Ersatzfuttermittel sollten bestimmte Komponenten in ihrer Trockensubstanz enthalten und diese auch in einem günstigen Mengenverhältnis bereitstellen.

175

Erstrebenswerte Inhaltsstoffe:
Eiweiß (Rohprotein) – 30 bis 50% mit allen essentiellen Aminosäuren und ohne Kollagen (< 1%)
Fette (Rohfett) – 15 bis 20% mit 25 bis 50% mehrfach ungesättigten Omega-3-Fettsäuren durch Antioxidantien geschützt (Tocopherol, Vitamin E).
Kohlenhydrate – etwa 25% einschließlich Rohfaseranteil mit möglichst geringem Stärkegehalt (Pflanzenmehle).
Vitamin A als β-Carotin (Provitamin A) – etwa 500 mg 10%ig pro kg Futter
Weitere Vitamine besonders aus dem B-Komplex.

• Das Futter muß den Appetit der Fische und nach Möglichkeit das natürliche Freßverhalten der Tiere der Art anregen. Das festigt das Verhaltensinventar und fördert Verdauung und Ausnutzung des Futters.

• Verdorbenes Futter ist eine große Gefahr. Trockenfutter muß trocken und frisch, Lebendfutter muß lebendig sein. Verdorbene Fette wirken auf den Fisch oft tödlich.

• Was sich im Aquarium ohne unser Zutun entwickelt, kann wertvolle Bereicherung des Futterangebots sein.

Von Seiten- und Rückwänden keine Algen entfernen!
Nie chemische Algenbekämpfung einsetzen!
Keine vollständige Entfernung des Bodenmulms!

• Unerwünschte Algenbesiedlung ist immer Indikator hoher Wasserbelastung. Sie entsteht vorwiegend durch überdosierte Fütterung oder durch zu hohen Fischbesatz.

• Die für Fische verwertbare Mikrolebewelt wird durch naturnahe Beleuchtung (wenn es geht, etwas Sonne) und ausreichende Sauerstoffversorgung gefördert.

• Klares Wasser, artenreiche Entwicklung der Epibionten (pflanzliche und tierische Aufwuchsorganismen) mit Grünalgendominanz, kleine Bereiche mit schnell absinkendem Bodenmulm, guter Pflanzenwuchs und vitale Fische sind Kriterien intakter Aquarienbiotope. Physikochemisch sind solche Wässer an geringer organischer Belastung (CSV, BSB), Dominanz oxibionter Prozesse (Redoxpotential) und niedriger Keimzahl zu erkennen.

176

Anhang

Im Anhang finden Sie verschiedene Verfahren zur Messung wasserchemischer Parameter. Diese Verfahren sind für Anwender gedacht, die schon über gewisse Vorkenntnisse im Umgang mit Chemikalien und Laborgeräten verfügen. Zum Schutz von Augen, Haut und Kleidung sollten eine Schutzbrille und ein Kittel getragen werden. Insbesondere beim Umgang mit Säuren (Salz- und Schwefelsäure) sowie Laugen (Natriumhydroxid) ist Vorsicht geboten. Schwefelsäure muß beim Verdünnen ins Wasser gegossen werden, da die stark hygroskopische Säure im umgekehrten Fall unkontrolliert umherspritzen kann.

Sauerstoffbestimmung nach Winkler

Die WINKLER-Methode (hier vereinfacht dargestellt) dient der Bestimmung des Sauerstoffgehaltes des Aquarienwassers.

Geräte und Laborglas

Feinwaage, Spatel, Stativ, Bechergläser, Trichter, Bürette, Meßpipetten, Spritzflasche, Vorratsflaschen, Maßkolben, Sauerstoff-Flaschen nach WINKLER.

Chemikalien

Manganchlorid ($MnCl_2 \cdot 4\,H_2O$), Natriumhydroxid (NaOH), Kaliumjodid (KJ), Salzsäure (HCl) zur Analyse, lösliche Stärke, Natriumthiosulfat ($Na_2S_2O_3$) in Ampullen, destilliertes Wasser (Aqua dest.).

Ansätze

80 g $MnCl_2 \cdot 4\,H_2O$ in 100 ml Aqua dest.
48 g NaOH in 100 ml Aqua dest., dazu 12 g KJ.
0,2%ige Stärkelösung (1 g lösliche Stärke mit etwas destilliertem Wasser anrühren und in 500 ml kochendes Wasser einspülen).
0,1 n $Na_2S_2O_3$ durch Auflösen und Ausspülen eines Ampulleninhaltes mit Aqua dest., in einen 1000 ml Maßkolben einfüllen und bis zum Eichstrich mit Aqua dest. auffüllen.
Vor Gebrauch stellt man sich eine 0,01-n-$Na_2S_2O_3$-Lösung her, indem man einen Teil der Stammlösung im Verhältnis 1:9 mit destilliertem Wasser verdünnt. Die 0,01-n-Lösung ist nur ein bis zwei Tage haltbar.

Ausführung der Bestimmung

Mit einem dünnen Schlauch wird die Sauerstoff-Flasche vom Grund her bis zum Überlauf mit dem Aquarienwasser gefüllt. Mit Meßpipetten (getrennt für jede Lösung) gibt man 1% des Flascheninhalts (gerundet, aber genau bemessen) Manganchlorid-Lösung und Natronlauge hinzu, indem man die Pipettenspitze in den gefüllten Flaschenhals taucht. Die Lösungen sind spezifisch schwerer als Wasser, sinken auf den Grund der Probenflasche und bringen einen gleich großen Wasseranteil zum Überlauf. Der angeschrägte Glasstopfen wird blasenfrei aufgesetzt, leicht angedreht, so daß er fest sitzt. Flasche mehrfach drehen, Glasstopfen dabei sichern, Probe abstellen.

Nach einigen Stunden oder über Nacht ist der Niederschlag von $Mn(OH)_2$ und $Mn(OH)_4$ sauber ausgefallen. Jetzt wird die Flasche geöffnet; mit der Pipette werden 10 bis 20 ml vom klaren Überstand abgezogen und 3 ml konzentrierter Salzsäure zugesetzt. Der Niederschlag löst sich unter leichtem Schwenken und ist mehr oder weniger, in Abhängigkeit vom Sauerstoffgehalt der Probe, braun gefärbt (Jod). Der Inhalt wird in ein Becherglas gegeben; aus der Bürette wird mit 0,01 n Natriumthiosulfat titriert (langsam zulaufen lassen, Vorlage schwenken!). Zunehmend entfärbt sich die Vorlage. Ist sie strohgelb, setzt man etwa 10 ml Stärkelösung zu. Die Vorlage färbt sich blau. Durch weiteres Titrieren hellt sich das Blau auf. Vollständige Entfärbung zeigt den Endpunkt der Titration an.

Vom Flascheninhalt ist zuvor das Chemikalienvolumen abzuziehen.

Beispiel

WINKLER-Flasche mit 118,45 ml Inhalt. Zugesetzt wurden 1,3 ml $MnCl_2$ und 1,3 ml NaOH; das tatsächliche Wasservolumen beträgt daher 115,85 ml. Entfärbung trat nach Verbrauch von 8,56 ml 0,01 n Natriumthiosulfat ein.

Rechnung:
$$\frac{8,56 \times 80}{115,85} = 5,91$$

Die Wassertemperatur im Aquarium betrug zur Zeit der Probenentnahme 22 °C; eine 100%ige Sättigung wird nach der Tabelle auf Seite 68 mit 8,53 mg O_2/l erreicht. Daraus folgt eine O_2-Sättigung des Aquarienwassers von (69,3) 70%. Wer sich für Einzelheiten der chemischen Abläufe im Verfahren interessiert, sei auf einschlägige Literatur verwiesen (HÜTTER 1994; SCHWOERBEL 1993; SCHUBERT 1966).

CSV-Bestimmung mit Kaliumpermanganat

Die organische Belastung des Aquarienwassers kann anhand des chemischen Sauerstoffverbrauchs (CSV, auch CSB genannt) bestimmt werden. Hierbei wird gemessen, welche Menge eines Oxidationsmittels (in diesem Fall Kaliumpermanganat) benötigt wird, um die im Wasser enthaltene organische Substanz zu oxidieren.

Berechnung

$$\text{Sauerstoffgehalt [mg/l]} = \frac{\text{Verbrauch Thiosulfatlösung [ml]} \times 80}{\text{Flascheninhalt [ml]}}$$

178

Methode zur groben Abschätzung des CSV

Geräte und Laborglas
Spiritus- oder Gasflamme, Reagenzglashalter und -ständer, Reagenzgläser, Tropfpipetten, Spritzflasche, Maßkolben, Mensuren, Vorratsflaschen.

Chemikalien
Kaliumpermanganat ($KMnO_4$) in Ampullen, konzentrierte Schwefelsäure (H_2SO_4) zur Analyse, destilliertes Wasser (Aqua dest.).

Ansätze
$KMnO_4$ in vorgeschriebener Menge Aqua dest. lösen. Üblicherweise ergibt der Ampulleninhalt auf 1000 ml im Maßkolben aufgefüllt die benötigte 0,1 n Konzentration. Konzentrierte Schwefelsäure 1:3 mit destilliertem Wasser auf 25% verdünnen (Vorsicht! Erst das Wasser, dann die Säure! Starke Erhitzung! Vor Gebrauch abkühlen lassen!)
Unmittelbar vor Gebrauch wird die 0,1 n Permanganatlösung mit Aqua dest. im Verhältnis 1:9 auf 0,01 n verdünnt. Diese Verdünnung ist nur ein bis zwei Tage haltbar.

Ausführung der Bestimmung
10 ml Aquarienwasser in ein Reagenzglas füllen, 5 Tropfen der verdünnten Schwefelsäure und 3 Tropfen der 0,01 n Kaliumpermanganatlösung zusetzen.
1. 5 Minuten bei Zimmertemperatur stehen lassen. Hat sich die Lösung entfärbt, beträgt der Permanganatverbrauch mehr als 30 mg/l. Das ist ein Sauerstoffverbrauch von mehr als 7 mg/l (Divisionsfaktor 3,95).
2. Hat sich die Lösung nicht entfärbt, kocht man sie kurz auf. (Vorsicht:

Siedeverzug! Reagenzglas stark bewegen!). Entfärbt sie sich beim Aufkochen, bedeutet das einen Permanganat-Verbrauch von 20 bis 30 mg/l.
3. Hat sie sich nicht entfärbt, läßt man sie nach dem Kochen abkühlen (5 Minuten). Tritt dabei Entfärbung auf, beträgt der Permanganat-Verbrauch 12 bis 20 mg/l.
4. Ist auch dann noch keine Entfärbung eingetreten, ist der Permanganat-Verbrauch geringer als 12 mg/l, der O_2-Verbrauch also geringer als 3 mg/l.
5. Hat sich ohne Kochen bereits nach 5 Minuten Entfärbung eingestellt (Fall 1), wiederholt man den Versuch mit 6 Tropfen 0,01 Permanganat-Lösung. Hat sich dann nach 5 Minuten Entfärbung eingestellt, liegt der Permanganat-Verbrauch über 50 mg/l.
6. Ist dann keine Entfärbung eingetreten, liegt der Permanganat-Verbrauch zwischen 30 und 50 mg/l.

Ein Permanganat-Verbrauch von weniger als 12 mg/l (weniger als 3 mg O_2-Verbrauch/l) zeigt kaum belastetes Wasser an. 30 mg/l Kaliumpermanganat-Verbrauch (über 7 mg/l O_2-Verbrauch) kennzeichnen organisch belastetes Aquarienwasser. Die Methode ist wegen der Chlorid-Ionen in dieser Form für Meerwasser ungeeignet.

Genaue Messung des CSV
Eine genaue Bestimmung des CSV findet auf der gleichen Grundlage statt.
Geräte und Laborglas
Bürette, Stativ, Meßpipetten, Maßkolben, Erlenmeyerkolben 300 bis 500 ml, Kochplatte.

Chemikalien

Kaliumpermanganat ($KMnO_4$) Substanz in Ampullen, Oxalsäure ($H_2C_2O_4$) in Ampullen, konzentrierte Schwefelsäure (H_2SO_4) zur Analyse, destilliertes Wasser (Aqua dest.).

Ansätze

0,1 n Kaliumpermanganat (Ampulleninhalt in Aqua dest. lösen, in 1000 ml Maßkolben einfüllen und bis zur Eichmarke auffüllen; das sind 3,16 g $KMnO_4$ in 1000 ml Wasser, also 3,16 mg $KMnO_4$/ml, die 0,8 mg Sauerstoff zur Oxidation abgeben).

0,1 n Oxalsäure (Ampulleninhalt mit destilliertem Wasser im Maßkolben auf 1000 ml verdünnen; das sind 6,3024 g/l Oxalsäure, also 6,3 mg/ml).

Vor der Bestimmung werden beide Lösungen im Verhältnis 1:9 mit destilliertem Wasser verdünnt. Dann liegen für die Untersuchung 0,01 n Konzentrationen vor. Diese starken Verdünnungen sind nur ein bis zwei Tage haltbar. Konzentrierte Schwefelsäure mit destilliertem Wasser auf 1:3 verdünnen (etwa 25%; Vorsicht! Erst das Wasser, dann die Säure! Starke Erhitzung, Spritzgefahr!).

Ausführung der Bestimmung

100 ml Aquarienwasser werden mit 5 ml verdünnter Schwefelsäure in einem etwa 300 ml fassenden Erlenmeyerkolben angesetzt und zum Kochen gebracht. Dann Zusatz von 25 ml 0,01 n $KMnO_4$; genau 10 Minuten weiter kochen. Zur heißen Probe 25 ml der 0,01 n Oxalsäure geben. Dabei entfärbt sich die Lösung (etwas bewegen). Jetzt wird mit der 0,01 n Permanganat-Lösung titriert (langsam aus der Bürette zulaufen lassen, Vorlage ständig bewegen!). Endpunkt der Titration wird durch bleibende Rosafärbung angezeigt.

Berechnung

Durch Titration verbrauchte Menge 0,01 n $KMnO_4$ [ml] x 0,316 x 10 ergibt den Permanganat-Verbrauch in mg/l. Dividiert man den Permanganatverbrauch durch 3,95, erhält man den O_2-Verbrauch zum oxidativen Abbau der in der Wasserprobe enthaltenen organischen Substanz.

Beispiel

Verbrauch 8,5 ml 0,01 n $KMnO_4$
8,5 x 0,316 x 10 = 26,86
Gerundet sind das 27 mg/l Permanganat-Verbrauch, geteilt durch 3,95 ergibt 6,8. Gerundet erhält man 7 mg/l O_2-Verbrauch. Ergebnisformulierung: CSV-Mn = 7 mg/l O_2.

Für Meerwasser muß die Methode modifiziert werden, da Chlorid störend wirkt. Der Wasserprobe wird statt der Schwefelsäure ein Plättchen Natriumhydroxid (NaOH) zugesetzt; die Oxidation vollzieht sich im alkalischen Milieu. Nach dem zehnminütigen Kochen wird außer der 0,01 n Oxalsäure noch verdünnte Schwefelsäure (5 ml, etwa 25%) zugefügt. Erst dann erfolgt die Entfärbung. Weiter verläuft die Untersuchung wie im Süßwasser.

180

Bestimmung der Alkalität oder des Säurebindungsvermögens

Die Alkalität wird durch Titration mit 0,1 n Salzsäure bestimmt.

Laborglas
Bechergläser, Maßkolben, Spritzflasche, Stativ, Mensur.

Chemikalien
0,1 n Salzsäure zur Analyse (HCl) durch Verdünnung aus Ampullen, Tashiro-Indikator, destilliertes Wasser (Aqua dest.).

Ansatz
0,1 n HCl wird durch Verdünnung des Ampulleninhalts auf 1000 ml erzeugt (Ampullenbeschriftung beachten, Ampulleninhalt in einen 1000 ml Maßkolben geben und bis zum Eichstrich mit destilliertem Wasser auffüllen).

Ausführung der Bestimmung
100 ml Aquarienwasser werden mit 5 bis 10 Tropfen Tashiro-Indikator versetzt. Die jetzt meist grüne Probe wird mit 0,1 n HCl bis zum roten Farbumschlag titriert.

Berechnung
Verbrauch von 0,1 n HCl in ml ist das Ergebnis in mVal/l (Millival pro Liter). Durch Multiplikation mit 2,8 erhält man die Karbonathärte in Deutschen Härtegraden und durch Multiplikation mit 44 die Angabe über gebundenes CO_2 in mg/l.

Beispiel
Verbrauch an 0,1 n HCl 2,2 ml, also 2,2 mVal/l SBV; das sind 6,16 °dkH und 96,8 mg/l gebundenes CO_2.
Aus der Tabelle auf Seite 71 läßt sich für das Beispiel ein zugehöriger pH-Wert von pH 7,94 ablesen. Bei weichem und huminsäurereichem Wasser versagt die Methode.

Qualitativer Nitratnachweis

Der qualitative Nachweis für An- oder Abwesenheit von Nitrat wird mit TILLMANNs Reagenz geführt. Dazu wird eine Spatelspitze Diphenylamin in konzentrierter Schwefelsäure (Vorsicht! Unbedingt Augen, Haut und Kleidung schützen!) gelöst. Wird die Schwefelsäure dabei leicht bräunlich, wurde zuviel Diphenylamin genommen, und man muß mit Schwefelsäure bis zur Farblosigkeit verdünnen. Der Nitratnachweis erfolgt, indem man ein Reagenzglas bis zur Hälfte mit Aquarienwasser füllt und an der Innenwand des Glases bei schräger Haltung wenig Diphenylamin-Schwefelsäure entlanglaufen läßt. Das spezifisch schwerere Reagenz unterschichtet die Wasserprobe. An der Berührungsstelle beider Flüssigkeiten entsteht bei Anwesenheit von Nitrat sofort oder nach kurzer Zeit ein blauer Ring. Die Empfindlichkeitsgrenze der Methode liegt bei 1 mg/l.

Qualitativer Phosphatnachweis

Der qualitative Phosphat-Nachweis wird mit Phosphormolybdänblau durchgeführt. Die Herstellung des Phosphat-Reagenz erfolgt bei möglichst tiefer Temperatur. Ich verwende dafür ein Eisbad. Man setzt einen Erlenmeyerkolben in ein größeres Becherglas und umgibt den Kolben mit zerkleinerten Eiswürfeln. Man löst 3 g Ammoniummolybdat und 40 mg Natriumwolframat in 20 ml destillierten Wassers. Nach vollständiger Lösung werden 70 ml konzentrierter Schwefelsäure vorsichtig und langsam unter Bewegung zugesetzt (Vorsicht, Spritzgefahr!).

Das Reagenz ist lichtempfindlich, muß also in einer braunen Flasche aufbewahrt werden und ist so über Jahre hinweg verwendbar. Der Test erfolgt im Reagenzglas, das zu drei Vierteln mit Probenwasser gefüllt ist. Vom Phosphatreagenz werden mit einer Tropfpipette 5 Tropfen zugesetzt; anschließend wird darin eine etwa 20 cm lange Zinnstange, die über den Chemikalienhandel zu beziehen ist, langsam etwa 2 Minuten auf- und abbewegt. Durch die

stattfindende Reduktion entsteht bei Anwesenheit von Phosphat eine Blaufärbung, die auf Phosphormolybdänblau zurückzuführen ist. Die Zinnstange muß bleifrei sein, da sonst eine störende Trübung entsteht. Die Empfindlichkeitsgrenze der Methode liegt bei 0,1 mg/l. Im Meerwasser können Chloride höherer Konzentration stören. Deshalb empfiehlt sich die Verdünnung des Meerwassers um die Hälfte mit destilliertem Wasser. Enthält das Meerwasser nennenswerte Phosphatkonzentrationen, bleibt auch dann eine positive Reaktion nicht aus.

Literaturverzeichnis

AMLACHER, E. (1992): Taschenbuch der Fischkrankheiten. Gustav Fischer Verlag. Jena, Stuttgart.

Autorenkollektiv (1986): Ausgewählte Methoden der Wasseruntersuchung, Bd. I. Gustav Fischer Verlag. Jena.

BADE, E. (1923): Das Süßwasseraquarium. Verlag Fritz Pfenningsstorff. Berlin.

BAUN, H. (1990): Etwas über die natürliche Fütterung. DKG-Journal **22**: 121–123.

BERGLEITER, S. (1993): ... und das fressen sie wirklich! D. Aqu. u. Terr. Z. (DATZ) **46**: 784–789.

BONE, Q. & N. B. MARSHALL (1985): Biologie der Fische. Gustav Fischer Verlag. Stuttgart, New York.

BREMER, H. (1978): Histologische und histochemische Untersuchungen zum Nachweis des Oesogasters bei dem magenlosen Cypriniden *Aristichthys nobilis* RICH. Gegenbaurs morph. Jb. **124**: 727–735.

– (1980): Anatomische, histologische und histochemische Untersuchungen der Larvalentwicklung des Marmorkarpfens (*Artistichthys nobilis* RICH. Fischerei-Forschung **18**: 79–85.

– (1982): Morphologische, topochemische und ökophys. Untersuchungen juveniler Stadien ausgewählter Osteichthyes unter Berücksichtigung einiger Aspekte der Optimierung der Hälterungstechn. bei industriemäßiger Satzfischproduktion. Dissertation B (unveröffentlicht).

– (1984): Die Diagnose früher Stadien der Individualentwicklung bei Knochenfischen (Teleostei) – ein Hilfsmittel bei Pflege und Zucht. Aquarien Terrarien **31**: 129–132.

– (1986): Untersuchungen zum zeitlichen Verlauf der Darmpassage von CSF-A bei Silberkarpfenbrut (Si_0). Fischerei-Forschung **24**: 31–32.

– (1987): Untersuchungen zur Tagesperiodizität verdauungsphysiologischer Maxima bei larvalen und postlarvalen Silberkarpfen (*Hypophthalmichthys molitrix*). Vortrag auf der VI. wissenschaftlichen Konferenz zur Physiologie, Biologie und Parasitologie von Nutzfischen, Güstrow.

– (1991a): Gesunde Ernährung des Diskus – Möglichkeiten, Wirkungen und Nebenwirkungen. Diskus-Jahrbuch 1992. Bede-Verlag. Kollnburg.

– (1991b): Fischkrankheiten – Fluch oder Fackel der Aquaristik? D. Aqu. u. Terr. Z. (DATZ) **44**: 528–529.

– (1992): Wasserflöhe, Bestimmung und Bewertung in der Fischernährung. Das Aquarium **26**, 3–9.

– (1992): Wasser und Futter – zwei tragende Säulen der Cichlidenpflege. In: Buntbarsch-Jahrbuch 1993. Bede-Verlag. Kollnburg.

– (1995): Bakterien im Aquarium. D. Aqu. u. Terr. Z. (DATZ) **48**: 257–259.

– (1996a): Fütterung ist mehr als Ernährung der Fische. In: Diskus-Jahrbuch 1997. Bede-Verlag. Kollnburg.

– (1996b): Bakterien in Brut- und Vorstreckanlagen – Indikator, Wirkung und Methode. Fischer und Teichwirt **47**: 314–316.

– & U. WALTER (1986): Histologische, ultrastrukturelle und topochemische Untersuchungen zur Brutpflege von *Symphysodon aequifasciatus* PELLEGRIN, 1903. Gegenbaurs morph. Jb. **132**: 183–194.

CZENSNY, R. (1960): Wasser-, Abwasser- und Fischereichemie. Verlag Technik. Berlin.

DE GRAAF, F. (1970): Das tropische Meerwasseraquarium. Neumann Verlag. Radebeul.

FIEDLER, K. (1991): Lehrbuch der Speziellen Zoologie (Begründet von A. KAESTNER) Wirbeltiere, 2. Teil. Fische. Gustav Fischer Verlag. Jena.

FRIEDERICH, U., & W. VOLLAND (1992): Futtertierzucht. Verlag Eugen Ulmer. Stuttgart.

FRITZ, H. (1967): Fischfutter aus dem »Bienenkorb«. Aquarien-Magazin **1**: 420–422.

GEISLER, R. (1996): Ökologie der Diskusfische. DATZ-Sonderheft Diskus. Verlag Eugen Ulmer. Stuttgart.

GENG, H. (1925): Der Futterwert der natürlichen Fischnahrung. Ztschr. f. Fischerei **23**: 137–165.

GRAHL, K. (1984): Zur Problematik des Nachweises von fischtoxischen Substanzen bei subletalen Intoxikationen. Vortrag auf der Tagung der Wissenschaftlichen Gesellschaft für Veterinärmedizin. Berlin.

GRAMBOW, B., K. MEISSNER, L. BROCKMÖLLER & E. HAUSMANN (1987): Zuwachsoptimierung durch biofeedback unter Nutzung der Aktivitätsperiodik bei Silberkarpfen (*Hypophthalmichthys molitrix* VAL.). Vortrag auf der VI. wissenschaftlichen Konferenz zur Physiologie, Biologie und Parasitologie von Nutzfischen. Güstrow.

GROSSKOPF, J. (1994): In vielen Meerwasseraquarien ein Problem: Phosphate. D. Aqu. u. Terr. Z. (DATZ) **47**: 184–187.

HAECKEL, E. (1886): Generelle Morphologie der Organismen. Jena.

HALVER, J. E. (1972): Fisch Nutrition. Academic Press. New York, London.

HÖLL, K., H. PETER, & D. LÜDEMANN (1979): Wasser – Untersuchung, Beurteilung, Aufbereitung, Chemie, Bakteriologie, Biologie. de Gruyter. Berlin.

HÜTTER, L. A. (1994): Wasser und Wasseruntersuchung. Salle und Sauerländer. Frankfurt a.M., Salzburg.

INGRAM, G. A. (1980): Substances involved in the natural resistance of fish to infection. A review. J. Fish Biol. **16**: 23–60.

KAESTNER, A. (1955): Lehrbuch der Speziellen Zoologie, Teil I: Wirbellose. Gustav Fischer Verlag. Jena.

KÄMPFE, L., L. KITTEL & J. KLAPPERSTÜCK (1970): Leitfaden der Anatomie der Wirbeltiere. Gustav Fischer Verlag. Jena.

KLEBER, H.-P., D. SCHLEE & W. SCHÖPP (1988): Biochemisches Praktikum. Gustav Fischer Verlag. Jena.

KOHLMANN, K., & H. JÄHNICHEN (1996): Entkapselte *Artemia*-Eier als Starterfutter für Fischbrut. Fischer und Teichwirt **47**: 354–356.

LANGE, J. (1991): Fütterung und Zucht von Korallenfischen im Zoo-Aquarium Berlin.

Vortrag auf dem 1. Internationalen Meer-wasser-Symposium. Lünen.

LIBBERT, E. (1982): Allgemeine Biologie. Gustav Fischer Verlag. Jena.

LINNÈ, C. v. (1735): Systema naturae.

MANN, H. (1935): Untersuchungen über die Verdauung und Ausnutzung der Stickstoff-substanz einiger Nährtiere durch verschiedene Fische. Ztschr. f. Fischerei 33: 131–274.

MITSCHERLICH, E. A., & F. DÜHRING (1926): Das Liebigsche Gesetz vom Minimum und das Wirkungsgesetz der Wachstumsfakto-ren. Schriften der Königsberger gelehrten Gesellschaft. Berlin.

OVERBECK, J. (1968): Prinzipielles zum Vorkommen der Bakterien im See. Mitt. int. Ver. Limnol. 14: 134–144.

PENZLIN, H. (1991): Lehrbuch der Tierphy-siologie. Gustav Fischer Verlag. Jena.

PHILLIPS, A. N., R. S. NEILSEN & D. R. BROCK-WAY (1954): A comparision of hatchery diets and natural foods. The Progressive Fish-Culturist 16: 153–156.

PÜTTER, A. (1911): Die Ernährung der Wassertiere durch gelöste organische Verbindungen. Pflügers Archiv 37.

REICH, G. (1966): Kollagen. Verlag Theodor Steinkopf. Dresden.

REICHARDT, W. (1978): Einführung in die Methoden der Gewässermikrobiologie. Gustav Fischer Verlag. Stuttgart, New York.

RHEINHEIMER, G. (1991): Mikrobiologie der Gewässer. Gustav Fischer Verlag. Jena, Stuttgart.

SANDER, E. (1988): Ozon in der Aquaristik. D. Aqu. u. Terr. Z. DATZ 41: 181–183.

SCHÄPERCLAUS, W. (1933): Bakterielle Karpfenseuche, ihre Bedeutung und

Bekämpfung in der Teichwirtschaft. Fi.-Ztg 36: 173–177, 185–186, 200–201.

SCHENK, M., & E. KOLB (1961): Grundriß der physiologischen Chemie. Gustav Fischer Verlag. Jena.

SCHLÜTER, M. (1991): Leitungswasseraufbe-reitung durch Umkehrosmose und Grund-lagen der Denitrifikation im Meerwasser-aquarium. Vortrag auf dem 1. Internationa-len Meerwassersymposium. Lünen.

SCHRECKENBACH, K. (1994): Kiemenerkran-kungen und Ernährung bei Karpfen. Fischer und Teichwirt 45: 3–7.

SCHUBERT, A. (1966): Praxis der Süßwasser-biologie. Volk und Wissen Verlag. Berlin.

SCHWOERBEL, J. (1986): Methoden der Hydro-biologie. Gustav Fischer Verlag. Stuttgart.
– (1993): Einführung in die Limnologie. Gustav Fischer Verlag. Stuttgart, Jena.

SPITTLER, P., S. SCHWARZ & W. SCHNESE (1978): Einige Aspekte der Produktion und des biologischen Umsatzes organischen Materials in Gewässern – eine Literatur-übersicht. Acta hydrochim. hydrobiol. 6: 499–528.

STÄHLIN, A. (1957): Beurteilung der Futter-mittel. Methodenbuch, Bd. XII. Neumann Verlag. Radebeul, Berlin.

STEFFENS, W. (1979): Industriemäßige Fischproduktion. Deutscher Landwirt-schaftsverlag. Berlin.
–, U. LIEDER, G. MIETH, M. WIRTH & M. FRIEDRICH (1989): Zur Wirkungsweise hochungesättigter Fettsäuren der n-3-Reihe im Lipidstoffwechsel und der Bedeutung phytoplanktonfressender Cypriniden aus Binnengewässern als Eicosapentaensäure-reiche Nahrungsmittel. Fortschritte der Fischereiwissenschaft 8: 9–18.

185

STERBA, G. (1987): Süßwasserfische der Welt. Urania Verlag. Leipzig, Jena, Berlin.

STERZEL, B. (1989): Grindal – kann man in Massen züchten. DATZ **42**: 181–183.

STRESEMANN, E. (1992): Exkursionsfauna, Bd. 1. Volk und Wissen Verlag. Berlin.

TRAMM, B. (1992): Vegetarisches für Süßwasserfische. D. Aqu. u. Terr. Z. DATZ **45**: 122–123.

TSCHIESCHE, K.-H. (1990): Neue Erkenntnisse zur akustischen Kommunikation bei Riffbarschen (Pomacentridae) der Gattung *Dascyllus*. Dissertationsschrift (unveröffentlicht). Humboldt-Universität. Berlin.

VOLLMER, C. (1951): Wasserflöhe. Die Neue Brehm-Bücherei, Heft 45. Akademische Verlagsgesellschaft Geest und Portig. Leipzig.

WALLHÄUSSER, K.-H. (1990): Lebensmittel und Mikroorganismen. Steinkopf Verlag. Darmstadt.

186

Bezugsquellen

für Materialien außerhalb des zoologischen Fachhandels

Laborglas und Geräte aller Art.
Laborbedarf Stralsund GmbH. Schillstraße 38, 18439 Stralsund.

Jürgens-Omnilab.
Langenstraße 76–80, 28195 Bremen.

Hydrologische Geräte (Planktonnetze, Bodengreifer, Siebe).
Hydro-Bios GmbH. Am Jägersberg 5–7, 24159 Kiel-Holtenau.

Chemikalien aller Art (kein Hersteller, Handelsbetrieb).
Hilmer Brauer. Oehleckerring 14, 22419 Hamburg.

Fisch-Narkotikum (MS 222, 3-Aminobenzoesäureethylester Methansulfonat).
Aldrich-Chemie. Riedstraße 2, 89555 Steinheim/Albuch.

Agar-Agar.
SIFIN, Institut f. Immunpräparate und Nährmedien GmbH Berlin. Berliner Allee 317–321, 13088 Berlin.

β-Karotin 10% pulv.
AUDOR – PHARMA GmbH. Luitpoldstraße 9, 93047 Regensburg.

Omega – 3 – Fettsäuren (als Ethylester).
FOURNIER – PHARMA GmbH. Justus-von-Liebig-Straße 16, 66272 Sulzbach.

Keimzahl-Teströhrchen (Dipping-Test, Gesamtkeimzahl).
Transia GmbH Industriediagnostika. Dieselstraße 9a, 61239 Ober-Mörlen.
Windaus – Labortechnik. Bauhofstraße 9, 38674 Clausthal-Zellerfeld.

Bildquellen

Alle Zeichnungen wurden von M. Klinkhardt, Delbrück, nach Vorlagen des Verfassers angefertigt.

Fotos:
H. Bremer, Hanshagen: Seite 23, 24, 28, 31, 43, 50, 51, 60, 63, 65, 82, 83, 86, 87, 90, 94, 95, 99, 102, 103, 106, 110, 111, 116, 117, 120, 124, 135, 151, 153, 161, 168, 173.
A. van den Nieuwenhuizen, Zevenaar: Seite 34, 38, 58, 142, 143, 147, 150, 155, 158, 160, 164, Titelbild.
M. Kokoscha, Oberhausen: Titel (Hintergrund).

Register

190

191

Dieses eingeführte Standardwerk wendet sich sowohl an Tierärzte und Fachbiologen als auch an den großen Kreis von Aquarianern, die den Krankheiten und Schädigungen ihrer Zierfische oft fragend und ratlos gegenüberstehen. Denn eine artgerechte Fischhaltung und Behandlung ist ohne profunde Vorkenntnisse der allgemeinen Aquaristik und eine genaue Diagnose der Krankheitssymptome nicht möglich. Ausgehend von dem bewährten Konzept und der bisherigen Gliederung des Werkes sind in der vorliegenden Neuausgabe insbesondere die Abschnitte über die Prophylaxe und Therapie sowie das Kapitel über die Untersuchungsmethoden tierärztlich neugestaltet worden und entsprechen damit dem aktuellen Wissensstand. Dieses Standardwerk ist für engagierte Aquarianer eine wesentliche Bereicherung.

Krankheiten der Aquarienfische. Heinz-Hermann Reichenbach-Klinke, Wolfgang Körting. 4., überarbeitete Auflage 1993. 108 Seiten, 51 Farbfotos, 32 sw-Abbildungen. ISBN 3-8001-7259-3

Zielsetzung dieses Buches ist es, die in der Aquaristik verwendeten technischen Geräte, wie Filterelemente und -systeme, Beleuchtung, Heizung, Kühlung usw. von ihrer grundlegenden Funktion her zu betrachten. Es zeigt auf, wie sie in den biologischen, chemischen und physikalischen Haushalt eines Aquariums eingreifen und erklärt dazu notwendige wichtige Grundlagen und Begriffe. Auch die Funktion und Lebensweise von Bakterien im Aquarium, wichtig für die biologische Filterung, werden ausführlich dargestellt. Viele technische Probleme, vor die der Aquarianer gestellt wird, werden besprochen und erklärt. Die Aufbereitung des Aquarienwassers wird ebenso behandelt wie die des Leitungswassers, mit dem man das Aquarium nachfüllt. Das Wissen wird an Aquarienanlagen unterschiedlichster Auslegung exemplarisch dargestellt. Fast alle Themen sind für Süß- und Seewasseraquarien wichtig.

Aquarientechnik im Süß- und Seewasser. Martin Sander. Ca. 240 Seiten., 50 sw-Fotos, 20 Farbfotos, 200 Zeichn. ISBN 3-8001-7341-7